ERINNERUNGEN AN SATAN

BYBLOS VERLAG BERLIN

Lawrence Wright

Erinnerungen an Satan

Ein Vater wird angeklagt

AUS DEM AMERIKANISCHEN VON MECHTHILD SANDBERG-CILETTI

DEUTSCHE ERSTAUSGABE
BYBLOS VERLAG GMBH BERLIN 1994
DIE ORIGINALAUSGABE ERSCHIEN BEI
ALFRED A. KNOPF INC., NEW YORK.

ISBN 3-929029-34-0

1

Am Montag, dem 28. November 1988, dem Tag seiner Verhaftung, kleidete sich Paul R. Ingram morgens für seinen Dienst im Sheriff's Department von Thurston County, wo er seit nahezu siebzehn Jahren tätig war, ging nach unten, frühstückte und mußte sich zu seiner Überraschung plötzlich übergeben. Zuerst glaubte er, es sei eine Grippe, dann erkannte er, daß es Furcht war.

Ingram, 43 Jahre alt, war den meisten Bürgern von Olympia im US-Staat Washington eine vertraute Gestalt. Bis zu diesem Tag war er als Chief Civil Deputy im Sheriff's Department und als Vorsitzender der örtlichen Republikanischen Partei tätig gewesen. Er war aktives Mitglied der Deputy Sheriffs Association und der Kirche des Lebenden Wassers, einer fundamental-protestantischen Gemeinde. Er war Vater von fünf lebenden Kindern. (Eine behinderte Tochter war vor kurzem in einer staatlichen Anstalt gestorben.) Politisch galt er als verbindende Kraft zwischen den gemäßigten Konservativen und der demokratischen Rechten. Als Polizeibeamter wurde er von den Bürgern mehr geschätzt als von den Kollegen. Ingram, großgewachsen, mit kantigem Kinn, übergroßen Brillengläsern und braunem Schnurrbart, war bei seinen Kollegen als Prinzipienreiter bekannt, dem die Verkehrsstreife Spaß machte. Zwar behauptete Ingram, er gäbe bis zur Ausstellung eines Strafmandats bis zu fünf Verwarnungen, aber es steht auch fest, daß er routinemäßig mehr Fahrer anzuhalten pflegte als andere Beamte, und er stand in dem Ruf, Bußgeldbescheide wegen zu schnellen Fahrens schon dann auszustellen, wenn nur eine Überschreitung von fünf Meilen vorlag.

Doch seine Personalakte enthielt nicht eine einzige Beschwerde, sondern war voll von Empfehlungsschreiben von Bürgern, die ihm für seine Höflichkeit bei der Ausstellung ihrer Vorladungen danken wollten.

An jenem Morgen hielt Ingram um acht Uhr auf dem Parkplatz des Gerichtsgebäudes, das auf einem Hügel am Capitol Lake steht. Gegenüber erhebt sich geisterhaft das Capitol über der niedrig gelegenen Stadt, und jenseits kann man Budd Inlet sehen, den schmalen Meeresarm, der vom Puget-Sound aus am weitesten ins Land hineinreicht. Die salzige Luft ist erfüllt vom Kreischen der Möwen, und das nördliche Licht ist dünn, selbst an einem sonnigen Tag, wenn die Olympic Mountains im Nordwesten sichtbar sind und der Mount Rainier, fünfzig Meilen ostwärts, sich in schneebedeckter Pracht zeigt. Man kann auf eine Karte schauen und sich vorstellen, die Stadt sei lebhafter, als sie tatsächlich ist. Der wichtigste Highway auf der Westseite des Staats, der Interstate 5, verbindet Seattle und Tacoma und schlägt dann einen Bogen nach Olympia, ehe er sich auf dem Weg nach Kalifornien Portland zuwendet. Olympia war früher der größte Hafen des Staats, aber nach dem Niedergang der Holzindustrie wurde der Seehandel im South Sound praktisch eingestellt. Weder die Fähren noch die Luftkissenboote, die den North Sound überqueren, legen in Olympia an. Zwei einheimische Erzeugnisse, die ihren Namen tragen, verschafften der Stadt eine gewisse regionale Berühmtheit - das helle Bier nämlich, das von der Olympia Brewery Company oberhalb der Wasserfälle an der Mündung des Deschutes River gebraut wird, und die daumennagelgroßen Austern, die in der Bucht gedeihen. Die Brauerei ist längst von Unternehmern aus Milwaukee aufgekauft worden, und die Austern sind infolge von Wasserverschmutzung und Raubbau zu einer teuren Delikatesse geworden, die man sich nur gelegentlich leistet.

Im Jahr 1853, als Olympia ein betriebsames Pionierstädtchen war, wurde es Hauptstadt des damaligen Washington Territory. Heute ist Olympia vor allem eine Beamtenstadt; betriebsam wird es dort nur, wenn das Parlament tagt. Die beiden anderen führenden Arbeitgeber sind das St. Peter's Krankenhaus und eine Kartonagenfabrik der Georgia Pacific. Die an die Stadt angrenzenden Gemeinden Tumwater und Lacey bilden zusammen mit Olympia die sogenannten Tri-Cities mit 68 000 Einwohnern insgesamt. Etwas über die Hälfte von ihnen lebt in Olympia. Es gibt hier keine Wolkenkratzer, und das Parken ist selten ein Problem. Den meisten, die hier wohnen, gefallen das gemächliche Tempo, die überschaubaren Dimensionen, das gemütliche Kleinstadtleben. Daß es die Stadt nicht geschafft hat, ihre frühe Verheißung wahr zu machen und sich zu einem Industriehafen wie Tacoma oder einer weltoffenen Großstadt wie Seattle zu entwickeln, wird von den meisten als ein Vorzug empfunden, dank dem Olympia sich seinen Charme und seine Menschlichkeit bewahrt hat, auch wenn es ein wenig langweilig und selbstzufrieden ist.

Vielleicht infolge seiner Schönheit, seines klassischen Namens und eines Schleiers des Geheimnisvollen - in Form häufigen Nebels und Nieselregens - hat Olympia sich einen Ruf als spirituelles Zentrum erworben. J. Z. Knight, ein bekanntes New-Age-Medium mit einem großen Besitz am Yelm Highway, wird von vielen als die reichste Frau des Landkreises betrachtet; der Lokalklatsch behauptet, in ihren Pferdeställen seien alle Boxen mit Kronleuchtern ausgestattet. Hin und wieder kommen prominente New-Age-Jüngerinnen wie Shirley MacLaine und Linda Evans auf der Reise zu J. Z. Knight durch Olympia. Eine kleine Hexengemeinschaft führt am Ort einen Kräuterladen. Wie die meisten Leute im Staat Washington sind die Einwohner von Olympia stolz auf ihre Toleranz in diesen Dingen, und es kann mit Recht gesagt werden, daß die Stadt für ihre New-Age-Anhänger bekannter ist als für ihre Gemeinde fundamentalistischer Christen; beide Elemente jedoch sind mit dem Leben der Stadt fest verflochten und manchmal lauthals uneins untereinander.

Fünfzehn Minuten nach der Ankunft an seinem Arbeitsplatz wurde Ingram ins Büro seines Vorgesetzten, Sheriff Gary Edwards, gerufen. Edwards, ein umgänglicher Mensch, der kaum Feinde hatte, war einer der wenigen republikanischen Amtsinhaber in diesem Bezirk, der lange Zeit als eine Hochburg demokratischer Politik galt. Ingram war nicht nur Edwards' Mitarbeiter; er war ein wichtiger politischer Verbündeter und seit fast einem Jahrzehnt sein Freund. Im Jahr 1986 hatte Edwards Ingram zu seinem Chief Civil Deputy ernannt. Bei denen, die der dienstjüngere Kollege überflügelt hatte, rief das einen gewissen Unmut hervor, jedoch Ingram bewährte sich in seiner neuen Position. Er schien für die Verwaltungsarbeit besser geeignet als für die Ermittlungstätigkeit. Genau wie Edwards erregte Ingram selten Anstoß; er wirkte gemütlich und nicht leicht aus der Ruhe zu bringen - Eigenschaften, die Edwards selbst mitbrachte und offenbar bei seinen Mitarbeitern erstrebenswert fand. Mit seiner ernsthaften, freundlichen Art war Ingram der Typ des Polizeibeamten, der für die Öffentlichkeit wie geschaffen schien. Er ging viel in Schulen, um mit den jungen Leuten über die Gefahren des Drogenmißbrauchs zu sprechen, fuhr aber weiterhin auch Verkehrsstreife, wenn er zwischen seinem Zuhause und seinem Arbeitsplatz hin- und herpendelte.

Zu Edwards und Ingram gesellte sich bei der Besprechung an diesem Morgen der zweite Mann der Behörde, Untersheriff Neil McClanahan. Der strebsame und ehrgeizige McClanahan hatte sich sogar noch schneller hochgedient als Ingram. Die beiden Männer kannten einander seit 1972, als sie beide junge Deputies gewesen und gemeinsam Streife gefahren waren. McClanahan trug eine Brille und einen schmucken braunen Schnurrbart, und wenn er seinen karierten Regenhut aufsetzte, hatte er eine gewisse Ähnlichkeit mit Peter Sellers' Inspector Clouseau - worauf er selbst scherzend hinzuweisen pflegte. Es war weiter nicht verwunderlich, daß die Karrieren Paul Ingrams und Neil McClanahans parallel verliefen; sie hatten ähnliche Fähigkeiten und Interessen. Sie waren Freunde, aber innerhalb der kleinen, jedoch durchaus politischen Hierarchie der Behörde waren sie auch Konkurrenten. Als McClanahan sich an diesem Morgen zu den beiden anderen Männern gesellte, bestand seine erste Handlung darin, Ingram die Automatic abzunehmen, die dieser in einem Knöchelholster zu tragen pflegte.

»Paul, wir haben ein Problem«, sagte Edwards und fragte, ob Ingram von den Beschuldigungen der sexuellen Belästigung wußte, die seine beiden Töchter Ericka und Julie gegen ihn vorgebracht hatten. (Ericka und Julie waren zweiundzwanzig und achtzehn Jahre alt.)

Ingram bejahte, sagte jedoch, er könne sich nicht erinnern, seinen Töchtern je zu nahe getreten zu sein. »Wenn es passiert ist, müssen wir uns damit befassen«, sagte Ingram, fügte aber hinzu: »Ich kann mir nicht vorstellen, daß ich so was tun würde.« Wenn er die Mädchen belästigt habe, dann »muß ich eine dunkle Seite haben, von der ich nichts weiß«. Diese Antworten waren beunruhigend zweideutig - eine Variante des ›Vielleicht ja, vielleicht nein‹-Themas, das der Polizei häufig von Verdächtigen vorgesetzt wird, die auf einen Handel mit der Staatsanwaltschaft hinauswollen. Doch Ingram sagte weiter, wenn die Beschuldigungen wahr seien, dann brauchten nicht nur seine Töchter, sondern auch seine Söhne Hilfe. »Ich habe nie zuvor an Selbstmord gedacht, aber wenn sich herausstellen sollte, daß ich so etwas getan habe, dann müßt ihr alle meine Waffen aus dem Haus entfernen, nur für den Fall«, sagte Ingram in einem Ton, der mehr verwundert als verzweifelt klang. Er bat um einen Lügendetektortest, um »dem allem auf den Grund zu kommen«.

»Du wirst doch diesen Mädchen hoffentlich keinen Prozeß zumuten wollen«, sagte Edwards. Vielleicht dachte er auch an den Ruf seiner Behörde, obwohl in diesem sehr frühen Stadium der Ermittlungen ein Prozeß nur eine sehr entfernte Möglichkeit zu sein schien. Tatsächlich hatte sich Edwards bei den Ermittlungen bislang auf ein Verwaltungsverfahren beschränkt, wie es etwa üblich ist, wenn gegen einen Beamten Beschwerden wegen seiner rücksichtslosen Fahrweise eingehen. Eine interne Untersuchung dieser Art konnte eventuell zu einem Disziplinarverfahren führen, das wiederum mit einer Suspendierung vom Dienst oder dem Amtsverlust enden konnte. Es konnte alles sehr diskret abgehandelt werden.

Ingram erklärte sich ohne weiteres damit einverstanden, ohne Anwalt mit den Ermittlungsbeamten zu sprechen. Daraufhin begleitete ihn McClanahan um neun Uhr in das Büro von Detective Joe Vukich und Detective Brian Schoening, die für Sexualvergehen zuständig waren. Beide Männer waren mit Ingram gut bekannt; sein Büro befand sich genau gegenüber auf demselben Korridor.

Brian Schoening war ein blasser, sandblonder Mann, ein Großvater mit rauher Stimme und grauen Augen, die nichts mehr überraschen konnte. Ingram war der letzte unter den Kollegen, den Schoening des sexuellen Mißbrauchs verdächtigt hätte, aber er hatte mit den Kehrseiten der menschlichen Natur genug zu tun gehabt, um zu wissen, daß sich hinter harmlosen Gesichtern erschreckende Begierden verbergen können.

Joe Vukich hatte Ingram 1976 kennengelernt, noch ehe er bei der Polizei angefangen hatte; danach waren sie für denselben Bezirk zuständig gewesen, und Ingram hatte den Neuling mit dem Babygesicht oft zum Grillen oder zum Kartenspiel in sein Haus eingeladen. Soweit Vukich sagen konnte, war Ingram ein anständiger, toleranter Familienvater und typisch amerikanischer Ehemann. Ingram war der Vorgesetzte beider Männer; von Anfang an war daher die Vernehmung für alle Beteiligten, auch den Verdächtigen, mit Unbehagen und inneren Konflikten verbunden.

Nach mehreren Stunden Vernehmung schaltete Vukich ein Tonbandgerät ein, um Ingrams offizielle Aussage aufzuzeichnen. Ingram sagte jetzt: »Ich glaube, daß das, was behauptet wird, wirklich geschehen ist, und daß ich sie mißbraucht habe, wahrscheinlich über eine lange Zeit hinweg. Ich habe es nur verdrängt.«

Vukich fragte Ingram, warum er gestehe, wenn er sich des Mißbrauchs nicht entsinnen könne, und Ingram antwortete: »Na ja, erstens, meine Töchter kennen mich. Sie würden über so was keine Lügen erzählen. Und - äh - es gibt ja noch andere Beweise.«

»Und was für Beweise wären das deiner Ansicht nach?« fragte einer der Beamten.

»Die Art und Weise, wie sie sich seit mindestens zwei Jahren verhalten, und die Tatsache, daß ich es nicht schaffe, liebevoll zu ihnen zu sein - äh -, obwohl ich es möchte«, sagte Ingram. »Es fällt mir schwer, sie in den Arm zu nehmen oder ihnen auch nur zu sagen, daß ich sie liebhabe, und ich weiß einfach, daß das nicht normal ist.«

»Mal abgesehen davon, daß es dir schwerfällt, dich ihnen zu nähern -, erinnerst du dich, irgendwas getan zu haben, was einer körperlichen Mißhandlung gleichkäme - daß du sie zum Beispiel geschlagen hast?«

»Hm ... ich erinnere mich nicht - äh -, die Mädchen geschlagen zu haben«, antwortete Ingram. »Es kommt selten vor, daß ich die Beherrschung verliere, aber hin und wieder passiert's oder - oder sie glauben vielleicht, daß es passiert, wißt ihr, wenn ich sie anschreie statt - äh - mit ihnen zu reden. Das sehen sie vielleicht als Mißhandlung an.«

»Wenn ich dich fragen würde - und das ist jetzt eine Frage, auf die gibt es nur Ja oder Nein -, ob du Julie jemals sexuell berührt hast, was würdest du sagen?«

»Ich würde ja sagen müssen.«

»Und Ericka?«

»Da würde ich auch ja sagen müssen.«

»Wie alt war Ericka deiner Meinung nach, als das alles zwischen ihr und dir anfing?«

»Ich selbst kann mich nicht erinnern, aber ich weiß, daß mehrmals das Alter von fünf Jahren genannt worden ist.« Ingram hatte von den Anschuldigungen zum erstenmal eine Woche zuvor gehört.

»Woran erinnerst du dich?« drängten die Beamten.

»Ich erinnere mich an gar nichts.«

Es ist nicht ungewöhnlich, daß ein Verdächtiger bei der polizeilichen Vernehmung behauptet, sich nicht daran erinnern zu können, ein Verbrechen begangen zu haben, und es ist schon gar nicht ungewöhnlich, wenn es sich um ein Sexualdelikt handelt. Häufig wird zur

Erklärung der Konsum von Alkohol oder Drogen angeführt, aber die Behauptung, sich nicht erinnern zu können, kann auch eine List des Verdächtigen sein, der auf den Busch klopfen will, um herauszubekommen, was für Beweise, wenn überhaupt welche, die Polizei in der Hand hat. Schoening und Vukich hatten die Erfahrung gemacht, daß ein Verdächtiger, der vorgab, sich nicht erinnern zu können, entweder die Wahrheit mied oder an der Schwelle zu einem Geständnis stand; die Vernehmung wurde also von diesem Moment an unter der stillschweigenden Voraussetzung der Schuld geführt. Ingram sagte nicht, er habe es nicht getan. Er sagte, er könne sich nicht vorstellen, es getan zu haben.

Vukich schaltete das Tonbandgerät aus und ließ es ausgeschaltet, während er und Schoening versuchten, Ingram zu einem Schuldbekenntnis zu bewegen. In den folgenden zwanzig Minuten erklärten sie ihm, seine Töchter seien durch den an ihnen begangenen Mißbrauch völlig verstört, und berichteten ihm verschiedene Details aus den Aussagen der Mädchen. Ingram schwankte weiterhin zwischen seiner Erklärung, daß seine Töchter niemals lügen würden, und seiner Beteuerung, er könne sich an den Mißbrauch nicht erinnern. Später behauptete er, Vukich habe ihm versichert, die Erinnerungen würden zurückkehren, sobald er zu gestehen begänne. (Es ist allerdings ungewiß, ob diese Behauptung der Wahrheit entspricht). Den Aufzeichnungen zufolge, die Schoening sich während der Vernehmung machte, begann Ingram nun fieberhaft zu beten. Als die Beamten das Tonbandgerät wieder einschalteten, bemerkte Schoening, daß Ingram die Wand anstarrte, die Hände krampfhaft gefaltet hielt und in einen »tranceähnlichen Zustand« verfiel. Ingram begann dann eine Szene zu beschreiben, in der er in das Zimmer seiner älteren Tochter kam und seinen Bademantel ablegte. Er sagte: »Ich werde ihr wohl die Unterhose oder das Unterteil von ihrem Nachthemd ausgezogen haben.«

»Okay, du sagst: ›Ich werde wohl‹«, warf einer der Beamten ein. »Meinst du nun, du ›wirst es wohl‹ getan haben oder du hast es getan?«

»Ich habe es getan«, sagte Ingram.

»Nachdem du ihr die Unterhose heruntergezogen hattest, wo hast du sie da berührt?«

»Ich hab sie an der Brust berührt und an der Vagina ...«

»Was hast du zu ihr gesagt, als sie aufgewacht ist?«

»Ich werde ihr wohl gesagt haben, sie soll leise sein und - äh - niemand was sagen, und ich werde ihr wohl gedroht haben, daß ich sie umbringe, wenn sie was verrät«, sagte Ingram.

»Okay, du sagst: ›Ich werde wohl‹. Hast du es getan oder nicht?«

»Äh - ich habe es getan.«

»Und wohin bist du gegangen, als du ihr Zimmer verlassen hast?«

»Ich werde wohl wieder zu meiner Frau ins Bett gegangen sein.«

Als das Verhör viele Stunden später beendet war, hatte Paul Ingram gestanden, seit der Zeit, als Ericka fünf Jahre alt war, mit seinen beiden Töchtern viele Male Geschlechtsverkehr gehabt zu haben. Er hatte ferner davon gesprochen, seine jüngere Tochter Julie im Alter von fünfzehn Jahren geschwängert und zu einer Abtreibung in den nahegelegenen Ort Shelton gebracht zu haben. All diese Aussagen stimmten in einem allgemeinen Sinn mit den Beschuldigungen überein, die seine Töchter vorgebracht hatten, wenn auch Ingrams Geständnisse immer noch in einem Sumpf von Möglichkeitsformen steckten. Brian Schoening, trotz seines zur Schau getragenen Zynismus ein gesprächiger und gefühlvoller Mann, sagte später, tief betroffen habe ihn Ingrams Distanziertheit bei der Schilderung des an seinen Töchtern begangenen sexuellen Mißbrauchs. Nie zuvor habe er solche offenkundige Reuelosigkeit bei einem Täter erlebt, und es habe ihn um so mehr erbittert, als Ingram die gleiche Uniform trage wie er selbst. Dennoch war es nichts besonders Ungewöhnliches, jemanden, der in der Gemeinde Vorbildfunktion hatte, einer unanständigen Handlung zu überführen. Wäre die Sache an diesem Montag mit Ingrams halbherzigem Geständnis ad acta gelegt worden, hätte sie gewiß allenfalls eine flüchtige Sensation ausgelöst. Im normalen Verlauf der Dinge wäre Ingram wahrscheinlich eine Gefängnisstrafe erspart geblieben; er hätte sich statt dessen in psychologische Behandlung begeben müssen. Der ganze Fall wäre inzwischen längst vergessen. Aber keiner ahnte damals, in welche Abgründe die Lücken in Ingrams Gedächtnis führen würden.

Nachmittags um halb fünf legte Ingram den signalroten Overall des Gefängnisses von Thurston County an und wurde in eine Einzelzelle gebracht, in der er wegen Selbstmordgefahr rund um die Uhr überwacht wurde. Detective Schoening und Sheriff Edwards traten danach die traurige Fahrt zu Ingrams Haus in Ost-Olympia an, um seine Frau Sandy zu informieren.

2

Den Ingrams gehörten neun Morgen Land an der Fir Tree Road, in der Nähe der Union-Pacific-Bahnlinie. Hier, wo der schmale Vorortgürtel in freies Land übergeht, stehen einfache Häuser und Wohnwagen, und in den Einfahrten sieht man überall Motorboote und Geländewagen. Kaum eine Meile entfernt stößt man an einen Zipfel des riesigen Militärgeländes von Fort Lewis, das den Südosten des Landkreises zum großen Teil einnimmt. Gelegentlich bei Manövern ist Kriegslärm mit Explosionen und Maschinengewehrgeknatter zu hören.

Das Haus, das die Ingrams sich 1978 gebaut hatten, war von der Straße aus nicht zu sehen. Auch wenn es später mit Gruselassoziationen befrachtet wurde (McClanahan verglich es mit dem Haus in ›The Amityville Horror‹), war es doch an diesem Novemberabend nichts weiter als ein gefälliger scheunenartiger Bau, hübscher als die meisten Häuser in dieser Gegend. Das Anwesen hatte das Zeug zu einem kleinen Landgut. Paul und Sandy hatten den Ehrgeiz entwickelt, sich ausschließlich selbst zu versorgen. Paul züchtete Hühner und Kaninchen, er hielt zwei Kühe, und in dem Weiher hinter dem Haus gab es sogar Enten. Eine kleine Herde Ziegen sorgte dafür, daß der Rasen immer gepflegt aussah. Sandy hatte einen Gemüsegarten angelegt, in dem es das ganze Jahr über etwas zu ernten gab. Ein Nachbar beschrieb das Stück Land als »gut genutzt«, und es war in der Tat gedrängt voll mit Ställen, Geräten und einer Anzahl Autos und Lastwagen. Seit Jahren betrieb Sandy im Haus ein Tagesheim für Kinder; neben dem normalen Durcheinander, das zu einer großen Familie gehört, gab es im Hof auch noch eine Schaukel und einen Sandkasten, und im Haus lagen überall Plastikspielsachen und Schlafmatten herum.

Bis zu jenem Montag hatte Sandy ihre Ehe als glücklich, solide und altmodisch im besten Sinn betrachtet. Paul hatte das Sagen, aber da Sandy selten anderer Meinung war als er, gab es zwischen ihnen fast niemals Streit. Sie hatte außer der Familie noch andere Interessen - neben dem Betrieb ihres Tagesheims hatte sie einmal einen Abstecher in den öffentlichen Dienst gemacht und ein Semester lang in der Schulkommission des Landkreises gesessen (in diesem Sinn war sie politisch erfolgreicher als Paul) -, aber im wesentlichen war ihr Leben in der Familie und in der Kirche verankert.

Paul und Sandy hatten sich 1964 auf dem Spokane Community College kennengelernt. Beide verdienten sie sich ihr Studium selbst, Sandy als Halbtagshausmädchen und Paul als Hausmeister in einer Molkerei. Beide stammten aus großen, streng katholischen Familien. Sandy hatte zwei Jahre lang eine Klosterschule besucht und ernstlich daran gedacht, Nonne zu werden. Paul hatte immer katholische Schulen besucht und danach drei Jahre lang das Priesterseminar; später meinte er allerdings, seine klerikalen Ambitionen seien vor allem dem Wunsch entsprungen, seiner Mutter zu gefallen. Wie dem auch sei, seine Berufung zum Geistlichen löste sich in Luft auf, als er eines Tages Sandy in seinem Auto zur Arbeit mitnahm. Sie war aufgeschlossen und lustig, und sie hatten so vieles gemeinsam. Paul war von ihrem Fleiß beeindruckt. Außerdem entpuppte sie sich als eine Art Draufgängerin; auf einem Gruppenausflug benutzten sie die Kühlerhaube eines 48er Buick als Schlitten und sausten so den Mount Spokane hinunter; Sandy hatte über diese Tollkühnheit gelacht.

Paul hatte mit Mädchen praktisch überhaupt keine Erfahrung. Er war selten mit Mädchen ausgegangen und war noch unschuldig, als er Sandy kennenlernte. Sie beschlossen bald, zu heiraten, sehr zur Beunruhigung beider Elternpaare, die meinten, sie sollten noch warten. Bei ihrer Hochzeit im Februar 1965 waren beide neunzehn Jahre alt. Sie kannten einander keine fünf Monate.

Pauls Vater, Sylvester, war Schreiner, Buchhalter und ein Hansdampf in allen Gassen, der chronisch krank war. Seine Mutter, Elizabeth, war Diätistin. In den schweren Zeiten, die folgten, als Sylvester sich 1904 eine Rückenverletzung zugezogen hatte, hielt Elizabeth die Familie zusammen. Die Kinder hatten immer zu essen, und sie hatten immer Schuhe an den Füßen, sonst jedoch hatten sie kaum etwas. Paul, der Älteste von sieben, wurde zum offiziellen Babysitter und praktisch zum Vater für seine Geschwister. Seine Schwester Robin hat ihn als liebevoll und aufopfernd in Erinnerung und sagt, er habe sich niemals über die zusätzliche Bürde beklagt, die er zu tragen hatte.

Pauls eigene Familie war der, in der er aufgewachsen war, in vieler Hinsicht ähnlich. Er war immer der Meinung gewesen, seine Eltern seien miteinander viel liebevoller umgegangen als mit ihren Kindern - eine bittere Feststellung, die nun seine eigenen Kinder über ihn und Sandy machten. So aufmerksam und beschützerisch er als ältester Bruder gewesen sein mag, als Vater war Paul ein strenger Zuchtmeister mit einem Sack voller Vorschriften und Verbote.

Sandy war das jüngste von vier Kindern, der verwöhnte Liebling der Familie. Sie war von Natur aus gutmütig und lebhaft und hatte einen gewissen Eigensinn, der verhinderte, daß Paul sie an die Wand drückte. Obwohl es in ihrer Familie einige Fälle von Geisteskrankheit gab, machten sich weder Sandy noch Paul Sorgen wegen möglicher Erbschäden. Sandy vor allem wünschte sich eine große Familie; Paul war sich da nicht so sicher, aber er widersetzte sich nicht. Ihr erstes Heim war ein gemietetes Dreizimmerhaus in Spokane.

Paul Junior, von der Familie auch Paul Ross genannt, kam im September 1965 zur Welt, sieben Monate nach der Hochzeit. Unter dem Druck dieser neuen Verantwortung nahm Paul eine Anstellung als Hausmeister in einem Ärztehaus an. Wenige Monate nach Paul Ross' Geburt erfuhr Sandy, daß sie erneut schwanger war, diesmal mit Zwillingen. Ericka und Andrea wurden im September 1966 geboren. Andrea, die Erstgeborene, war untergewichtig und kränkelte; Ericka war rund und gesund. Sandy nahm sie schon nach wenigen Tagen mit nach Hause. Andrea jedoch mußte noch eine Woche lang in der Klinik bleiben, und als sie endlich nach Hause kam, blieb sie kränklich und apathisch. Die Ärzte versicherten Sandy, es sei alles in Ordnung, Andrea sei lediglich etwas klein, aber ein paar Tage später schien das Kind plötzlich keine Luft mehr zu bekommen. In heller Panik fuhren die jungen Eltern mit ihrem nach Luft schnappenden, schon bläulich verfärbten Säugling in die Klinik. Untersuchungen ergaben, daß Andrea an Meningomyelitis erkrankt war. Ein Geistlicher kam, um sie zu taufen und ihr die Letzte Ölung zu geben, aber entgegen den Erwartungen der Ärzte überlebte Andrea. Die Meningitis hatte jedoch eine Schwellung des Gehirns verursacht; das Resultat war, daß die geistigen Fähigkeiten des Kindes schwer geschädigt waren und sein Schädel vergrößert blieb.

Sehr schnell entwuchsen die Ingrams ihrem kleinen Haus. Anfang 1967 kauften sie für 6900 Dollar ein Vierzimmerhaus, das von einem meterhohen Maschendrahtzaun umgeben war. Paul Ross schaffte es, ihn zu übersteigen, als er noch in den Windeln war. Meistens fand Sandy ihn dann irgendwo in der Nachbarschaft, wo er mit anderen Kindern spielte; zweimal allerdings mußten sie die Polizei rufen, um ihn suchen zu lassen. Von da an wurde er, wenn er im Freien spielte, an einer Leine gehalten.

Paul nahm eine Stellung als Vertreter für Fotoapparate an. Zum erstenmal hatte er die Möglichkeit zu reisen, und er fand es herrlich, doch das Einkommen reichte niemals ganz, um die Ausgaben zu decken. Sandy begann, anderer Leute Kinder zu betreuen, um das Defizit auszugleichen. In dieser Zeit kam Andrea immer wieder mit Anfällen chronischer Lungenentzündung ins Krankenhaus und verlangte so viel Pflege und Betreuung, daß die Eltern überfordert waren. Sie gaben sie noch als Säugling in ein staatliches Heim, wo sie bis zu ihrem Lebensende blieb.

1968 gebar Sandy einen zweiten Sohn, Chad. Paul beugte sich der Realität und nahm eine solidere Stelle als Prüfer bei einer Kreditgesellschaft an. Etwas später im selben Jahr bot die Firma Stellungen in verschiedenen anderen Städten an. Mit dem Umzug waren eine Gehaltserhöhung und Aussichten auf Beförderung verbunden. Paul und Sandy entschieden sich für Olympia, weil es klein und relativ ländlich war und ihre Naturideale ansprach. Sie kauften ein Wohnmobil und stellten es auf den Campingplatz von Ost-Olympia. Bald verdiente Sandy Geld damit, daß sie die Kinder der anderen Familien auf dem Platz betreute. Ihr Einkommen war lebensnotwendig für die Familie, besonders in jener Anfangszeit, aber in ihren eigenen Kindern wuchs das Gefühl, daß sie den Pflegekindern mehr Aufmerksamkeit gönnte als ihnen.

Bald drängte es die wachsende Familie Ingram in ein größeres Heim. Als 1970 das fünfte Kind, Julie, zur Welt kam, nahmen Paul und Sandy bei der Bank ein Darlehen über 17 000 Dollar auf und bauten auf einem Waldgrundstück in Ost-Olympia ein Vierzimmerhaus. Die Jungen teilten sich ein Zimmer, die Mädchen das andere. Später bauten sie den Keller aus und gewannen so ein zusätzliches Zimmer und einen Hobbyraum dazu.

Endlich hatten sie auch Platz für Sandys Garten und die Tiere, von denen sich Paul wirtschaftliche Unabhängigkeit erhoffte. Er verkaufte nebenbei Amway-Produkte und gefriergetrocknete Nahrungsmittel eines bestimmten Herstellers. Unter dem Eindruck seiner ärmlichen Kindheit war er unermüdlich im Streben nach Sicherheit. Er sah sich selbst als einen guten Versorger, der seinen Kindern Möglichkeiten bot, die er selbst nie gehabt hatte. Doch bei den Kindern wuchs der Eindruck, daß er sie als Arbeitskräfte weit mehr schätzte denn als Söhne und Töchter. »Unser Vater hat sich einen Dreck um uns gekümmert; für ihn hat nur gezählt, daß wir unsere Arbeit machten«, beschwerte sich Paul Ross später.

1969 bewarb sich Paul, beinahe nur spaßeshalber, bei der Polizeireserve von Lacey, einer kleinen Nachbargemeinde (mit ganzen acht Verkehrsampeln). Er wurde angenommen und begann abends und an den Wochenenden mit einer geliehenen Pistole Verkehrsstreife zu fahren. Außerdem mußte er bei häuslichen Zwistigkeiten eingreifen. Innerhalb weniger Monate hatte er so viel über die Polizeiarbeit gelernt, daß er sich die Berechtigung erwarb, allein Streife zu fahren. Nie in seinem Leben hatte ihn etwas so sehr befriedigt. Paul sah seine Arbeit bei der Polizei als Hobby, das etwas zusätzliches Geld einbrachte; es bedeutete jedoch auch, daß er kaum noch zu Hause bei Sandy und den Kindern war. Chad mußte sich das Radfahren selbst beibringen; so wie er sich später auch das Autofahren selbst beibrachte.

1971 wechselte Paul von der Polizei in Lacey zum Sheriff's Department von Thurston County, und ein Jahr später machte ihm der Sheriff den Vorschlag, als voller Mitarbeiter tätig zu werden. Das bedeutete eine Einkommenseinbuße von hundert Dollar im Monat, die sich die Familie kaum leisten konnte. Dennoch ermutigte Sandy Paul, weil ihm die Arbeit so offensichtlich Freude machte. Paul machte seine Sache im allgemeinen gut, nur einmal beging er im Ausbildungsunterricht den Fehler, offen zu sagen, daß der Sheriff seiner Meinung nach ernannt und nicht gewählt werden sollte. Am folgenden Morgen wurde er in das Büro des stellvertretenden Sheriffs gebeten, der ihm gründlich die Leviten las.

Paul fand schnell Freunde auf der Behörde. Er und Neil McClanahan, damals ebenfalls ein Neuling, waren viel zusammen, wenn sie im gemeinsamen Auto Streife fuhren. Sie sprachen viel über Religion, ein Thema, das sie beide interessierte. Paul war damals noch katholisch; später trat er zu einer protestantischen Sekte über. Neil ging den umgekehrten Weg. Er war ein tief religiöser Mensch und studierte damals gerade den katholischen Katechismus, um sich auf seinen Übertritt vorzubereiten.

Ihre spirituellen Neigungen und ihr Interesse für den Dienst am Bürger unterschieden sie von den meisten Polizeibeamten, aber sie wollten nicht als Tugendbolde gelten. Darum traten sie zusammen mit einigen anderen Deputies einer Pokerrunde bei, die jede Woche woanders tagte. Manchmal fand das Spiel auch in Ingrams

Haus statt, und diese Abende wurden ihm so wichtig, daß er im Hobbyraum einen Kühlschrank installierte, in dem ein ganzes Faß Bier Platz hatte. Wenn Paul für die Kollegen aus dem Amt und für den Sheriff selbst den Gastgeber spielte, so hob das zweifellos sein Ansehen und machte ihn zu einem von ihnen. Am Morgen nach den Pokerpartien pflegten die Kinder unter dem Tisch nach heruntergefallenem Kleingeld zu suchen.

1972 fing Paul ein Verhältnis mit einer älteren geschiedenen Frau an. Er meinte, mit ihr könnte er über andere Dinge sprechen als Kindererziehung und Haushalt. Seine Geliebte war Lutheranerin und sprach über ihre persönliche Beziehung zu Jesus in einer Form, wie Paul es im Seminar niemals gehört hatte. Das Verhältnis ging in die Brüche, als klar wurde, daß Paul Sandy niemals verlassen würde. Er besuchte die Messe immer seltener, aber er war immer noch so sehr Katholik, daß eine Scheidung für ihn nicht in Frage kam.

Pauls und Sandys Sparsamkeit zahlte sich allmählich aus. Sie kauften einen alten Ford-Kastenwagen, und die Familie begann in den Sommerferien Campingurlaub in Idaho zu machen. 1976 kauften sie fünf Morgen Land an der Fir Tree Road mit einer Option auf die anschließenden fünf Morgen. Mit der ihnen eigenen Tatkraft gingen sie daran, das Grundstück in ihrer Freizeit zu roden. Freunde von der Polizei halfen ihnen, eine Klärgrube zu bauen und in einer Mulde einen Weiher anzulegen. Eine nahegelegene Kiesgrube lieferte Straßenbaumaterial zum Billigtarif. Als die Zimmerleute das einstöckige Haus fertiggestellt hatten, strichen Paul und Sandy es gemeinsam, innen und außen. Jim Rabie, ein Beamter im Sheriff's Department von Thurston County und ein Freund von Paul, legte die elektrischen Leitungen, und Rabies Vater baute die Kücheneinrichtung.

Endlich waren die Träume von Paul und Sandy Wirklichkeit geworden. Ihr schönes Haus war von Föhren, Erlen, Eschen, Balsampappeln, Zedern und Hemlocktannen umgeben. Im Frühling blühte der Hartriegel, und Rotwild stöberte im Unterholz. Der Wald war voll von Waschbären, Beutelratten und Waldhühnern, ab und zu begegnete man sogar einem Rotfuchs. Im Weiher gab es Enten und Reiher. Sandy vergrößerte ihren Garten, schaffte Raum für Obstbäume und Blumenbeete. Neben den Hühnern und Kaninchen, die Paul züchtete, konnte er jetzt, da genug Grund da war, auch ein paar Kühe halten. Paul und Sandy kam es vor wie das Paradies, jedoch nicht den Kindern, die ihr Haus zu abgelegen und isoliert fanden.

Die polizeilichen Ermittler befragten später viele Freunde und Nachbarn der Familie Ingram. Die meisten schilderten Paul und Sandy als ganz normale Leute, die ihre Kinder liebten, auch wenn sie streng waren. Als härteste Strafe für die kleineren Kinder gab es eine Tracht Prügel, für die größeren Hausarrest; im allgemeinen gab es einfach Fernsehverbot oder keinen Nachtisch. Nachdem die Eltern fromme Fundamentalisten geworden waren, erlaubten sie ihren Kindern nicht mehr, Sport zu treiben, und ließen sie nur selten an Veranstaltungen oder anderen Freizeitbeschäftigungen teilnehmen, damit sie ihre häuslichen Pflichten und Schularbeiten nicht vernachlässigten. Am schlimmsten war das für Chad, einen geborenen Sportler. »Sie durften keine Kinder sein«, bemerkte ein Nachbar, aber die Kinder wirkten immer wohlerzogen. Ericka und Julie waren als Babysitter beliebt. Eine ihrer Freundinnen erzählte, ihr Vater habe dauernd herumgebrüllt und »die Brüder hingen faul rum und machten komische Sachen«, wobei sie als Beispiel allerdings lediglich anführen konnte, daß Chad einmal versucht hatte, sie zu küssen. Eine Frau, die ihr Pferd auf dem Besitz der Ingrams hatte weiden lassen, sagte, Paul habe sie angerufen und gedroht, das Tier zu töten, wenn sie es nicht sofort wegholte. Jeder Zentimeter Boden seines Landes diente einem Zweck, sagte er; zur Erholung war nichts übrig.

Der Hausarzt sagte aus, er habe niemals irgendwelche Anzeichen von Mißhandlung an den Kindern gesehen. Die Ingrams machten größtenteils einen gesunden Eindruck. Ericka habe mit sechzehn eine Periode starker, unregelmäßiger Monatsblutungen durchgemacht, aber so etwas sei in den ersten drei Jahren der Menstruation nicht ungewöhnlich. Paul und Sandy gehörten einem Tennisklub an und spielten dreimal in der Woche. Abends nahmen sich alle Familienmitglieder bei den Händen und beteten gemeinsam vor dem Essen. Das Essen war frisch, wenn auch etwas bäuerlich, obwohl Kaninchenbraten und Ziegengulasch in einer Gegend, in der Wild noch zum normalen Speiseplan gehörte und Selbstversorgung in hohem Ansehen stand, nicht als sonderlich ausgefallen betrachtet wurden. Sandy war immer dabei, in der Küche irgend etwas zu backen oder zusammenzurühren. Sie sei eine »perfekte Hausfrau« sagte voller Bewunderung eine Freundin, die einmal ein Wohnmobil auf dem Grundstück der Ingrams gemietet hatte. In dieser Zeit war der Freundin niemals etwas Ungewöhnliches aufgefallen. Jeder, der die Ingrams kannte, beschrieb sie als eine fleißige christliche Familie; ja einige Leute erzählten den Ermittlungsbeamten, sie hätten versucht, sich an den Ingrams ein Beispiel zu nehmen.

Im Vorjahr hatte Sandy angefangen, Gottesdienste im Evergreen Christian Center zu besuchen, eine kirchliche Vereinigung, die zu den Assemblies of God gehört. Paul war überrascht, denn Sandy hatte sich der katholischen Kirche tief verbunden gefühlt; sie hatte im Chor gesungen und den Katechismus unterrichtet. Er bemerkte aber sofort, daß sie sich veränderte - sie wurde weicher, was er sehr anziehend fand. Sie nahm nun die Kinder oft Sonntag morgens und Mittwoch nachmittags mit in das Zentrum. Schließlich kam Paul auch mit, und ihm gefiel die offene, freundliche Atmosphäre, obwohl ihn das Händewedeln und Zungenreden abstieß. Einen Monat später folgte Paul einem Ruf zum Altar und legte sein Leben in die Hände Jesu. Im Herbst desselben Jahres wurde die gesamte Familie im tiefen Wasser getauft.

Zum Teil fühlten sich die Ingrams deshalb zur Pfingstgemeinde hingezogen, weil hier der Familie besondere Bedeutung beigemessen wurde. Und doch tat sich im Haushalt der Ingrams zwischen den Eltern und den Kindern eine beunruhigende Kluft auf. Paul und Sandy behandelten sich mit demonstrativer Zuneigung; es bestand eine deutliche sexuelle Spannung zwischen den beiden, die Außenstehenden kaum entging. (Sie schliefen nackt auf einem Wasserbett und, so Paul, schliefen fast jeden zweiten Tag miteinander.) Ihre Kinder aber behandelten sie streng und emotional zurückhaltend. Über Sex wurde nie geredet, außer wenn die Mädchen Sandy sagten, daß sie bis zu ihrer Heirat Jungfrau bleiben wollten. Für die emotionalen Bedürfnisse der Kinder und ihre jugendliche Energie gab es nur wenige Ventile. Nachdem die Familie Mitglied der neuen Gemeinde geworden war, verbot Paul nicht nur alle sportliche Betätigung, sondern auch Rock-and-Roll-Musik, außer sie war christlich. Im Jahr 1978 verstärkten sich die Spannungen, als Sandy wieder schwanger war. Mit der Geburt des Kindes, des dritten Sohns mit Namen Mark, beschloß Paul, ein besserer Vater zu werden. Mit der Zeit bekamen die älteren Geschwister das Gefühl, Mark sei der Liebling des Vaters. Er wurde verhätschelt und nicht herumkommandiert oder zur Arbeit angehalten. Fast jeden Abend las Paul Mark vor dem Einschlafen vor - bei den anderen hatte er das nie getan; später kaufte er dem Jungen einen Computer und spielte abends oft noch Computerspiele mit ihm. Ericka und Julie beschwerten sich, daß Mark verwöhnt werde.

Die beiden älteren Jungen waren aufsässig und zeigten eine beunruhigende Tendenz zu Heimlichkeiten. 1984 lehnte Paul Ross, er war nun achtzehn, eine von seinem Vater arrangierte Berufung nach West Point ab und ging von einem Tag auf den anderen von zu Hause weg, nachdem er zum drittenmal innerhalb von drei Monaten sein Auto zu Schrott gefahren hatte. Er stellte den Wagen in einem Friedhof ab und hinterließ Sandy einen Brief, in dem er schrieb, er habe sich einer gefährlichen Clique angeschlossen. Er warnte seine Eltern davor, ihn zu suchen. »Wenn du diesen Brief erhältst, bin ich wahrscheinlich schon in Südamerika«, schrieb er. Die Ermittlungsbeamten fanden den Brief später in Sandys Schreibtisch.

Ihr zweiter Sohn, Chad, den Paul und Sandy für das ruhigste und ausgeglichenste ihrer Kinder hielten, zog, während er noch die

High school besuchte, für kurze Zeit in eine Wohnung im Zentrum von Olympia und wurde festgenommen, als er in einem Geschäft Süßigkeiten klaute. Später ging er in Tulsa auf die Bibelschule, brach sie aber ab und zog wieder zu Hause ein.

Ericka und Julie, die ihre ganze Kindheit lang ein Zimmer teilten, wurden oft als Paar betrachtet, obwohl Ericka vier Jahre älter als Julie war und bei weitem das bestimmendere Wesen hatte. Es besteht eine ganz deutliche Familienähnlichkeit: Beide haben das dunkelbraune Haar und die braunen Augen ihrer Eltern und runde, volle Gesichter, die an Porträts von Vermeer erinnern. Für die meisten Menschen aber war erstaunlich, wie unterschiedlich sie in ihrer Wesensart waren. Ericka war launisch und immer mit sich selbst beschäftigt, während Julie temperamentvoll und kontaktfreudig war, wenn sie auch immer etwas im Schatten ihrer Schwester stand. Ericka war die Schönheit der Familie, obwohl sie sich ein wenig absonderte und das Leben mit den Augen vorsichtiger Zurückhaltung betrachtete. An ihrem Äußeren fiel ihr Mund am meisten auf; er war klein und sinnlich, mit einem ungewöhnlich spitzen Amorbogen der Oberlippe. Er hatte Ähnlichkeit mit dem Mund einer Kewpie-Puppe. Als sie 21 wurde, wohnte sie immer noch zu Hause; sie arbeitete als Fremdenführerin auf dem Capitol und besuchte mit Unterbrechungen das College (sie studierte die Gebärdensprache und arbeitete ab und zu als Dolmetscherin für Hörgeschädigte). Sie hatte jedoch einen Hang zur großen Welt. Sie kleidete sich modisch und reiste gerne. Sie war schon in Griechenland gewesen, und im Jahre 1988 war sie gerade von den Olympischen Spielen in Südkorea zurückgekehrt. Julie war im Gegensatz dazu eher ein häuslicher Mensch wie ihre Mutter. Man sagte von ihr, sie sei ganz wie Sandy, und sie kleidete sich auch wie diese in Jeans und Sweatshirts. Julie hatte zweimal hintereinander den jährlichen Wettbewerb der ›Jungen Hausfrauen Amerikas‹ gewonnen und an der nationalen Endausscheidung teilgenommen, das machte neben den Familienurlauben ihre ganze bisherige Reiseerfahrung aus. Eines hatten die Mädchen allerdings gemeinsam:

Sie trafen sich nur selten mit Jungen - Ericka war in den vergangenen zwei Jahren nur zweimal ausgewesen - und waren im Umgang mit ihnen sehr schüchtern.

Die Ingrams erlebten das außergewöhnliche Wachstum der Pfingstbewegung in Amerika während der siebziger und achtziger Jahre mit. Als der Familie das Evergreen Christian Center zu groß geworden war, wechselte sie zur Kirche des lebenden Wassers über, eine Schwesterorganisation der International Church of the Foursquare Gospel, die in den zwanziger Jahren von der bekannten Evangelistin Aimee Semple McPherson gegründet worden war. Die Anhängerschaft der Kirche des lebenden Wassers wuchs ebenfalls sehr schnell, und bald zog die Gemeinschaft aus ihren bescheidenen Räumlichkeiten in eine weiträumige Anlage mit acht Gebäuden, die sich fast über einen ganzen Straßenzug der Stadt erstreckte. Wie viele Glaubensgemeinschaften, die früher einmal das Stigma trugen, »Holy Rollers« aus dem Armenviertel der Stadt zu sein, versucht die Kirche eine zwanglose und einladende Atmosphäre zu vermitteln. Der Betsaal ist ein fensterloser Raum mit ansteigenden Sitzreihen, ›Living Room‹ genannt, in dem die Geistlichen auf einem Podium in Sesseln vor einem künstlichen Kamin sitzen. Das Ambiente ähnelt dem einer Fernseh-Talkshow im Tagesprogramm. Außerdem gibt es einen kleinen Gospelchor und eine Band.

Im Gegensatz zur katholischen Tradition, in der Paul und Sandy aufgewachsen waren, legten die Lehren der Kirche des lebenden Wassers den Nachdruck auf die Wahrheit der persönlichen Offenbarung, die sich manchmal in dramatischer Form zeigte. Häufig stand die ganze Gemeinde und rief mit wedelnden Armen lauthals Lobpreisungen, anstatt in den Bänken zu sitzen oder schweigend vor der Altarschranke zu knien. Von Raserei und Fanatismus bei den Gottesdiensten, wie sich das manche immer noch vorstellten, konnte keine Rede sein, aber man spürte einen starken Energiestrom, der erschreckend oder mitreißend war, je nachdem, wie man über die Botschaft dachte, daß die Bibel das unfehlbare Wort Gottes ist; daß Jesus, Sein Sohn, kommen wird, um die Kirche zu erlösen und die Welt zu richten, daß der einzige Weg zur Säuberung von allen Sünden die Buße und der Glaube an Jesus sind und daß die Gaben des Heiligen Geistes - Weissagung, Heilung, Einsicht sowie das Sprechen in und das Verstehen von fremden Zungen - für die persönliche Erlösung wesentlich sind und von allen, die glauben, erlangt werden können.

Die Ingrams besuchten die Kirche regelmäßig - immer am Sonntagmorgen und -abend sowie Mittwoch abends, und sie nahmen auch an den unzähligen gesellschaftlichen Veranstaltungen, den Studiengruppen und Einkehrtagen teil. Sandy gründete den Wohltätigkeitsverein ›Zwölf Körbe‹, der sich um Nahrung und Kleider für Bedürftige kümmerte und ein wichtiger Bestandteil des sozialen Engagements der Kirche wurde. Häufig dolmetschte Ericka bei den Gottesdiensten für die Hörgeschädigten der Gemeinde. Sie konnte ihre Eltern auch dazu überreden, zwei gehörlose Pflegekinder aufzunehmen, eine für Paul und Sandy unangenehme Situation, da die Verständigung so schwierig war.

Die Kirche des lebenden Wassers veranstaltete alljährlich unter dem Namen ›Herz an Herz‹ Einkehrtage für junge Mädchen, die in einem Camp am nahegelegenen Black Lake stattfanden. Julie und Ericka hatten jahrelang daran teilgenommen, und obwohl sie eigentlich bereits zu alt war, fuhr Ericka im August 1988 noch einmal als Betreuerin mit. Fünf Jahre vorher hatte Ericka in einer Gruppendiskussion von einem Vorfall erzählt, den sie als versuchte Vergewaltigung durch einen ihr bekannten Mann bezeichnete. Das Thema des sexuellen Mißbrauchs kam bei diesen Sitzungen manchmal zur Sprache, und die Betreuer nahmen solche Aussagen sehr ernst. Die Behörden wurden verständigt, und Jim Rabie, der für Sexualdelikte zuständige Beamte des Sheriffs, ging Erickas Beschuldigung nach. Er stellte fest, daß die Vorwürfe nicht aufrechterhalten werden konnten - ein verheirateter Mann hatte Ericka in seinem Auto mitgenommen und seine Hand auf ihr Knie gelegt. Die Untersuchungen wurden eingestellt. Im Jahr 1985 dann, wieder während der ›Herz an Herz‹-Einkehrtage, erzählte Julie, daß sie von einem Nachbarn, der auf dem Grund der Ingrams wohnte, sexuell mißbraucht worden sei. Als Paul von Julies Anschuldigungen hörte, begleitete er sie zum Bezirksstaatsanwalt und half ihr, Strafanzeige zu erstatten. Schließlich beschuldigte Ericka den Nachbarn ebenfalls der sexuellen Nötigung. Julie jedoch konnte über den angeblichen Vorfall immer weniger sprechen, bis sie überhaupt nichts mehr zu diesem Thema sagte. Unstimmigkeiten ihrer Aussagen kamen zutage, und der Staatsanwalt ließ letztendlich ihre Klage fallen. Julie schien darüber erleichtert.

Während der ›Herz an Herz‹-Einkehrtage 1988 reiste eine Frau namens Karla Franko aus Kalifornien an, um vor den sechzig Teilnehmerinnen zu sprechen. Franko ist eine charismatische Christin, die glaubt, die biblischen Gaben der Heilung und der geistigen Einsicht zu besitzen. Bevor sie die Bibelschule besuchte, hatte sie als Tänzerin und Schauspielerin gearbeitet und in mehreren Situationskomödien und Werbefilmen gespielt, was ihr in den Augen der Mädchen die Aura einer gefeierten Berühmtheit verlieh. Oft, wenn sie zu solchen Jugendlichen sprach, fühlte Franko den heiligen Geist über sich kommen und verkündete Botschaften, die ihr der Geist eingab. Bei den Einkehrtagen im Jahr 1988 ereigneten sich mehrere außergewöhnliche Vorfälle. Franko erzählte der wie gebannt lauschenden Gruppe, daß sie vor ihrem geistigen Auge ein kleines Mädchen sehe, das sich in einem Garderobenschrank versteckt habe; durch den Spalt unter der Tür falle Licht. Fußschritte näherten sich, und ein Schlüssel werde im Schloß gedreht. In diesem Moment sprang im Saal ein Mädchen auf und schrie schluchzend, dieses kleine Mädchen sei sie gewesen. Franko hatte daraufhin eine weitere Vision. Sie sagte, eine ihrer Zuhörerinnen sei als junges Mädchen von einem Verwandten belästigt worden. Plötzlich stürzte ein taubes Mädchen aus dem Zimmer. Eine Frau namens Paula Davis, die wie Ericka die Gehörlosensprache beherrschte, folgte dem Mädchen und fand sie in der Toilette mit dem Kopf in der Schüssel; sie wollte sich ertränken. In dieser geladenen Atmosphäre traten noch mehrere andere Mädchen vor und erzählten, daß sie mißbraucht worden seien. Die Betreuer hatten alle Hände voll zu tun.

Am späten Nachmittag des letzten Tages stiegen alle in die Busse, die sie wieder zur Kirche bringen sollten. Ericka blieb haltlos schluchzend im Konferenzzentrum zurück. Den Kopf zwischen den Knien, hockte sie auf der Bühne, ein herzzerreißender Anblick. Aber sie wollte nicht sagen, warum sie weinte. Die Betreuer gaben es schließlich auf, sie zu fragen. Sie scharten sich schweigend um sie, um ihr zu zeigen, daß sie für sie da seien. Einem der Betreuer zufolge erklärte sie schließlich: »Ich bin von meinem Vater sexuell mißbraucht worden.«

»Sie schien allein durch das Aussprechen dieser Worte total vernichtet«, sagte der Betreuer später der Polizei.

Dies war aber nur eine Version des Vorfalls, allerdings die Version, die die Ermittlungsbeamten zu Protokoll nahmen und die später von den Verteidigern in den Akten eingesehen wurde. Eine andere Zeugin des Vorfalls war Karla Franko, die eine abweichende Version des Vorfalls gab und behauptete, diese auch den Ermittlungsbeamten vorgetragen zu haben (die Akte enthält keine Aufzeichnungen ihrer Aussage). Franko erinnert sich, daß ein Betreuer zu ihr kam, als sie sich gerade für die Abfahrt zum Flughafen fertigmachte, und sie bat, für Ericka zu beten. »Warum soll ich für sie beten?« fragte Franko. Der Betreuer zuckte die Achseln. Franko ging zur Bühne, auf der Ericka im Schneidersitz saß, ein Bild des Jammers. Franko stellte sich vor sie hin und begann laut zu beten. Fast im selben Augenblick fühlte sie, daß ihr der Herr eine Botschaft zukommen ließ. Sie trat zurück und hörte schweigend die Worte des Herrn. Sie hatte plötzlich das Wort »Belästigung« im Kopf.

»Du bist als Kind mißbraucht worden, sexuell mißbraucht worden«, erklärte Franko. Ericka saß leise weinend da und konnte nicht antworten.

Franko hatte eine weitere göttliche Eingebung, die ihr sagte: »Es ist ihr Vater, und es geht schon seit Jahren so.« Als Franko diese

Worte laut aussprach, begann Ericka hysterisch zu weinen. Franko betete zu Gott, er möge sie heilen. Als Erickas Weinkrampf endlich abklang, riet Franko ihr dringend zu einer Therapie, damit sie an die Erinnerungen herankäme, die ihr so viel Schmerzen bereiteten. Die ganze Zeit über, so Franko, sagte Ericka kein Wort. Sie war durch Frankos Offenbarung so vernichtet, daß sie nicht viel mehr als ein zustimmendes Nicken zustande brachte.

Nicht lange nach diesen Einkehrtagen zogen die Töchter plötzlich aus. Ericka ging in der letzten Septemberwoche und überließ die beiden tauben Mädchen der Sorge ihrer Eltern. Julie folgte ihr sechs Wochen später. Beide zogen zu Freunden; Julie verbrachte allerdings auch einige Nächte in ihrem Auto. Keine von beiden sagte, wo sie wohnte, oder gab irgendeine Erklärung für ihr Tun ab. Paul und Sandy waren außer sich, besonders Julies wegen. Im Hause Ingram schien es zur Regel zu werden, daß die Kinder plötzlich flohen und sich versteckten, obwohl Ericka mit ihren zweiundzwanzig Jahren länger als die anderen bei den Eltern geblieben war.

Am Sonntag vor Thanksgiving traf sich Ericka nach dem Abendgottesdienst mit ihrer Mutter. An diesem Abend gab es ein Offenes Haus zur Einweihung des neuen Betsaals. Julie war auch da, und Paul nutzte die Gelegenheit, sie zum Essen einzuladen. Er sagte, er würde gern mit ihr darüber reden, warum sie ausgezogen sei. Julie schien guter Laune zu sein und nahm die Einladung sofort an. Paul brachte daraufhin den zehnjährigen Mark nach Hause, und Sandy ging, um sich gleich um die Ecke in Denny's Restaurant mit Ericka zu treffen. Sie war vor Ericka da, setzte sich und bestellte eine Tasse Tee. Seit Monaten schon spürte Sandy, daß Ericka unglücklich war; immer wenn sie aber Ericka nach dem Grund dafür fragte, konnte diese ihr nur die kryptische Antwort geben: »Du willst es gar nicht wissen.« Nun trat Ericka in Begleitung ihrer besten Freundin, Paula Davis, ein, die fortan ihre Vertrauensperson sein sollte. Während der nächsten zwei Stunden sprach Ericka davon, als Kind wiederholt von ihrem Vater sexuell belästigt worden zu sein. In den letzten Jahren, so sagte sie, hätten auch ihre Brüder

Paul Ross und Chad sie belästigt. Ericka brachte den Mißbrauch durch ihren Vater mit den Pokerabenden im alten Haus der Familie in Verbindung. Sie sagte, daß der Mißbrauch ein Ende genommen habe, nachdem Paul 1970 in der Kirche der Pfingstgemeinde wiedergeboren worden sei. Sandy starrte in ihre Teetasse, während Ericka sprach. Schließlich fragte sie Ericka, warum sie nicht schon früher darüber gesprochen habe, woraufhin Ericka antwortete: »Mama, ich habe es dir erzählt, ich habe versucht, es dir zu erzählen, aber du wolltest nicht zuhören.«

»Sie sind die einzige in der Familie, die es nicht gewußt hat«, fügte Davis hinzu.

Sandy ging nach Hause und stellte Paul zur Rede. Er sagte: »Ich habe die Mädchen niemals angefaßt.« Chad mußte an diesem Abend noch bis spät beim YMCA arbeiten, aber Sandy wartete auf ihn.

»Du weißt doch, daß ich immer ein guter Junge gewesen bin, Mama«, sagte er, als ihm Sandy von Erickas Beschuldigungen gegen ihn erzählte.

Sie rief John Bratun, ihren Pastor, an und erfuhr, daß er bereits über die Betreuerinnen bei den Einkehrtagen von den Behauptungen gehört hatte. Nach Pauls Worten erklärte ihr Bratun, daß die Anschuldigungen wahrscheinlich wahr seien, denn Kinder würden solche Sachen nicht einfach erfinden. Sandy und Paul hatten geplant, am nächsten Tag an die Küste von Oregon zu fahren, um dort in einer gemieteten Ferienwohnung eine Woche Urlaub zu machen; das war nun aber das letzte, woran Sandy denken konnte. Am nächsten Tag holte sie Julie mit dem Auto in dem Haus, in dem sie derzeit wohnte, ab und fuhr sie zur Schule. Auf dem Weg bestätigte Julie, daß ihr Vater und ihr ältester Bruder auch sie belästigt hätten. Sie sagte, sie sei zuletzt vor fünf Jahren von ihrem Vater belästigt worden, als sie dreizehn Jahre alt gewesen war.

Wider besseres Wissen war Sandy damit einverstanden, den Urlaub doch anzutreten, nachdem ihr der Pastor gesagt hatte, daß es gut wäre abzuschalten. Im Innern spürte Sandy, daß sie bleiben und sich sofort mit den Anschuldigungen befassen sollten, bevor die Sache weitere Kreise zog; aber Paul wollte fahren - er wollte zum Nachdenken kommen. Sobald sie jedoch die Stadt verlassen hatten, wurde es ernst mit den Ermittlungen. Am Nachmittag begleitete eine Beraterin des örtlichen Zentrums für vergewaltigte Frauen Julie zu den Ermittlungsbeamten, von denen einer Joe Vukich war. Die Geschichte, die sie ihnen erzählte, wich etwas von der ab, die sie ihrer Mutter am Morgen erzählt hatte, und war wesentlich detaillierter. Julie sagte, der Mißbrauch habe begonnen, als sie in der fünften Klasse gewesen sei; ihr Vater habe zu der Zeit die Friedhofsschicht gehabt und sich manchmal in das Zimmer geschlichen, in dem Ericka und sie schliefen. Er sei entweder nackt gewesen oder habe Shorts und ein Sweatshirt getragen. Er habe sich zu einem der Mädchen ins Bett gelegt und vaginalen oder analen Geschlechtsverkehr mit ihr ausgeübt. Während Julie dies erzählte, versteckte sie ihr Gesicht hinter einem Vorhang aus braunem Haar. Antworten gab sie erst nach längeren Pausen. Auf einige Fragen verweigerte sie die Antwort. Aufgrund der Verjährungsfrist, die zu dieser Zeit für die Mißhandlung von Minderjährigen bei sieben Jahren lag, konzentrierten sich die Beamten auf die jüngsten Vorfälle. Julie erzählte ihnen, daß ihr Vater sie vor drei Jahren, als sie fünfzehn gewesen war, das letztemal sexuell mißbraucht habe - nicht, wie sie ihrer Mutter erzählt hatte, vor fünf Jahren. Auf Detective Vukichs Frage, warum sie nicht schon vorher mit jemandem über den Mißbrauch gesprochen habe, antwortete Julie, ihre Mutter habe ihr niemals zuhören wollen.

Am Abend desselben Tages verhörten Vukich und Detective Paul Johnson vom Olympia Police Department Ericka im Haus einer Freundin aus der Kirche. Vukich fiel sofort auf, wie hübsch Ericka war und wie verletzlich. Sie sagte aus, ihr Vater habe sie seit ihrem fünften Lebensjahr sexuell mißbraucht. Vukich bat sie, sich an den letzten Vorfall zu erinnern, und Ericka sagte, das müsse gewesen sein, als sie in der vierten Klasse war; es war also bereits lange verjährt.

Vukich fragte sie nach mehr Einzelheiten. »Einmal hat mir alles weh getan, als ich aufgewacht bin - und das Bett war naß und eklig«, sagte Ericka. Sie brach plötzlich in Tränen aus und lief ins Badezimmer. Die Beamten konnten sie zehn Minuten lang laut schluchzen hören. Als sie wieder ins Zimmer kam, sagte sie: »Ich habe mir von meinem Dad vor etwa einem Jahr eine Krankheit eingefangen. Der Arzt ist in Kalifornien, aber auch ein Arzt in Olympia hat mich behandelt.« Sie sagte nun, bei diesem Vorfall im Jahr 1987 sei es das letztemal mit ihrem Vater zu sexuellen Kontakten gekommen.

Die Beamten gingen etwa um Mitternacht. Mit der Aussage zweier Opfer in den Händen und mit der Aussicht auf medizinische Beweise hatten sie bereits einen überzeugenden Fall für den Staatsanwalt.

Ericka rief Karla Franko in Kalifornien an. Franko zeigte sich überrascht, von ihr zu hören. Ericka wiederholte ein paar der Details, die sie Vukich erzählt hatte, und meinte dann zu Franko: »Jetzt kommt alles ans Licht. Sie haben Julies Geständnis.«

Als Franko sie fragte, was ihrer Meinung nach nun ihrem Vater passieren würde, antwortete Ericka, daß er wohl seinen Job verlieren würde. Da die Sache bisher noch auf Verwaltungsebene abgewickelt und nicht als Strafsache behandelt wurde, mochte Ericka Grund glauben, daß der Fall keine weiteren Kreise ziehen würde.

Am Thanksgiving-Wochenende verhörte Vukich Ericka erneut. Dieses Mal sagte sie aus, daß sie tatsächlich in der letzten Septemberwoche zum letztenmal mißbraucht worden sei. Sie sei aufgewacht, und ihr Vater habe neben ihrem Bett gekniet und ihre Vagina berührt. Vukich fragte nicht, warum sie ihm davon nicht schon früher erzählt habe; es ist bei Mißbrauchsopfern nicht ungewöhnlich, daß sie ihre Enthüllungen nur bruchstückhaft machen. Dennoch war bemerkenswert, daß beide Mädchen innerhalb einer Woche für den letzten Mißbrauch mehrfach verschiedene Daten angegeben hatten. In Erickas Fall hatte sich der Zeitraum von einem Jahrzehnt zuvor auf ein Jahr zuvor und schließlich auf zwei Monate zuvor verschoben.

Sandy versuchte während des Urlaubs mit Paul über die Behauptungen zu sprechen, er zeigte sich aber extrem verschlossen. Er las viel in der Bibel und machte lange Spaziergänge am Strand, doch hatte er Schwierigkeiten, seine Gedanken zu ordnen. Er sagte, er fühle sich, als sei er bis obenhin von Furcht erfüllt, so schwer und massiv wie eine Bowlingkugel. Sandy blieb in der Ferienwohnung und weinte. Paul versicherte ihr, daß nichts geschehen sei, und Sandy glaubte ihm, war aber dennoch von Entsetzen erfüllt. Einmal meinte Paul, daß dies ein Versuch der Kinder sein könnte, sie auseinanderzubringen, doch weder er noch Sandy konnten sich vorstellen, warum ihre Töchter so etwas tun sollten.

Als an diesem Montag nachmittag, dem 28. November, Sheriff Edwards und Detective Schoening bei den Ingrams klopften und Sandy mitteilten, daß Paul gestanden habe, bekam sie einen Schock. Ihre Knie gaben nach, und sie wurde beinahe ohnmächtig. Sie wankte ins Eßzimmer und setzte sich an den Tisch. Edward und Schoening wollten sie nicht allein lassen; sie war so außer sich, daß sie Angst hatten, sie könnte versuchen, sich das Leben zu nehmen. Sie riefen Ron Long, den Pastor der Ingrams, an und warteten, bis dieser mit seinem Kollegen John Bratun eintraf. Das letzte Bild, das sich Schoening von dieser Nacht eingeprägt hatte, war Sandy, noch immer am Tisch sitzend, blaß und vor Schmerz gelähmt, mit jeweils einem Geistlichen zu ihrer Seite. Sie tat ihm in der Seele leid. Er war froh, die Waffen im Haus bereits sichergestellt zu haben.

Schoening hatte Sandy bisher kaum gekannt. Er hatte sie nur gelegentlich auf der Weihnachtsfeier oder bei Picknicks im Sommer getroffen, und es überraschte ihn, wie sehr ihn ihr Schmerz berührte. Der Gegensatz zwischen Sandys Zusammenbruch und Pauls verwirrter Distanziertheit war besonders bedrückend. Es war ein langer, schwerer Tag gewesen. Aber Schoening merkte, daß er, anders als sonst, diesen Fall nicht im Büro zurücklassen konnte. In dieser Nacht hatte er den ersten einer ganzen Serie von Alpträumen.

3

»Parteiführer der Republikaner droht Anklage wegen sexuellen Mißbrauchs«, konnte man am nächsten Morgen auf der ersten Seite des ›Olympian‹ lesen. Die Namen der Opfer wurden zwar gemäß dem Berichterstattungsstil der Zeitung nicht genannt, Olympia ist aber eine kleine Stadt, und jeder, der Details wissen wollte, war wahrscheinlich schon informiert und wußte, daß die Polizei im Augenblick in Sandys Tagesstätte, die sie sofort geschlossen hatte, die Kinder befragte. Im allgemeinen Durcheinander dachten nur wenige von Sandys Bekannten daran, daß der 29. November ihr 43. Geburtstag war.

Sheriff Edwards war klar, was für Konsequenzen es haben konnte, wenn er den Eindruck aufkommen ließ, einen seiner Leute schützen zu wollen - besonders wenn es sich um den Inhaber eines politischen Amtes handelte, dem er in den Sattel geholfen hatte, indem er ihn über die Köpfe anderer hinweg zum Chief Deputy befördert hatte. Doch anstatt den Fall einer anderen Dienststelle zu übergeben, beschloß Edwards, die Ermittlungen seiner eigenen Behörde anzuvertrauen. Er hoffte, mit der Entscheidung, zwei Beamte von anderen Polizeidienststellen zur Teilnahme an den Untersuchungen aufzufordern, eventueller Kritik entgegenwirken zu können. Diese Entscheidung sollte sich jedoch als erster von vielen Fehlern erweisen. Die Behörde des Sheriffs von Thurston County ist nur klein und war zu der Zeit mit 73 Beamten besetzt, die für ein Gebiet mit 160 000 Einwohnern zuständig waren. Eine Krise in der Familie eines Beschäftigten betraf auch alle anderen. Ganz gleich, wie objektiv Ingrams Kollegen zu sein versuchten, ihre persönlichen Gefühle waren sofort mit im Spiel. Diese unerwartete Geschichte war ihnen peinlich, und sie fühlten sich von ihrem Kollegen verraten. Das war nicht nur eine Familientragödie, sondern eine Katastrophe für die Moral der ganzen Abteilung. In gewisser Hinsicht waren auch sie die Opfer dieses Falls.

Dem Untersuchungsteam, das Edwards zusammenstellte, gehörten einige der besten Beamten des Landkreises an. Man traf sich jeden Morgen und an vielen Nachmittagen im Konferenzsaal, um den Fall zu besprechen und die Aufgaben zu verteilen. Dieser Raum sollte Schauplatz vieler quälender Gespräche werden. Um den Tisch saßen Joe Vukich, ein brünetter Typ mit schnurrbärtigem Babygesicht; Brian Schoening mit seiner rauhen Raucherstimme, der den Raum mit dem Qualm seiner Zigaretten einnebelte; Loreli Thompson, eine Beamtin des Lacey Police Department, die für Sexualverbrechen zuständig war; und, für kurze Zeit zumindest, Detective Paul Johnson vom Olympia Police Department. Als sich die Untersuchung in die Länge zu ziehen begann, verließ Johnson das Team; seine Dienststelle konnte ihn nicht länger entbehren.

Thurston County war so klein, daß sich alle Polizisten kannten - wenn nicht persönlich, so doch vom Hören oder Sehen -, und in diesem Raum waren nun alle für Sexualdelikte zuständigen Beamten des Landkreises versammelt. Sie waren daran gewöhnt, in besonderen Fällen zusammenzuarbeiten. Ein Experte der State Patrol kam, um bei der Installation eines Computerprogramms zu helfen, das die immensen Datenmengen, die die Beamten mit der Zeit zusammentragen würden, sortieren und klassifizieren sollte. Chef des Teams war der erfahrenste Ermittlungsbeamte aus dem Büro des Sheriffs, Sergeant Tom Lynch, ein zäher und sympathischer Mann. Er war der Leiter der Kriminalpolizei, und er war derjenige, der das gesamte Material überschauen und sich einen Reim darauf machen mußte. Wie Vukich und McClanahan - und im übrigen auch Ingram - hatte Lynch einen dunklen Schnurrbart, Ausdruck polizeilichen Modebewußtseins.

Normalerweise hätte Lynch allein die Ermittlungen geleitet; aber wegen der politischen Implikationen des Falls Ingram und der PR-Probleme, die sich daraus ergaben, daß eine Polizeidienststelle gegen einen ihrer höchsten Beamten ermittelte, übernahm Untersheriff McClanahan inoffiziell die Leitung der Untersuchung. Seine Tätigkeit beschränkte sich sonst fast ausschließlich auf Verwaltungsaufgaben; seine aktive Mitarbeit war eine Ausnahme und wurde von einigen der im Raum Anwesenden als unwillkommene Einmischung betrachtet. McClanahans Wahrnehmung dessen, was geschah, würde den Gang der Untersuchung bestimmen, obwohl er nur gelegentlich bei den Vernehmungen zugegen war und selten seinen Schreibtisch verließ. Er wurde für diesen Fall zum Sprecher der Behörde ernannt; und während die Untersuchung Dimensionen erlangte, mit denen keiner gerechnet hatte, wurde seine Bindung an den Fall immer enger. Das hatte persönliche Gründe: Ingram war ein Freund und Kollege (wenn auch ein Rivale). McClanahan war Ingrams Familie mehr zugetan als irgendein anderer im Team. Julie hatte er, als sie noch jünger war, besonders gemocht; er hatte sie immer als »seinen kleinen Kumpel« gesehen. Nach Ingrams Enthüllungen glaubte McClanahan, sein besonderes Verhältnis zu Julie habe eine Lücke in ihrem Leben gefüllt, die durch den Vertrauensbruch ihres Vaters entstanden war. (Julie für ihren Teil konnte sich nicht an ein so enges Verhältnis zu McClanahan erinnern, aber sie stimmte dann zu, daß es wohl wahr sein müsse.) McClanahan sah sich im Team als Sachwalter der Opfer.

Paul wurde am Morgen nach seiner Verhaftung von Richard Peterson besucht, einem Psychologen aus Tacoma mit brüsker, herrischer Art, der viel mit den lokalen Polizeibehörden zusammenarbeitete. Peterson wurde ein inoffizielles, aber bedeutsames Mitglied des Teams. Als er zum erstenmal mit Ingram sprach, wollte er sich ein Bild von Ingrams Geisteszustand machen und feststellen, ob er auf freien Fuß gesetzt werden könne. Im Verlauf des Gesprächs fragte Ingram, warum er sich an nichts mehr erinnern könne, wenn er diese abscheulichen Taten wirklich begangen haben sollte. Peterson erklärte ihm, daß Sexualverbrecher ihre Erinnerungen oft verdrängen, einfach deswegen, weil die Gedanken daran zu schrecklich seien. Er erklärte weiter, Ingram sei als Kind wahrscheinlich selbst ein Opfer sexuellen Mißbrauchs gewesen. Peterson fragte Ingram nach seinen Onkeln oder ob nicht vielleicht sein Vater selbst ihn belästigt habe. Es könnte geschehen sein, als Paul etwa fünf Jahre alt war; dieses Alter hätten ja auch seine Kinder gehabt, als er begonnen habe, sie zu belästigen. Ingram sagte, die einzige Erinnerung im Zusammenhang mit Sex, die er aus seiner frühen Kindheit habe, sei, daß seine Mutter ihm damals verbot, sich in der Öffentlichkeit zwischen den Beinen zu kratzen. Ingram zufolge versicherte Peterson ihm im weiteren, daß bei einem Geständnis die verdrängten Erinnerungen zurückkehren würden (wobei noch einmal betont werden muß, daß dies nicht zwangsläufig so ist).

Aber er habe doch schon ein Geständnis abgelegt, wandte Ingram ein, und er könne sich heute auch nicht an mehr erinnern als gestern. Darauf wußte Peterson keine Antwort. Ingram fragte ihn, ob er auch an dem für den Nachmittag angesetzten Verhör mit Schoening und Vukich teilnehmen würde - vielleicht könne er dann seine Gedächtnisbarriere überwinden.

Am selben Tag bekam Vukich zwei Briefe in die Hände, die Julie fünf oder sechs Wochen vorher einer Lehrerin, Kristi Webster, geschrieben hatte. Webster war im Herbst 1988 eine tiefgreifende Veränderung in Julies Verhalten aufgefallen. Die aufmerksame, fleißige Schülerin, die sie noch im Halbjahr zuvor gewesen war, hatte sich in eine trübsinnige und unaufmerksame Schülerin verwandelt, die sich mit eingefallenem Gesicht und leerem Blick durch den Unterricht schleppte. Julie hatte zusammen mit einer Freundin Ärger bekommen, weil sie von einem Schultelefon aus Ferngespräche geführt hatte. Da sie vorher niemals Übertretungen begangen hatte, bat Mrs. Webster sie, ihr Fehlverhalten schriftlich zu begründen. Julie schrieb:

Meine Gefühle dieser ganzen Tortur gegenüber sind total seltsam. Manchmal fühle ich mich gut und manchmal schlecht, und es gibt Tage, da bin ich total verwirrt und wünsche mir nur, daß ich in einen anderen Staat ziehen könnte und ein ganz neues Leben anfangen könnte, mit neuen Freunden, und niemand würde über meine Vergangenheit Bescheid wissen. Und manchmal, meistens nachts, habe ich solche Angst. Ich kann nicht schlafen und warte in meinem Zimmer nur auf meinen Dad. Ich hasse das. Ich werde an Sex nie Spaß haben. Es tut so weh, und ich fühle mich dabei so schmutzig. Als Christin denke ich, ich müßte ihm vergeben, was er mir getan hat und noch immer antut, aber es fällt mir sehr schwer, und außerdem sagt er Dinge zu mir wie: »Wenn du ein braves Mädchen bist, dann kümmert sich Gott schon um dich. Und wenn du etwas sagst, wirst du das büßen, das verspreche ich dir.«

Die wichtige Aussage in diesem Teil des Briefs war, daß der Mißbrauch zu der Zeit, als der Brief geschrieben wurde, anscheinend immer noch stattfand. Was folgte, bot jedoch noch mehr Zündstoff und gab der Untersuchung eine völlig neue Richtung. Julie erinnerte sich nun an Beteiligte, die nicht zur Familie gehörten:

Ich erinnere mich, daß in unserem Haus immer Pokerabende waren, als ich vier Jahre alt war. Dann sind viele Männer zu uns gekommen und haben mit meinem Dad Poker gespielt und sich betrunken und sind allein oder zu zweit in mein Zimmer gekommen, weil sie mit mir Sex machen wollten. Die ganze Nacht sind sie raus und rein und haben gelacht und geflucht. Ich habe mich so gefürchtet, daß ich gar nicht wußte, was ich tun sollte oder mit wem ich reden sollte. Das Komische war, daß Ericka und ich ein Zimmer zusammen hatten, aber sie haben sie nie angefaßt, weil sie was gesagt hätte, und außerdem hat sie nachts meistens im oberen Bett geschlafen. Und ich glaube, daß mein Dad und seine Freunde Angst hatten, daß das Bett zusammenbricht. Mein Dad hat ihnen immer gesagt, laßt bloß die Finger von der (Ericka). Die ist beim Arzt in besonderer Behandlung, und der wird es merken.

Ein Ring von Kinderschändern in Thurston County, das allein wäre schon ein Riesenskandal gewesen, aber Vukich erkannte, daß der Brief noch weit brisanter war. Er wußte von den Pokerspielen - Ericka hatte sie im Gespräch mit ihrer Mutter erwähnt -, und er wußte auch, daß die meisten Spieler der Pokerrunde Polizeikollegen von Ingram waren. Tom Lynch, der Chef der Kripo, war regelmäßig dabeigewesen, ebenso Untersheriff McClanahan, sogar er selbst gelegentlich. Die Runde erschien ihm vollkommen harmlos. War das etwa eine Fassade gewesen, hinter der sich eine Verschwörung von Sexualverbrechern verbarg, die ihre Zentrale im Sheriffsbüro von Thurston County hatte?
Julies zweiter Brief an Kristi Webster zeigte, wie verzweifelt sie war:

Ich bin so fertig, ich kann schon nichts mehr essen. Mir geht soviel durch den Kopf. Es ist schwer zu verstehen. Ich habe wirklich Angst vor dieser ganzen Sache. Ich weiß nicht, ob das, was ich tue, richtig ist. Ich habe das Gefühl, daß alles mein Fehler ist, daß ich der Auslöser für alles bin, daß ich das Problem bin, und ich frage mich, was mit meiner Familie passiert, wenn mein Dad eingesperrt wird und meine Mutter alleine mit Mark ist, oder wird das alles vorbeigehen und niemand wird verstehen, was ich überhaupt wollte. Ich weiß nicht mehr weiter.

Trotz der Tatsache, daß viele Angehörige der Dienststelle und des Untersuchungsteams in den Fall verwickelt waren, befragten Vukich und Schoening Paul Ingram an diesem Nachmittag erneut. An dem Verhör nahm auch der Psychologe Richard Peterson teil, der schon bald das Gespräch leitete. Er muß sich wie ein Prophet gefühlt haben, denn noch ehe das Verhör offiziell begonnen hatte, gestand ihnen Ingram, sich nun langsam erinnern zu können, von seinem Onkel mißbraucht worden zu sein, wie Peterson es am Morgen vermutet hatte.

Zuerst jedoch kämpfte Ingram mit dem verwirrenden Umstand, von seinen eigenen Kollegen verhört zu werden. Er hatte in seiner Zelle geweint und gebetet, und er äußerte die Angst, daß Vukich und Schoening an seiner Ehrlichkeit zweifeln könnten. »Ich möchte daß ihr - ihr mir glaubt, daß ich die Wahrheit sage.«

»Warum ist Ihnen das so wichtig?« fragte Peterson.

»Weil ich glaube, daß mir Brian nicht glaubt«, sagte Ingram.

»Das ist auch nicht ihr Job«, entgegnete Peterson barsch. »Die sollen einfach nur soviel Informationen wie möglich aus Ihnen rausholen.«

»Ich versuche doch, euch zu - zu zeigen, daß ich kooperativ sein will«, stotterte Ingram. »Da gibt's - Ich - ich will doch wirklich.«

Schoening reagierte genauso emotional. »Ich glaube, mein Gefühl ist - Erst heute morgen haben wir zusätzliche Informationen von Julie bekommen, und was ich sagen will - Sie hätte allen Grund, dieses Verbrechen zu verdrängen - mehr als du, Paul. Denn, weißt du, das ist ihr wirklich alles angetan worden.«

Joe Vukich bereitete die Tatsache, daß Ingram Polizist war, Schwierigkeiten, »und als Polizisten haben wir einen sehr ausgeprägten Sinn für Fakten und Daten, wenn man so will«.

»Mmmh«, stimmte Ingram zu.

»Und deshalb fällt es uns so schwer, auch nur zu verstehen, daß du dich nicht erinnern kannst. Weil ich wette, du könntest dich an eine Vorladung erinnern, die du vor zehn Jahren geschrieben hast. Du würdest dich ziemlich genau erinnern, was an diesem Tag passiert ist.«

»Ja, da hast du wahrscheinlich recht. Das könnte ich in vielen Fällen.«

»Genau das ist es, was ich hier nicht verstehe«, fuhr Vukich fort. »Was mit Julie passiert ist, liegt erst einen Monat zurück. Es ist - es ist sehr real, und gar nicht lange her. Zugegeben, es ist sehr schwer, darüber zu sprechen.«

»Ich weiß es einfach nicht«, rechtfertigte sich Ingram. »Ich kann es mir einfach nicht vergegenwärtigen.«

»Deine Frau hat heute morgen angerufen und mir erzählt, daß Chad über all das vollkommen aus der Fassung ist und daß er mit mir, sobald er kann, darüber reden möchte«, sagte Schoening.

»Was er alles zu sagen hat, weiß ich nicht, aber mir scheint es, daß wir uns mit allen vier, vielleicht sogar allen fünf deiner Kinder befassen müssen. Deine Frau sitzt da und erzählt mir, daß sie noch immer zu dir stehen kann und dich noch immer lieben kann. Ich wüßte nicht, warum sie sollte ... Du versuchst doch nur, so wenig wie möglich rauszurücken ... Es ist irgendwie ein Ungeständnis.«

Peterson bat Ingram nun, sein Liebesleben mit Sandy zu beschreiben, was Ingram mit einigem Enthusiasmus tat.

»Haben Sie beim Sex jemals Alkohol verwendet?« fragte Peterson.

»Nein, ich - ich dachte, daß Alkohol brennt«, sagte Ingram überrascht.

»Es hieß, Sie hätten öfters Alkohol getrunken«, klärte ihn Peterson auf. »Jemand meinte, daß Sie eine ausgeprägte Schwäche für Bier hätten.«

»Ah«, sagte Ingram, »wir haben uns einen alten Kühlschrank besorgt und da ein Faß Bier kalt gestellt, wenn wir bei mir gepokert haben. Und wenn ich von der Spätschicht nach Hause kam, habe ich ganz gern ein - oder vielleicht zwei - Bier getrunken.«

Da er nun die Pokerrunde erwähnt hatte, wurden die Fragen zielgerichteter. »Hast du auch mal mehr getrunken?« fragte Schoening.

»Ich kann nicht sagen, daß ich niemals betrunken war«, sagte Ingram, »aber ich kann mich erinnern, daß einige von den Jungs ziemlich abgestürzt sind, und ich habe innerhalb von vier oder fünf Stunden vielleicht vier Bier gehabt.«

»Wo war bei diesen Pokerabenden Ihre Frau?« fragte Peterson.

»Wenn ich mich richtig erinnere, ist sie meistens ins Bett gegangen, weil es bei uns immer ziemlich spät geworden ist.«

»Und Ihre Pokerfreunde, mit denen Sie spielten, waren wer?« fragte Peterson. »Freunde von der Dienststelle, oder -«

»Ja, die meisten waren Freunde von der Dienststelle oder wieder Freunde von denen«, bestätigte Ingram. »Meistens waren wir so zwischen fünf und acht Leuten.« Er gab dann die Namen mehrerer

Männer an, die meisten von ihnen waren Polizeibeamte. Bei seiner Aufzählung vergaß er zwei Namen, ein Versäumnis, das bald zu großer Bedeutung gelangte.

»In einer Nacht habe ich einmal über 100 Dollar gewonnen, und meine Frau hat dann gesagt, das sei nicht in Ordnung, und ich hab ihr versprochen, ich würde am nächsten Wochenende versuchen, die Summe wieder zu verlieren«, erzählte Ingram. »Am nächsten Wochenende haben wir wieder gespielt, aber ich habe einfach nicht verloren. Es war ganz seltsam. Ich habe um die 120 Dollar gewonnen, und wir haben dann einfach aufgehört.«

»Wußten die Kinder von den Pokerabenden?« fragte Peterson.

»Natürlich, wir haben genau unter ihren Schlafzimmern gespielt.«

»Ist irgend jemand zu den Kindern hinaufgegangen?« fragte Vukich.

»Mir fällt kein Fall sein, in dem irgend jemand -«

»Paul, ich frage, weil Julie erzählt hat, daß sie ein- oder zweimal bei so einer Pokerrunde belästigt worden ist.«

»Was wir sagen wollen, Paul, ist, daß es jemand anders war als du«, erklärte Schoening mit seiner rauhen Stimme. »Sie erinnert sich sogar, daß sie von irgend jemand ans Bett gefesselt wurde und daß mindestens zwei Männer sie abwechselnd mißbraucht haben, und ein dritter, wahrscheinlich du, hat zugesehen.«

Ingram verschlug es die Sprache.

»Ich weiß es einfach nicht«, sagte er, als Schoening ihn zu einer Antwort drängte. »Laßt mich eine Minute darüber nachdenken. Vielleicht kommt mir ja irgendeine Erinnerung. Wenn so etwas geschehen sein soll, müßte sie ja ein Bett, ein Schlafzimmer für sich allein gehabt haben-... mmh«

Die Pausen in Ingrams Aussage dauerten manchmal volle zehn Minuten, was die Frustration der Fragenden nur noch steigerte. Er krallte die Finger in die Haare, beugte sich vor, saß vollkommen still, bis ihm die Glieder einschliefen, während die Beamten herumstanden und vor Ungeduld vergingen. Schoening wollte Ingram auf die Sprünge helfen, indem er ihm erzählte, daß Julie sogar noch bei ihrer Aussage Todesangst gehabt hatte.

»Diese Person ist immer noch auf freiem Fuß. Diese Person ist ein Freund von dir, der einmal hier gearbeitet hat oder noch immer arbeitet.«

Schoenings Bemerkungen sollten noch schwerwiegende Konsequenzen haben, daher ist es wichtig, auf die unterschwelligen Andeutungen hinzuweisen. Soweit Julie ihren Ängsten Ausdruck verliehen hatte, bezogen sie sich auf die Frage, ob sie das Richtige tat, als sie ihre Geschichte enthüllte, und ob ihre Familie in der Folge vielleicht auseinanderbrechen würde. Die einzige Person, vor der sie anscheinend Angst hatte, war ihr Vater. Zu diesem Zeitpunkt enthielt ihre Akte keinen einzigen Hinweis darauf, daß sie sich von einem potentiellen Mörder verfolgt fühlte. Die Schlußfolgerungen Schoenings über ihre Angst vor einem Dritten waren bloße Vermutung. Der Rahmen der Untersuchung war damit jedoch neu abgesteckt.

»Wir müssen sie schützen, Paul«, warnte Vukich.

»Sie hat wahnsinnige Angst, Paul«, fügte Schoening hinzu.

»Ich - ich verstehe, aber seid doch mal bitte leise und laßt mich nachdenken«, bat Ingram.

»Es ist offensichtlich jemand, der dir immer noch nahesteht«, sagte Schoening, womit er erneut von den vorliegenden Aussagen abwich. Wollte er Ingram zu einer persönlichen Vermutung verleiten?

»Jim Rabie hat mit uns Poker gespielt. Jim und ich sind ziemlich gute Freunde«, erzählte Ingram gutwillig.

James L. Rabie, der im Haus der Ingrams alle elektrischen Leitungen verlegt hatte, hatte einmal der Abteilung für Sexualdelikte angehört. Er war es sogar gewesen, der Erickas frühere Anzeige wegen versuchter Vergewaltigung bearbeitet und entschieden hatte, daß sie weiterer Ermittlungen nicht wert war. Zu dieser Zeit hatte er die Stellung des leitenden Ermittlungsbeamten, die jetzt Schoening übernommen hatte. Rabie und Schoening hatten sich bekanntermaßen nie leiden können. Ingram hatte seinen Namen in der ersten Auflistung der Pokerspieler nicht genannt.

»Ist Jim die Person, die sie meint?« fragte Vukich.

»Legt mir doch bitte keine - keine Worte in den Mund«, antwortete Ingram. »Jim hat - man könnte sagen - ich glaube, Jim hat ein paar unnatürliche sexuelle Vorlieben.«

»Was meinst du damit?«

»Irgendwann sind wir einmal nach Yakima gefahren, und Jim hat so ein paar Zeitschriften gekauft, er hat gesagt, die würden ihm bei seiner Arbeit mit den Sexualdelikten helfen. Und er hat sie sich angesehen. Ich nicht. Ich schau mir so was nie an ... O Gott, wenn ich mir vorstelle, daß er sich an meinen Kindern vergriffen hat!«

»Was wär denn dann? Was würdest du empfinden?«

»Wut - mmh, Bitterkeit auch. Ich kann mir einfach nicht ... Gott « Ingram verstummte für einen Moment.

»Ich versuche gerade ganz stark, mich zu erinnern. Mmh ... Jim ist der einzige, der mir einfällt ...«

»Wenn du dich daran erinnerst, Paul, siehst du irgendwo einen Strick?«

»Mmh, jetzt hast du den Strick ins Spiel gebracht, und ich versuche zu sehen, was ich da hab«, sagte Ingram. »Es sieht aus, als ob sie mit dem Gesicht zum Boden liegt ... als ob sie an allen vieren gefesselt wäre.«

»Was siehst du noch? Wen siehst du noch?«

»Vielleicht noch jemand, aber - ich kann kein Gesicht erkennen, aber Rabie, Rabie ist aus irgendeinem Grund ganz deutlich zu sehen.«

Schoening ging hinaus in den Flur, um sich zu sammeln. Sergeant Lynch sah ihn dort stehen. Schoening wirkte so erregt, daß Lynch ihm seine Pistole abnahm. »Ich will ja gar nicht Paul Ingram umlegen«, sagte ihm Schoening. »Sondern Jim Rabie.«

Als Schoening in das Verhörzimmer zurückging, kam ihm Peterson tränenüberströmt entgegen. Peterson, der sonst so abgebrüht war, so vertraut mit den grausamen Perversionen des kriminellen oder kranken Gehirns, konnte die von Ingram beschriebenen Fesselszenen und dessen empörende Distanziertheit nicht mehr ertragen. Auch Vukich hatte Tränen in den Augen. Ingram aber saß ruhig da und grüßte Schoening mit einem Lächeln, als er wieder das Zimmer betrat. Schoening hatte nie zuvor einen derart unmenschlichen Gleichmut erlebt.

»Paul, hattest du jemals mit Jim Rabie irgendwelche sexuellen Kontakte?« fragte Schoening.

»Nein, ich glaube nicht«, sagte Ingram, wieder in diesem erstaunten Ton, der für die Fragenden so unerträglich wurde. »Die Vorstellung, daß ich ein Homosexueller sein könnte, finde ich schrecklich.«

»Habe ich richtig gehört, daß Sie Jim Ihre Frau angeboten haben?« sagte Peterson, der wieder ins Zimmer trat und offenbar etwas falsch verstanden hatte.

»Daß ich meine Frau angeboten habe?« fragte Ingram. »Nein, ich ... Also erstens, meine Frau würde - ich will nicht sagen, daß sie mich umbringen würde, aber viel würde bestimmt nicht fehlen.«

»Hast du jemals eine Affäre gehabt, Paul? Eine außereheliche Beziehung?« fragte Schoening.

Ingram gab zu, einmal eine Affäre gehabt zu haben. »Es war zu der Zeit, als Julie gerade geboren war.«

Vom Thema des sexuellen Mißbrauchs hatten sich diese Fragen schon weit entfernt. Es war kein Rechtsanwalt anwesend, und die Ermittlungsbeamten sowie der Psychologe fragten einfach ins Blaue hinein, in der Hoffnung, irgendwann einen Volltreffer zu landen.

»Hast du dir jemals die Unterwäsche deiner Frau angezogen?« fragte Schoening.

»Ich glaube nicht«, antwortete Ingram. »Ich würde sagen nein.«

»Hast du dich jemals voyeuristisch betätigt?«

Ingram erinnerte sich lebhaft an seine Zeit als Vorarbeiter einer Putzkolonne bei der Seattle First National Bank, wo sich jeden Abend im Haus gegenüber eine Frau vor dem Fenster entkleidet hatte. »Ich hab dann an einem Fenster im zweiten Stock gestanden und sie beobachtet«, erzählte Ingram. »Sie hat immer ein bißchen getanzt. Am Ende haben ihr sogar die Frauen zugesehen. Irgendwann hat sich jemand beschwert, und die Polizei hat ihr gesagt, sie soll die Jalousie runterlassen.«

»Warum, glaubst du, kannst du dich an bestimmte Sachen so gut erinnern und ... und zu deinen Söhnen und Töchtern fällt dir überhaupt nichts ein?« fragte Schoening.

Ingram sagte, daß er das nicht wisse.

»Glaubst du, das kommt daher, weil das mit deinen Söhnen und Töchtern illegal ist und es dir schwerfällt, das zuzugeben?« fragte Vukich.

»Mehr als illegal«, sagte Ingram. »Für mich ist es unmoralisch und widernatürlich.«

»Hast du mit der Belästigung deiner Tochter durch deine Söhne irgendwas zu tun gehabt? Hast du sie beeinflußt oder sie beobachtet?« fragte Schoening.

»Ich kriege kein Bild davon; das ist die einzige Art, auf die ich es euch beschreiben kann.«

Im weiteren Verlauf sollte sich diese Frage als sehr bedeutend erweisen, genauso wie die Frage, die Dr. Peterson kurz darauf stellte: »Hatten Sie, bevor Sie zu Ihrer christlichen Glaubensgemeinschaft konvertierten, jemals etwas mit Schwarzer Magie zu tun?«

Ingram antwortete, daß er eine Zeitlang sein Horoskop in der Zeitung gelesen habe. »Ich weiß nicht, worauf Sie hinauswollen«, fügte er hinzu.

»Na, so was wie den Satanskult«, sagte Schoening. Dies war die erste Erwähnung des Satanismus im Verfahren gegen Ingram.

Später behaupteten die Beamten, Ingram selbst hätte das Thema aufgebracht, aber in diesem Gespräch stieg er nicht einmal darauf ein - zumindest nicht bewußt. Ihm fiel lediglich ein, daß er als Kind zu Halloween eine Katze in einen Sack geschnürt und an einem Telegraphenmast aufgehängt hatte.

Während der nächsten Stunde wechselten Schoening, Vukich

und Peterson ihre Taktik. Sie begannen sich auf Ingrams Schuld zu konzentrieren. Die Stimmung veränderte sich.

»Wissen Sie, wie schwer Ihre Tochter geschädigt ist?« fragte Peterson, womit er sich auf Julie bezog. »Achtzehn Jahre, in der letzten Klasse der High school, und sie kann sich nichts, was mit Hochzeit zu tun hat, ansehen ... Sie glaubt, daß sie für die Zerstörung Ihrer Familie verantwortlich ist.«

»Daß sie schmutzig ist«, sagte Schoening.

»Sie zittert bei dem Gedanken, über all dies sprechen zu müssen«, fuhr Peterson fort. »Sie hat Angst vor Ihnen.«

»Und sie hat Angst vor dieser anderen Person, wer immer sie ist«, fügte Schoening hinzu.

»Sie kann den Namen dieser anderen Person nicht nennen?« fragte Ingram. »Ich möchte ihr das nicht zumuten, versteht mich richtig.«

»Sie muten es ihr aber zu, wenn Sie sich nicht erinnern«, sagte Peterson.

»Das stimmt, Paul, zur Zeit fällt es ihr wirklich schwer, darüber zu sprechen«, sagte Schoening. »Du mußt uns helfen, wenn du das Ganze beenden willst, oder du hast eine selbstmordgefährdete oder tote Tochter ... Viel mehr als das kann sie nicht aushalten, Paul. Weißt du, bei ihr kommt im Moment alles hoch, und es geht ihr wirklich sehr schlecht.«

»O Gott.«

»Ich habe hier einige Aufzeichnungen«, sagte Peterson. »Wenn sie ihre Tage hatte, haben Sie Ihr Glied in ihren Anus eingeführt, sagt sie. Haben Sie das gehört? Analverkehr mit Ihrer Tochter.«

»Meine Kinder sagen immer die Wahrheit«, antwortete Ingram.

»Hör dir mal an, was sie noch geschrieben hat, Paul«, sagte Vukich. »Sie sagt: ›Ich erinnere mich, daß in unserem Haus immer Pokerabende waren, als ich vier Jahre alt war. Dann sind viele Männer zu uns gekommen und haben mit meinem Dad Poker gespielt und sich betrunken und sind allein oder zu zweit in mein Zimmer gekommen, um Sex mit mir zu machen.‹ Das hat deine Tochter geschrieben.«

»Das ist ihre Handschrift, Paul«, sagte Schoening.

»Und du hast gerade selber gesagt, daß sie ehrlich ist«, fügte Vukich hinzu.

»O ja, meine Kinder sind ehrlich.« Ingram schluchzte jetzt.

»Also, Paul, nun ist es Zeit«, sagte Schoening. »Hör auf, um den heißen Brei herumzuschleichen, und mach reinen Tisch.«

Alle Anwesenden spürten, daß sie kurz vor dem Durchbruch standen. Ingram betete laut unter Tränen und bat, man möge seinen Pastor rufen.

»Es hat mit den Pokerabenden angefangen, Paul«, beharrte Vukich, als Ingram die Augen schloß und heftig den Oberkörper vor- und zurückwarf.

»Sie können jetzt wählen zwischen Leben oder lebendigem Tod!« rief Peterson aus und verfiel damit in die religiöse Sprache, die auf Ingram zu wirken schien. »Sie sind so allein wie Jesus in der Wüste, als er getröstet wurde.«

»Gott hat dir die Mittel gegeben, das hier zu tun«, sagte Vukich. »Du mußt ihm nun mit deinen Worten und Werken zeigen, ob du seiner Liebe, der Rettung und Erlösung würdig bist.«

»O Jesus!« schrie Ingram in Ekstase. »Hilf mir, Herr! Hilf mir, Herr!«

»Es könnte Ihnen helfen, Paul, wenn Sie aufhören würden, um Hilfe zu flehen und sich einfach entspannt zurücklehnen und versuchen würden, einmal an gar nichts zu denken«, sagte Peterson in einem Tonfall, der plötzlich ganz leise und beruhigend war. »Lassen Sie sich einfach gehen und entspannen Sie sich. Niemand wird Ihnen weh tun. Wir möchten Ihnen helfen. Entspannen Sie sich.«

Darauf sackte Ingram sofort in sich zusammen, er beugte sich vornüber und schlug die Hände vors Gesicht.

»Warum erzählst du uns nicht, was mit Julie geschehen ist, Paul?« sagte Vukich. »Was ist bei diesem Pokerspiel passiert?«

»Ich sehe Julie auf dem Boden auf einem Bettlaken liegen. Ihre Hände sind mit den Füßen zusammengefesselt. Sie liegt auf dem Bauch«, sagte Ingram. Seine Stimme war dünn und kraftlos. Alle

Anwesenden hatten zweifellos den Eindruck, daß er in einer Art Trance sprach. »Ich stehe da und sehe sie an. Links von mir steht jemand.«

»Wer ist das?«

»Die einzige Person, die mir immer wieder vor Augen kommt, ist Jim Rabie.«

»Dreh dich um und sieh diese Person an«, sagte Schoening.

»Er steht direkt neben dir, Paul«, sagte Vukich. »Du mußt dich nur umdrehen, und du kannst ihn sehen.«

»Er - Er richtet sich auf«, sagte Ingram. »Ich sehe seinen Penis in die Luft ragen.«

»Hat er etwas an?«

»Ich glaube nicht«, sagte Ingram. Dann erwähnte er den Namen eines anderen Deputy, der auch dabeigewesen sein konnte. Aus irgendwelchen Gründen zeigten die Verhörenden jedoch kein Interesse an diesem anderen Mann.

»Kehren wir zu dieser Person zurück, Paul. Er steht da, und sein Penis ragt in die Luft«, sagte Schoening. »Was macht er mit deiner Tochter?«

»Er kniet sich hin«, sagte Ingram. »Er ist hinter meiner Tochter.«

»Führt er sein Glied ein?«

»Mmh, ihre Beine sind eng beieinander, aber vielleicht wird sie auf die Seite gerollt.«

»Was sagt sie, Paul?«

»Sie sagt nein ...«

»Er rollt sie auf die Seite«, sagte Vukich. »Was passiert als nächstes?«

»Sie kann nicht auf dem Rücken liegen, weil da ihre Beine und ihre Hände sind. Es sieht so aus, als ob sie etwas um ihren Mund hätte.«

»Einen Knebel?«

»Wie ein Knebel«, stimmte Ingram zu.

»Wer hat sie geknebelt?«

»Ich könnte das gewesen sein. Ich - ich weiß nicht ...«

»Ist sie angezogen, oder ist sie nackt«, fragte Peterson.

»Nackt, glaube ich ...«

»Was macht diese Person?«

»Er kniet. Sein Penis ist bei ihrem Bauch. Mmh, er ist groß. Ich meine, er ist breitschultrig und groß.«

»Irgendwelche Besonderheiten auf seinem Rücken.«

»Er ist behaart.«

»Trägt er irgendwelchen Schmuck?«

»Vielleicht hat er eine Armbanduhr an der rechten Hand.« Rabie ist Linkshänder und trägt seine Uhr am rechten Arm.

»Wieviel Uhr ist es?«

»Mmh, etwa zwei.«

»Wie nah stehen Sie bei ihm?« fragte Peterson.

»Ziemlich nah.«

»Was haben Sie an?«

»Ich glaube, ich habe gar nichts an.«

»Haben Sie eine Erektion?«

»Ich glaube ...«

»Reiben Sie sich an ihr?«

»Mmh, ja ...«

»Macht jemand Bilder?« fragte Vukich.

»Mmh, Bilder - ist da jemand rechts von mir? Mmh, das ist möglich, laßt mich sehen. Ich sehe - sehe eine Kamera.«

»Wer macht die Bilder?«

»Ich weiß nicht. Ich sehe niemanden hinter der Kamera.«

»Diese Person ist sehr wichtig«, sagte Peterson. »Er ist der Schlüssel zu dem Ganzen ...«

»Okay, ich glaube, die Person, die ich sehe, ist Ray Risch«, sagte Ingram. Raymond L. Risch jr. war Mechaniker und arbeitete für die Washington State Patrol.

Das Verhör zog sich bis in den späten Abend hinein. John Bratun, der zuständige Pastor der Kirche des lebenden Wassers, kam auf Ingrams Wunsch nach dem Abendessen, ebenso Gary Preble, ein Anwalt, um den Ingram ebenfalls gebeten hatte. Ingram kannte Preble über die Ortsgruppe der Republikaner. Preble war ein ergebener, charismatischer Christ, hatte aber mit Straffälligen fast überhaupt keine Erfahrung und ahnte ganz sicher nicht, daß er gerade dabei war, den sensationellsten Fall in der Geschichte von Thurston County zu übernehmen.

In dem kleinen Büro, wo sich so viele Menschen drängten, wurde es heiß und stickig. »O Gott, es ist fast so, als ob ich mir alles ausdenken würde, aber das tue ich nicht«, sagte Ingram, als das Verhör dem Ende zuging. Er hatte nun außer Jim Rabie und Ray Risch noch weitere Personen genannt und weitere Erinnerungen an Fälle sexuellen Mißbrauchs produziert, von denen einer erst eine Woche vor seinem Urlaub stattgefunden hatte. Er fing außerdem an, »seltsame Schatten« und Grabsteine zu sehen. »Es ist, als würde ich einen Film sehen«, sagte er den Beamten. »Einen Horrorfilm.«

4

Donnerstag, der erste Dezember, war für Jim Rabie ein anstrengender Tag. Seit einem Jahr arbeitete er nun als Lobbyist für die Washington State Law Enforcement Association und hatte ein hohes Amt bei der staatlichen Kiwanis-Organisation. An diesem Tag war Rabie auf drei Kiwanis-Treffen in drei verschiedenen Städten gewesen, die schon frühmorgens begonnen und bis spät in den Abend gedauert hatten.

Am Nachmittag fühlte er sich erschöpft. Er litt an Narkolepsie und mußte gewöhnlich ein- oder zweimal am Tag ein kurzes Schläfchen einlegen, um fit zu bleiben. Eben wegen dieser Krankheit und seiner Neigung, in ungünstigen Momenten einzuschlafen, hatte er 1987, nach vierzehn Jahren, seinen Posten in Sheriff's Department aufgegeben. Rabie war ein geselliger Typ mit einem runden Gesicht und schläfrigen Augen. Mit seinen 40 Jahren hatte er immer noch dunkles, lockiges Haar. Als Kind hatte er einen Autounfall gehabt, seitdem war eines seiner Beine um etwa drei Zentimeter kürzer, was sich jedoch kaum bemerkbar machte. Er trug einen orthopädischen Schuh und hinkte nicht, war aber nicht besonders gut zu Fuß. Die Menschen, die ihn kannten, bezeichneten Rabie als freundlichen, anständigen Mann, der gerne lachte und für seine Mitmenschen meistens ein Lächeln hatte. Um drei Uhr hielt er vor dem Büro seines Versicherungsmaklers, da er noch eine Rechnung zu bezahlen hatte. Er fragte den Makler, der ein Freund von ihm war, ob er von der Verhaftung Paul Ingrams gehört habe. Rabie sagte, er habe die Neuigkeiten aus einer Quelle in der Dienststelle.

Er erzählte dem Versicherungsvertreter, er sei bestürzt, weil Paul ein sehr enger Freund sei - Ingram war Rabies Trauzeuge, und Rabie war 1984 Ingrams Wahlkampfmanager bei den Wahlen im Staat Washington, die Ingram jedoch verloren hatte. »Das zeigt nur, daß Kindesmißbrauch überall vorkommen kann«, sagte Rabie.

Der Versicherungsmann meinte, es müsse ja für einen Polizeibeamten schrecklich sein, ins Gefängnis zu kommen. Rabie sagte, der Polizeiapparat müsse bei der Verhaftung eines seiner Beamten besonders sorgfältig arbeiten, deshalb glaube er auch, an dem Fall Ingram sei nicht zu rütteln. Er zeigte sich erstaunt, daß Paul mit den Ermittlungsbeamten offenbar »Verstecken« spielte. Als Rabie selbst noch Mißbrauchsdelikte bearbeitet hatte, war ein geständiger Verdächtiger im allgemeinen als »ungefährlich für die Allgemeinheit« eingestuft und nach ein, zwei Tagen auf freien Fuß gesetzt worden. Ein Verdächtiger, der nicht mit der Polizei zusammenarbeitete, befand sich wahrscheinlich in der »Verleugnungsphase«. Eine solche Person wurde zur Beobachtung in eine staatliche Anstalt eingewiesen und mußte mit einer Gefängnisstrafe rechnen. Ingram als Polizeibeamter mußte das wissen.

Die beiden Männer sprachen dann über andere Fälle von Mißbrauch und stimmten darin überein, daß in den meisten Fällen die Täter als Kinder selbst mißbraucht worden seien. Oft würde der Mißbrauch völlig aus dem Gedächtnis verdrängt und erst dann erinnert, wenn der Betroffene in seinem späteren Leben wegen sexueller Probleme, zum Beispiel Frigidität, eine Therapie begänne. Genau aus diesem Grund, sagte Rabie, habe er mit Erfolg für eine Verlängerung der Verjährungsfrist im Staat Washington bei Mißbrauch von Minderjährigen von drei auf sieben Jahre plädiert. (Später wurde das Gesetz noch einmal geändert, so daß ein Verbrechen noch drei Jahre, nachdem sich ein Opfer an das Delikt erinnert, dem Täter zur Last gelegt werden kann. Dies war ein wegbereitender Gesetzesentwurf, der seitdem von 22 Staaten übernommen wurde.)

Der Versicherungsmann beschloß, eine Pause einzulegen und eine Zigarette zu rauchen, und ging mit Rabie hinaus. Die beiden

Männer standen auf dem Gehsteig und unterhielten sich über dieses und jenes. Später versuchte der Mann, die Unterhaltung zu rekonstruieren, die zu diesem Zeitpunkt zwar interessant erschien, aber gewiß nicht von Belang. Er erinnerte sich, daß Rabie erwähnte, Joe Vukich sei der Ermittlungsbeamte und könnte vielleicht »zu tief« gehen. Es sei ein Fehler, alle, auch die für den Urteilsspruch gar nicht mehr benötigten Einzelheiten eines Verbrechens ans Licht zu ziehen. Rabie machte außerdem die Bemerkung, daß er bei Kindesmißbrauch zu den Tätern »eine Affinität« empfinde. Er könne verstehen, wie diese sich fühlten. Diese Eigenschaft, meinte Rabie, habe ihm geholfen, die Täter zum Geständnis zu bringen.

Nachdem der Versicherungsvertreter seine Zigarette zu Ende geraucht hatte, ging er zurück an seine Arbeit, und Rabie fuhr zum County Seat Deli, einem gemütlichen Restaurant gegenüber dem Gerichtsgebäude, in dem immer viele Anwälte, Richter, Deputies, Schriftführer und Sekretärinnen saßen, die in der Bezirksverwaltung arbeiteten. Um fünf Uhr traf er sich mit seiner Frau Ruth und seinem Freund Risch zu einem Imbiß.

Risch, 1988 41 Jahre alt; war einen Meter neunzig groß, dünn und hatte einen dunklen Bart. Er trug eine Schildpattbrille, die ihm ständig von der Nase rutschte, und hatte eine scheue Art zu lachen und dabei den Blick abzuwenden - merkwürdig schüchtern für einen so hochgewachsenen Mann. Er wußte nie, wohin mit seinen langen Armen und Beinen, und wenn er sich entspannte, verschränkte er die Arme und verknotete seine Beine wie Rankenpflanzen. Traten der dicke Jim Rabie und der schlaksige Ray Risch zusammen in Erscheinung, dachte man unwillkürlich an Laurel und Hardy. Jeder, der sie kannte, bezeichnete die beiden als enge Freunde; sie trafen sich fast täglich zum Lunch und gingen häufig gemeinsam mit ihren Frauen zum Essen aus. Beide lasen mit Leidenschaft und bastelten gern an Autos herum. Rabie redete viel. Risch hörte gern zu und lachte.

Das Tischgespräch drehte sich natürlich um ihren Freund Paul Ingram. Ruth Rabie arbeitete als Vollzugsbeamtin im Thurston

County Gefängnis, in dem Ingram einsaß. Ruth, schon Großmutter, eine ruhige und bestimmte Person, die sich auf ihre Pensionierung freute, war seit beinahe zwölf Jahren mit Jim verheiratet. Sie hatten sich kennengelernt, als sie der Frauenersatztruppe des Sheriff's Department beitrat. Als Gefängnisaufseherin sorgte sich Ruth insgeheim, daß Ingram etwas Dummes anstellen könnte und dabei ums Leben kommen würde. Das war ein irrationaler Gedanke, da Ingram unter spezieller Bewachung stand, um einen Selbstmord zu verhindern. Aber es war so ungewöhnlich, einen Freund und hohen Polizeibeamten plötzlich hinter Schloß und Riegel zu sehen.

Jim sagte, er habe Sandy angerufen und gefragt, ob er irgend etwas für sie tun könne. »Wie konnte so etwas passieren, ohne daß ich davon gewußt habe?« fragte sie ihn traurig. Er wußte nicht, was er sagen sollte. Er hatte die Erfahrung gemacht, daß viele schreckliche Dinge innerhalb einer Familie geschehen konnten, ohne zur Kenntnis genommen zu werden; nicht einmal von den Opfern.

»Es gibt zwei Paul Ingrams«, sagte Ray Risch geheimnisvoll. Jim fragte sich, was er damit meinte. Ray behauptete, daß jeder Polizeibeamte zwei Persönlichkeiten habe: eine war die des normalen Zivilisten, die andere die der Amtsperson hinter der Dienstmarke. Als Jim in seiner Dienststelle gewesen sei, habe das auch für ihn gegolten, stellte Ray fest.

Rabie und Risch wußten zu diesem Zeitpunkt noch nicht, daß sie beide unter Verdacht standen; aber als sie sich noch unterhielten, saß Ingram bereits im Gebäude gegenüber beim Verhör und produzierte immer neue Erinnerungen, denen zufolge sie beide seine Kinder belästigt hätten. Genau an diesem Morgen hatte Julie die beiden auf Fotografien identifiziert und beschrieben, wie Rabie bei einem Pokerabend in ihr Zimmer kam, sie vergewaltigte und mit einem Messer verletzte.

Nach ihrer Unterhaltung ging Rabie zu einem seiner Kiwanis-Treffen und fuhr dann zum Büro des Sheriffs, um einen Diaprojektor zurückzugeben; diesen hatte er von der Abteilung für Verbrechensverhütung ausgeliehen, deren Leitung Paul Ingram innehatte.

Da Rabie niemals aufgefordert worden war, nach seiner Pensionierung seinen Büroschlüssel zurückzugeben, schloß er einfach die Hintertür auf und trat ein. Es war nach sieben Uhr abends. Rabie trug sein rotes Kiwanis-Jackett. Im Gang sah er, wie Tom Lynch in das kleine Büro ging, das sich Schoening und Vukich teilten. Rabie steckte seinen Kopf hinein, um hallo zu sagen. Die Kriminalbeamten waren verblüfft.

»Was machst du denn hier?« fragte Lynch.

»Ich gebe den hier zurück«, sagte Rabie. »Ich bin überrascht, euch so spät noch zu treffen.«

Er war bei weitem nicht so überrascht wie die beiden anderen.

»Kann ich euch etwas fragen?« fuhr Rabie mit ernster Stimme fort, und nahm auf dem Stuhl Platz, auf dem schon viele Verdächtige gesessen hatten, als Jim Rabie noch als Detective in diesem Zimmer gearbeitet hatte. »Ich weiß, daß ihr beide das wahrscheinlich nicht beantworten könnt, aber hat Paul die Wahrheit gesagt? Ich meine damit die volle Wahrheit, denn solange er nicht alles sagt, wird er zu keiner Behandlung zugelassen.« Offensichtlich nahm Rabie an, Ingram sei schuldig. Nach Lynchs Aufzeichnungen sagte Rabie dann: »Paul und ich sind seit langem eng befreundet, und es könnte vielleicht helfen, wenn ich mit ihm spreche.«

Es folgte eine lange, verlegene Pause. Es war wirklich bizarr, daß ein Verdächtiger ganz zufällig im Büro der Ermittlungsbeamten vorbeischaute, obwohl dieser Fall durchweg von Seltsamkeiten begleitet war. Das Gefühl der Unwirklichkeit wurde noch dadurch verstärkt, daß Ingram und Rabie in der Abteilung gut bekannt waren. Ein beunruhigendes Gefühl gemeinsamer Identität band die Ermittlungsbeamten an die Verdächtigen. Wäre Rabie nicht im Ruhestand gewesen, wäre er ja tatsächlich mit dem Fall betraut worden. So entstand eine merkwürdige Spiegelbildsituation, in der Ermittler gegen Ermittler ermittelten. Endlich brach Schoening das Schweigen und sagte zu Rabie: »Dein Name wurde genannt.«

Anstatt die Anschuldigungen sofort kategorisch zurückzuweisen, lockerte Rabie seine Krawatte und lehnte sich mit einem tiefen

Seufzer auf seinem Stuhl zurück. Vukich und Schoening tauschten einen Blick. Sie deuteten dies als die »O nein, sie haben mich erwischt«-Reaktion.

Rabies erste Reaktion glich auf unheimliche Art der Ingrams. Er sagte, daß er sich an die Ereignisse, die ihm zur Last gelegt wurden, nicht erinnern könne, und er vermute, daß er vielleicht eine »dunkle Seite« habe. Wie Ingram, bat auch Rabie mehrere Male um eine Untersuchung mit dem Lügendetektor. Um halb zehn an diesem Abend schaltete Schoening ein Tonband ein und informierte Rabie über seine Rechte. Rabie war einverstanden, in Abwesenheit eines Anwalts zu sprechen. »Mir ist absolut schleierhaft, was zum Teufel hier los ist«, sagte Rabie.

»Jim, du tust hier mit uns genau dasselbe, was du wahrscheinlich bei hundert Pädophilen selbst erlebt hast«, sagte Schoening ungeduldig. »Sie wollen alles herunterspielen, alles leugnen.«

»Das stimmt«, sagte Vukich.

»Es haben mehrere Personen voneinander unabhängig bestätigt, daß du vor und auf Julie masturbiert hast. Julie behauptet dies und auch Paul Ingram«, fuhr Schoening fort, wobei er sich auf eine der vielen widersprüchlichen Geschichten bezog. »Glaubst du nicht, daß du in der Phase der Verleugnung bist?«

»Gut möglich, da ich ehrlich keinerlei Erinnerung an diese Vorfälle habe und auch nicht glaube, daß ich es getan haben könnte und nun verdränge.«

»Wie fühlst du dich jetzt?«

»Wie betäubt«, sagte Rabie. »Ich habe Angst.«

»Wovor hast du Angst?«

»Davor, daß ich hier nicht mehr rauskomme, wenn ihr habt, was ihr behauptet. Ich kann mich doch in eure Lage versetzen. Ich werde in Haft kommen. Und ich bin überzeugt, daß jeder verdächtige Polizist solange schuldig ist, bis das Gegenteil bewiesen ist.«

Vukich fragte Rabie, was er denn denken würde, wenn er mit denselben Informationen auf der anderen Seite des Schreibtischs säße. »Was wäre deine ehrliche Meinung?«

»Ich würde dasselbe denken wie ihr«, gab Rabie zu. »Daß ich schuldig sein muß und alles leugne.« Die Bedeutung seiner mißlichen Lage wurde ihm immer klarer. »Ein Ex-Polizist im Gefängnis ist schon fast ein toter Mann«, stellte er fest. Selbst wenn er davonkommen sollte, würde die Tatsache, daß er beschuldigt worden war, ausreichen, um seinen Ruf zu zerstören, seine politische Karriere zu beenden, seiner Arbeit bei Kiwanis ein Ende zu bereiten und seine Ehe zu gefährden. Und nie wieder würde er seine Enkelkinder sehen dürfen, da der Verdacht, Kinder unsittlich belästigt zu haben, immer über ihm schweben würde. Kurz gesagt, sein Leben wäre ruiniert.

»Ich kann mir nicht vorstellen, warum ich mich an nichts erinnern können soll, wenn ich das wirklich getan habe«, sagte Rabie und wiederholte damit Pauls Klage.

»Das Problem ist, daß du es dir nicht eingestehen kannst, Jim«, sagte Schoening. »Du verhältst dich wie Paul. Du kannst selbst nicht glauben, daß du bei so einer Sache dabeigewesen sein sollst.«

»Ich kann mir nicht einmal vorstellen, wie jemand auf ein kleines Kind onanieren kann«, sagte Rabie.

»Es gibt Fotos, Jim«, sagte Schoening, obwohl er in Wirklichkeit keine derartigen Beweise in der Hand hatte. »Wie wär's zum Beispiel mit einem Bild, auf dem du nackt neben Julie auf dem Boden liegst?«

»Wenn ich davon ein Foto sehe, müßte ich wohl glauben, daß es passiert ist«, sagte Rabie.

Während Rabie verhört wurde, wurden Detective Paul Johnson und Detective Loreli Thompson beauftragt, Ray Risch zu vernehmen. Sie fuhren zu dem Wohnwagen hinaus, wo er mit seiner Frau Jodie lebte. Risch fühlte sich an diesem Abend nicht wohl. Er hatte tagsüber in der Werkstatt, in der er arbeitete, ein Auto gespritzt, und von den Dämpfen fühlte er sich hinterher immer, als hätte er eine Grippe. Um Viertel nach zehn lag er auf der Couch und sah fern, als er den Streifenwagen in die dunkle Sackgasse einbiegen hörte. Für die Untersuchungsbeamten schien die Tatsache, daß

Risch aus dem Fenster sah, als sie auf das Haus zufuhren, verdächtig, wie auch seine erste Bemerkung, als er die Tür öffnete: »Ist es wegen Paul?«

Risch war sofort einverstanden, mit zur Dienststelle zu fahren. Er schien nicht überrascht, daß er verhört werden sollte, und das auch noch zu so später Stunde. Es fiel ihm jedoch auf, daß einer der Beamten ihm ins Schlafzimmer folgte, als er seine Jacke und seine Schuhe holte.

Als sie im Gerichtsgebäude von Thurston County ankamen, sah er Rabies El Camino auf dem Parkplatz stehen. Kurz darauf saß Risch in einem anderen Verhörzimmer, und man verlas ihm seine Rechte. Bis zu diesem Zeitpunkt, behauptete er, habe er geglaubt, die Beamten seien einzig an Ingram interessiert. Er habe nicht im Traum daran gedacht, zu den Verdächtigen gezählt zu werden.

»Es fiel mir auf, daß Risch die Beine sowohl am Knie als auch an den Knöcheln übereinandergeschlagen hatte«, schrieb Detective Thompson in ihren Bericht.

Ihrer Meinung nach schien Risch etwas verbergen zu wollen. »Außerdem war auffallend, daß er bei eindringlicher Befragung seine Arme fest vor der Brust kreuzte.«

Angesichts der scheinbar erdrückenden Beweislast gegen ihn machte Risch ebenso unbestimmte Aussagen wie Ingram und Rabie.

»Ich kann mich nicht erinnern, dagewesen zu sein, außer ich habe es aus meinem Kopf verdrängt«, sagte er.

Die Vernehmungen wurden bis in die frühen Morgenstunden fortgesetzt - Rabie im einen Raum, Risch im anderen, während Peterson, der allgegenwärtige Psychologe, zwischen beiden hin- und herpendelte.

»Wir sprechen hier über eine Situation, Jim, die, wenn du so willst, wie ein Kult ist«, erklärte Vukich Rabie und legte dar, was langsam als die offizielle Theorie galt. »Kultartige Verbindungen und Aktivitäten zwischen diesen ... Individuen, die sich über eine längere Zeitspanne erstreckten.«

Schließlich wurde beiden erzählt, daß jeweils der eine zusammengebrochen sei und den anderen mitbeschuldige, obwohl dies nicht der Wahrheit entsprach. »Das geht zu weit«, rief Risch.

»Paul sagte, ihr hättet ihn eingeschüchtert und gezwungen mitzumachen, obwohl er nicht wollte«, sagte Schoening zu Rabie. »Ray sagt praktisch genau das gleiche. Nur behauptet er, der Schwächere gewesen zu sein und Paul und du wärt die Schlimmsten gewesen.«

Rabie erkannte, daß dies Bluff sein konnte, aber er wußte auch, daß es in einem Fall wie diesem, bei dem es mehrere Verdächtige gab, oftmals vorkam, daß einer Person Immunität zugesichert wurde, wenn sie gegen die anderen aussagte - und daß dann jeder den anderen als Rädelsführer anschwärzen wollte. »Gebt mir die Schuld. Denn ich habe es so tief verdrängt - ich muß der Schlimmste von allen sein«, sagte Rabie düster. »Ihr müßt mich einsperren und den Schlüssel wegwerfen, denn wenn ich mich daran nicht erinnern kann, dann bin ich so verdammt gefährlich, daß ich es nicht verdiene, frei herumzulaufen.«

5

Am folgenden Tag, dem zweiten Dezember, traf Ingram im Büro Vukichs und Schoenings mit Pastor Bratun zusammen.

»Ich weiß, ich habe einen Dämon in mir«, sagte Ingram und bat Bratun, eine Austreibung vorzunehmen.

»Von einem Dämon sind Sie nicht besessen, aber von mehreren Geistern«, erklärte Bratun ihm.

Bratun hatte einige Zeit in Südkalifornien gelebt und von dort Erfahrungen mit Besessenen mitgebracht. Er stellte einen Papierkorb in die Mitte des Zimmers und beschwor unter anderen die Geister der sexuellen Zügellosigkeit und der Gefräßigkeit, aus Ingram auszufahren. Gleichzeitig versuchte Ingram mit geringem Erfolg, sich in den Papierkorb zu übergeben. Dennoch sagte er, er fühle sich »erlöst«, und als er in den Vernehmungsraum zurückkam, brachte er eine neue Erinnerung hervor.

In dieser Erinnerung stieß der einen Meter siebzig große Rabie den einen Meter 85 messenden Paul Ingram die Treppe hinunter. »Er wollte etwas tun, was ich nicht dulden wollte«, erklärte Ingram den Polizeibeamten. »Er sagte, er wollte Chad haben.« Rabie habe sich gewaltsam in Chads Zimmer gedrängt. »Chad hockte geduckt auf dem Bett. Er ging rüber und riß ihm die Hose herunter und hat ihn gezwungen, sich auf den Boden zu knien. Ich war machtlos, ich konnte nichts tun ... Dann hat er Chad auf den Boden gezwungen und analen Verkehr mit ihm gehabt.« Chad war damals dreizehn oder vierzehn Jahre alt gewesen. »Als Jim fertig war, ist er aufgestanden und hat seine Hose wieder angezogen. Er hat gesagt, das würde er jederzeit wieder tun, wenn er Lust darauf hätte«, erzählte Ingram. »Er würde uns umbringen, wenn wir was sagen. Wir waren völlig machtlos.«

Am selben Nachmittag sprach Detective Loreli Thompson mit Chad, der mittlerweile zwanzig Jahre alt war. Der junge Mann erklärte, er sei niemals sexuell mißbraucht noch sonstwie körperlich mißhandelt worden; weder von seinem Vater noch von irgendwelchen anderen Personen. »Er sagte, mit Rabie habe er über einen beiläufigen Gruß hinaus nie gesprochen«, vermerkte Loreli Thompson.

Chad gab zu, daß sein Vater manchmal jähzornig wurde und die Kinder anbrüllte, sonst aber sei ihre Beziehung »okay«. Allmählich allerdings bekam der junge Mann Zweifel an der Zuverlässigkeit seiner eigenen Erinnerungen. Vor kurzer Zeit erst hatten er und seine Mutter Familienfotos und andere Dinge im Haus durchgesehen, weil sie hofften, auf diese Weise ihr Gedächtnis anzuregen. Bisher jedoch konnte sich keiner von beiden an irgendwelche außergewöhnlichen Ereignisse erinnern.

Pauls Gedächtnis hingegen wurde unter Einwirkung der Visualisierungsübungen, zu denen Peterson und die Beamten ihn ermunterten, und dank ständigem Beten und den Versicherungen Pastor Bratuns, daß Gott nur wahre Erinnerungen in ihm aufsteigen lasse, immer aktiver. Er begann jetzt Menschen in langen Gewändern zu sehen, die rund um ein Feuer knieten. Er glaubte eine Leiche zu sehen. Zu seiner Linken, sagte er, sei eine Person in einer roten Kutte, die einen Stoffhelm trage. »Vielleicht der Teufel«, meinte er. Menschen wehklagten. Ingram erinnerte sich, auf einem Podest gestanden und ins Feuer geblickt zu haben. Man hatte ihm ein großes Messer in die Hand gedrückt und erwartete von ihm, daß er eine schwarze Katze opferte. Er hatte das pulsierende Herz herausgeschnitten und auf der Spitze seines Messers hochgehalten. Einmal sagte Ingram, die Katze könnte auch eine menschliche Puppe gewesen sein, schrieb Schoening in seinem Bericht. »Diese Geschichte wurde von Ingram so erzählt, als sei er unbeteiligter

Zuschauer gewesen, das heißt: ich sehe, ich fühle, erinnere mich, ich höre etc.«

Ingram produzierte ferner die Erinnerung, daß er und Jim Rabie 1983 in Seattle eine Prostituierte ermordet hatten, und brachte so beide als Urheber einer bisher ungeklärten Mordserie, der sogenannten ›Green River Killings‹, in Verdacht. Zwischen 1982 und 1984 waren in Washington und Oregon die Leichen von mindestens vierzig Frauen gefunden worden, und die Behörden glaubten, daß es sich um die Verbrechen eines Serientäters handelte. Auf Schoenings Bitte überprüfte die Green-River-Sonderkommission Ingrams Erinnerung an den Mord, konnte aber nichts entdecken, was auf irgendeines der Opfer gepaßt hätte.

Woher kamen alle diese Erinnerungen? Waren sie real oder waren es Phantasiegebilde? Wenn sie real waren, wieso ließ sich dann niemals Übereinstimmung mit den Aussagen oder Erinnerungen anderer herstellen? Die Töchter Ingrams hatten von satanischen Ritualen kein Wort gesagt, doch auf dem Weg über den Gemeindeklatsch hörten sie zumindest das Wesentliche der letzten Enthüllungen ihres Vaters, in deren Genuß Pastor Bratun häufig noch vor den Polizeibeamten kam. Ericka vertraute einer Freundin an, ihr Vater rede zuviel und gehe zu sehr ins Detail - er sage Dinge, an die sie sich nicht erinnern wolle, und sie wünschte, er würde den Mund halten.

Ericka selbst behauptete jetzt, ihr Vater habe sie in der Woche, bevor sie das Elternhaus verließ, fast jede Nacht mißbraucht. Detective Thompson sprach mit einem der gehörlosen Mädchen, die bei den Ingrams gelebt hatten (und inzwischen umgezogen waren). Das Mädchen sagte, das Haus der Ingrams sei voller Haß gewesen. »Ich will nicht - wütend - vergessen - nicht mehr darüber reden«, sagte sie mit Hilfe ihrer Übersetzerin. Sie erinnerte sich, daß Sandy und Ericka sich in die Haare geraten waren, weil Ericka ausziehen wollte, und daß Ericka Hausarrest bekommen hatte. Das war der dramatischste Zwischenfall, an den sie sich erinnern konnte. Sie sagte zu Thompson, von Mißbrauch habe sie nichts gesehen.

Am achten Dezember besuchte Chad seinen Vater im Gefängnis. Es war ein tieferschütterndes Erlebnis für ihn. Paul, der seinen Kindern gegenüber immer so unzugänglich gewesen war, schluchzte so heftig, daß er nur stoßweise sprechen konnte. Er schaffte es, Chad zu sagen, daß er ein Opfer gewesen sei, und beschwor ihn zu versuchen, sich des Mißbrauchs zu erinnern. »Du mußt es aus dir rauskriegen«, rief er weinend.

»Ich habe ihn niemals so gesehen«, sagte Chad später zu Schoening. »Es war, als hätte ich einen anderen Menschen vor mir. Das war nicht mein Dad. Das war nicht mein Dad. Das war nicht mein Dad ... Er hat sich nicht mal so angefühlt, als ich ihn umarmt habe.«

Chad begleitete Schoening ins Vernehmungszimmer, in dem Dr. Peterson wartete. Ehe Peterson das Tonbandgerät einschaltete, wies Schoening Chad darauf hin, daß er aufgrund von Erickas Aussagen mit seiner Verhaftung rechnen müsse; vom Beginn dieses Verhörs also, das sich über zwei Tage erstreckte, lag es in Chads Interesse, sich als Opfer hinzustellen. Zunächst jedoch bestritt er von neuem, je mißbraucht oder mißhandelt worden zu sein. Sein schwerster Vorwurf gegen die Eltern war, daß er immer mehr hatte helfen müssen als die anderen Kinder. Er gab zu, drei Jahre zuvor, als Siebzehnjähriger, einen Selbstmordversuch unternommen zu haben.

»Wahrscheinlich wegen irgendwas, was mein Dad gesagt hat. An die Einzelheiten kann ich mich nicht erinnern«, sagte er. An seinem Handgelenk war eine blasse Narbe vom Schnitt einer Rasierklinge, so schien es jedenfalls. »Wo ist sie denn gleich wieder?« fragte Chad selbst, als er den Beamten die Narbe zeigen wollte. »Ah, hier, gleich an dieser Falte.«

Die Beamten vermerkten nicht, ob sie die Narbe gesehen hatten.

»Das, was Ihr Vater zu Ihnen gesagt hat, war etwas sehr Traumatisches, das Sie tief verletzt hat«, theoretisierte Schoening. »Vielleicht hat es Sie in Ihrer Männlichkeit getroffen.«

Chad antwortete unsicher, sein Vater könnte ihn vielleicht einen

Verlierer genannt haben. »Aber ich glaube nicht, daß er das gesagt hat. Ich kann mich nicht erinnern.«

»Doch, Sie können sich daran erinnern, was geschehen ist«, ermahnte ihn Peterson. »Sie können sich dafür entscheiden, sich zu erinnern, wenn Sie nur wollen.«

»Woran denn zum Beispiel?« fragte Chad, offensichtlich verwirrt. »Was meinen Sie mit ›erinnern‹?«

»Was er damit sagen will, ist, daß es vorhanden ist«, erklärte Schoening. »Die Erinnerungen sind vorhanden. Wir wollen Ihnen nur helfen.«

»Ich weiß, ich weiß«, sagte Chad. »Sie sind vorhanden. Ich kann mich nur nicht - ich krieg sie nur nicht her.«

»Das wundert mich nicht«, sagte Peterson. »Das ist nichts Ungewöhnliches bei jungen Leuten, die das durchgemacht haben, was Sie durchgemacht haben, daß sie sich nicht erinnern können. Erstens wollen sie sich nicht erinnern. Zweitens sind sie programmiert worden, sich nicht zu erinnern.«

»Hm.«

Einige Zeit später sagte Peterson: »Ich kann Ihnen nur sagen, um das zu werden, was Sie werden wollen - ein gesunder Erwachsener nämlich -, gibt es nur einen Weg. Sie müssen sich mit diesen Erinnerungen auseinandersetzen.«

»Hm.«

»Weil sie - ich sage ›sie‹, weil ich glaube, daß es diese ›sie‹ gibt, die Ihnen das angetan haben.«

»Hm.«

Zuweilen wurde das Gespräch zur Therapie oder Sofortanalyse, wenn Chad gedrängt wurde, seine Gedanken über seine Eltern und seine ziemlich begrenzte sexuelle Erfahrung zu offenbaren. Schließlich brachten die Inquisitoren den jungen Mann dazu, über seine psychischen Probleme zu sprechen. Er gab zu, in seinem Kopf Stimmen gehört zu haben. Dann beschrieb er so mühsam und stockend, daß sich die Beamten an die endlosen Schweigepausen seines Vaters erinnert fühlten, lebhafte Träume, die er als Kind gehabt hatte. »Draußen vor meinem Fenster waren Leute, sie haben hereingeschaut, aber ich wußte, daß das gar nicht möglich war, weil - wir waren im Obergeschoß, und ich hab immer ... ich hab immer von - äh - kleinen Leuten geträumt - von kleinen Leuten, die ins Zimmer gekommen und auf mir rumgelaufen sind ... auf meinem Bett gelaufen sind ... äh, ich hab aus dem Fenster geschaut und ... vor die Tür.« Die kleinen Leute hätten ihn an die sieben Zwerge erinnert, sagte er.

»Das sind Träume der Überwältigung«, erklärte Peterson.

»Ja, und dann hab ich zu meiner Tür rausgeschaut und ein Haus aus lauter Spiegeln gesehen und - und nirgends gab es einen Weg raus.«

»Von Vergewaltigung und der Falle einer unausweichlichen Situation«, interpretierte Peterson. »Was Ihnen geschehen ist, war grauenvoll.«

»Genau.«

»Sie möchten glauben, daß es Träume waren«, sagte Schoening. »Sie möchten nicht glauben, daß es Wirklichkeit ist. Es war Wirklichkeit. Es war Wirklichkeit, Chad.«

»Nein, das war doch draußen vor meinem Fenster«, protestierte Chad und wies darauf hin, daß sein Zimmer im Obergeschoß war. Außerdem habe sein älterer Bruder mit ihm im Zimmer geschlafen - warum der denn niemals etwas gesehen habe?

»Was Sie gesehen haben, war real«, insistierte Schoening. »Genau solche Sachen sind auch von Ihrem Dad gekommen.«

»Haben Ihnen die Knie geschlottert, oder haben Sie in die Hose gemacht? Hatten Sie in dem Maß Angst?« fragte Peterson.

»Nein, nein«, antwortete Chad. Er behauptete, keinerlei starke Gefühle mit dem Traum zu verbinden; allenfalls empfände er eine bleierne Schwere, als steckte er in Beton fest. »Ich konnte nicht reden. Ich konnte mich überhaupt nicht bewegen. Nur die Vorhänge konnte ich zuziehen«, fuhr Chad fort. »Das einzige, was ich gespürt habe, war ein Druck auf meiner Brust.«

»Und was drückte auf Ihre Brust?« fragte Peterson.

»Also, das ist jetzt ein anderer Traum«, sagte Chad, sich eines immer wiederkehrenden Alptraums aus der Pubertät erinnernd. »Jedesmal, wenn ein Zug vorbeigefahren ist, hat es gepfiffen, und eine Hexe ist zu meinem Fenster reingekommen ... Ich bin aufgewacht, aber ich konnte mich nicht bewegen. Es war so, als ob die Decken rundherum unter die Matratze gestopft wären, und ... ich konnte meine Arme nicht rühren.«

»Sie wurden festgehalten?« fragte Peterson.

»Genau, und jemand hockte auf mir drauf.«

»Das ist absolut real«, sagte Schoening aufgeregt. »Das ist der Schlüssel, Chad. Das hat sich wirklich abgespielt.«

»Chad, diese Dinge sind Ihnen geschehen«, beharrte Peterson. »Man hat Ihnen die Fähigkeit geraubt, die Realität zu erkennen.«

»Okay.«

»Ziemlich schwer, sich an diese Dinge zu erinnern?«

»Nein, es kommt mir vor, als wär's gestern gewesen.« Chad erinnerte sich nun, daß er jedesmal, wenn die Lokomotive pfiff, auf dem Boden lag und eine dicke Hexe mit langem schwarzen Haar und einem schwarzen Gewand auf ihm saß.

»Sehen Sie sich ihr Gesicht an«, sagte Schoening. »Wer ist diese Person? Ist es jemand, der mit Ihrer Familie befreundet ist?«

»Es war meistens dunkel«, antwortete Chad. Er sagte, die Besuche der Hexe hätten, solange sie in dem alten Haus wohnten, ein-, zweimal die Woche stattgefunden und jeweils eine halbe Stunde gedauert. »Ich hörte das Pfeifen, ich spürte den Druck auf meiner Brust, dann lag ich auf dem Boden, aber ich hab nie mitbekommen, wie ich aus dem Bett gestiegen bin und mich auf den Boden gelegt hab. Ja, und dann hab ich auf dem Boden gelegen, und dann war ich plötzlich wieder in meinem Bett, aber das hab ich auch nie mitbekommen, wie ich vom Boden wieder in mein Bett gekommen bin.«

Was seinen Bruder betraf, so erinnerte sich Chad, daß Paul Ross immer verschwunden war, wenn die Hexe im Zimmer war. »Aber wenn ich dann aufgewacht bin, habe ich geschaut, und dann war er wieder da.«

»An wen erinnert Sie diese Person?«

»Ich weiß nicht.«

»Sie wollen es nicht wissen, oder Sie wissen es nicht?« fragte Peterson.

»Wahrscheinlich will ich es nicht wissen.«

»An jemand, den Sie respektieren?«

»Richtig.«

»War da irgendein Gegenstand, der Ihnen den Mund verschlossen hat?« fragte Schoening.

»Nein. Ich erinnere mich, daß ich geatmet habe.«

»Was ist in Ihrem Mund?«

»Ich weiß nicht. Ein Tuch vielleicht.«

»Es ist sehr wichtig, Chad. Wie fühlt es sich in Ihrem Mund an?«

»Äh, hart ist es nicht.«

»Lassen Sie einfach die Erinnerung kommen«, sagte Peterson. »Es ist nicht das, woran Sie denken; es ist das, woran Sie nicht denken wollen.«

Als Chad sich nicht weiterdirigieren ließ, erklärten ihm Peterson und Schoening, man habe ihn programmiert, sich an nichts zu erinnern. »Warum müssen Sie davor davonlaufen?« fragte Peterson.

Und Schoening fügte hinzu: »Sie wollten irgendwohin, wo Sie sicher waren, stimmt's?«

»Nein, ich war ganz sicher«, sagte Chad. »Ich hab mich immer sicher gefühlt.«

»Sogar als das alles vor sich ging?« fragte Schoening.

»Abgesehen von den Träumen«, sagte Chad, offenbar verwirrt. »Ich - weil, ich dachte, sie seien - ich hab sie einfach als Träume abgetan.«

»Zerstörung seines Realitätssinns«, erklärte Peterson bestimmt. »Zerstörung jeglicher Fähigkeit zu fühlen. Totaler, absoluter Gehorsam und Unterwerfung unter den Gruppenwillen.«

Einige Minuten später sagte Schoening: »Gehen wir noch einmal zurück zu der Zeit, als Sie zwischen vierzehn und sechzehn waren, und diese Person auf Ihnen saß.« Wie groß nach Chads

Schätzung der Abstand zwischen der Beckengegend der Hexe und seinem Kinn gewesen sei? Chad meinte, es seien vielleicht dreißig Zentimeter oder so gewesen.

»Die Person saß immer sehr weit oben«, erinnerte Schoening ihn. »Und sie hat Ihnen was in den Mund gesteckt.«

»Ja.«

»Und ein Tuch ist es nicht.«

»Richtig.«

»Und es ist auch nicht hart wie ein Stück Holz.«

»Stimmt.«

»Was ist es?«

Chad dachte einen Moment über dieses Rätsel nach und begann dann nervös zu lachen. »Sie haben mich da eben auf einen Gedanken gebracht - oh, Mann.«

»Was ist es?« Schoening ließ nicht locker.

»Ich weiß es nicht. Ich weiß es nicht.«

»Woran denken Sie? Na los, kommen Sie schon.«

»Ich hab gedacht, es wäre ein Penis gewesen, okay? Ich - es könnte ja sein.«

»Okay, Sie brauchen sich nicht zu genieren. Es könnte sein«, sagte Schoening. »Lassen Sie's raus. Es ist in Ordnung.«

»Ich weiß nicht, was mit mir ist«, sagte Chad kläglich.

Nachdem es den Vernehmungsbeamten einmal gelungen war, die Alpträume in die Realität zu übertragen, ergab sich der Rest von selbst. Die Hexe machte eine Geschlechtsumwandlung durch, und Chads anfängliche Gewißheit, niemals mißbraucht worden zu sein, wurde völlig umgestoßen. Die kleinen Menschen aus Chads erstem Traum, die ihn an die sieben Zwerge erinnert hatten, wurden in neuer Interpretation zu Anhängern eines Kults, die ihn all die Jahre regelmäßig mißbraucht hatten. Chad jedoch habe das alles vergessen, erklärten ihm die Inquisitoren. Er sei konditioniert worden, den Mißbrauch hinzunehmen und die Erinnerungen zu verdrängen.

»Bei Gott, die Leute, die Ihnen das angetan haben, sollen dafür zahlen«, sagte Peterson. »Ich sage Ihnen etwas - Sie haben das Recht, diese Schweine zu verklagen und ihnen soviel abzunehmen, wie Sie wollen.«

»Wär ja prima«, sagte Chad.

»Recht haben Sie, das wäre prima. Damit könnten Sie sich Ihr Studium bezahlen.«

»Ja.«

»Oder sich ein schönes Auto kaufen. Den Start ins Leben.«

»Ich hab schon ein schönes Auto.«

»Ja, aber haben Sie einen BMW?«

Als Chad zum Verhör gekommen war, hatte man ihm mit Verhaftung gedroht. Jetzt, da er seinen Status als Opfer akzeptiert hatte, stellte man ihm Belohnungen in Aussicht, auf die er vielleicht Anspruch hätte. Peterson drängte ihn, mit seiner neuen Entdeckung »an die Öffentlichkeit zu gehen«.

»Wäre es nicht ein tolles Gefühl zu sagen, das war Realität - und kein Traum?« meinte Peterson.

»Darum möchte ich ja die Gesichter sehen, damit ich - damit ich sagen kann, das sind sie; die haben mir das angetan«, schloß Chad. »Ich muß dem ein Gesicht geben.«

An dieser Stelle schalteten die Beamten das Tonbandgerät aus.

Schon vorher hatte Chad sich die Fotoserie angesehen, die man seinen Schwestern vorgelegt hatte, an die zwanzig Führerscheinfotos von größtenteils ehemaligen Angestellten des Sheriffsbüros. Von den Leuten, die auf diesen Bildern gezeigt wurden, waren Rabie und Risch die engsten Freunde Paul Ingrams gewesen und somit diejenigen, bei denen am wahrscheinlichsten war, daß die Kinder sie erkennen würden. Chad kannte beide Männer gut; er hatte sogar hin und wieder kleinere Arbeiten für sie gemacht. Aber als ihm die Fotos das erstemal vorgelegt wurden, konnte er keinen Täter identifizieren. In der Pause, als das Tonbandgerät ausgeschaltet war, sah Chad sich die Bilder noch einmal an.

»Wer ist das Gesicht im Traum?« fragte Vukich, als das Gerät wieder eingeschaltet wurde.

»Jim Rabie«, antwortete Chad.

Am folgenden Tag präsentierte Chad eine Erinnerung, derzufolge er im Alter von zehn oder zwölf Jahren im Keller des Hauses seiner Eltern von Ray Risch überfallen worden war. An diesem Punkt beugte Chad sich vor und starrte »in einem tranceähnlichen Zustand« zu Boden wie in Schoenings Aufzeichnungen zu lesen ist. »Manchmal sprach er fünf bis zehn Minuten überhaupt nichts, und einmal rann ihm Speichel aus dem Mund und tropfte auf den Boden.«

6

Loreli Thompson hat eine unbeschwert heitere Art, aber sie versteckt ihre Augen hinter den dunklen Gläsern einer Pilotenbrille mit silbernem Rand. Als junges Mädchen schon, sie wuchs in Olympia auf, übte alles Rätselhafte eine starke Anziehung auf sie aus - Geheimcodes, Kreuzworträtsel, Kriminalfälle -, und als sie in die vorletzte Klasse der High school kam, stand für sie fest, daß sie Kriminalbeamtin werden würde. Als sie im November 1984 ihr Ziel endlich erreichte, war sie die erste Kriminalbeamtin überhaupt im Landkreis. Noch als Novizin bekam sie es mit ihrem ersten Pädophilen zu tun, einem Mann, der mehrere kleine Mädchen in einem Apartmentkomplex belästigt hatte. Thompson brachte ihn dazu, ein Geständnis abzulegen. Von da an war ihr klar, daß sie einen Instinkt für Sexualverbrechen besaß, die zu den rätselhaftesten Spielarten kriminellen Verhaltens zählen. Um die Motive von Sexualtätern besser zu verstehen, fügte Thompson ihrem Magisterabschluß im Strafrecht noch den Magister in klinischer Psychologie an. Ihre Berichte sind voll von aufschlußreichen psychologischen Beobachtungen.

Sie erlebte jeden Typ des Sexualtäters, vom sadistischen Vergewaltiger bis zum Exhibitionisten und Voyeur. In vielen Fällen stellte sie fest, daß schon ein verständnisvolles Tätscheln der Hand den Täter dahin brachte, wo sie ihn haben wollte - zum Geständnis nämlich. Thompson bemüht sich, ihre Fälle außergerichtlich zu bereinigen. Geschworenen fällt es häufig schwer, Sexualverbrechen zu verstehen oder auch nur zu glauben, daß tatsächlich Verbrechen verübt worden sind, besonders wenn außer den Anschuldigungen kaum Beweise vorhanden sind. Erhebt ein Kind die Beschuldigungen, so neigen die Geschworenen im allgemeinen zu noch größerer Skepsis. Thompson hatte erlebt, wie leicht Kinder sich durch die Anwesenheit eines resoluten Verteidigers aus dem Konzept bringen lassen; hinzu kommt, daß die meisten Sexualvergehen an sehr kleinen Kindern manueller oder oraler Natur sind, und das heißt, daß konkrete Beweise, sei es Sperma, seien es Verletzungen, kaum vorhanden sind. Im Staat Washington gibt es drei Kategorien des sogenannten ›Statutory Rape‹. Notzucht ersten Grades oder Belästigung eines Kindes bezieht sich auf Kinder unter zwölf Jahren und einen Täter, der mehr als 24 Monate älter ist als das Opfer. Beispiel: ein elfjähriges Mädchen, das mit einem vierzehnjährigen Jungen sexuelle Handlungen vollzieht. Zum Tatbestand der Notzucht zweiten Grades gehören sexuelle Handlungen zwischen Kindern von zwölf und dreizehn Jahren. Von Notzucht dritten Grades (das Verbrechen, das man Paul Ingram vorwarf, weil die vorgegebenen Straftaten innerhalb der gesetzlichen Verjährungsfrist verübt worden waren) spricht man bei einem minderjährigen Opfer und einem Täter, der mehr als vier Jahre älter ist; ein Zwanzigjähriger und eine Fünfzehnjährige dürfen im Staat Washington nicht miteinander schlafen; ein Fünfzehnjähriger und eine Fünfzehnjährige schon.

Nach Jim Rabies Versetzung in den Ruhestand galt Loreli Thompson bald als polizeiliche Expertin für Sexualverbrechen im Landkreis. Andere Dezernate konsultierten sie, besonders bei Verbrechen an Kindern, und als sie mit dem Fall Ingram zu tun bekam, hatte sie in Thurston County bereits an die dreihundert Kinder gesehen, die Opfer von Sexualtätern geworden waren. Manche von ihnen waren gerade zwei Jahre alt gewesen. Viele waren jahrelang immer wieder mißbraucht worden. Aufgrund ihres Rufs und ihres Könnens betraute man Loreli Thompson mit der heiklen Aufgabe, Julie zu verhören. Für sie mit ihrer Erfahrung war nichts Außergewöhnliches an zwei kleinen Mädchen, die mit einem Pädophilen im Haus aufgewachsen waren. Sie bekam die Folgen kindlichen

Mißbrauchs jeden Tag zu sehen. Paul Ingrams nunmehr auftauchende Erinnerung an satanische Rituale machten sie zwar stutzig, aber wie sonst war dieses Wrack von einem jungen Mädchen zu erklären, das da in ihrem Büro saß, praktisch stumm, sich die Kleider zerzupfte und die Haare ausriß? Julie war das am schlimmsten traumatisierte Opfer, das Thompson je gesehen hatte. Es war leichter, von Vierjährigen, die vergewaltigt und geschlagen worden waren, eine Aussage zu erhalten. Manchmal schrieb Julie in ihrer steilen, gut leserlichen Handschrift über den Mißbrauch, aber laut darüber sprechen konnte sie einfach nicht. Schon früh gelangte Thompson zu der Überzeugung, daß Julie gefoltert worden sei.

Alle vertrauten Wegweiser einer typischen polizeilichen Untersuchung waren verdreht worden. Die Kriminalbeamten versuchten verzweifelt zu begreifen, was da in ihrer Gemeinde - und in ihrer eigenen Behörde - eigentlich vorging. Der angebliche Haupttäter gestand perversere Verbrechen, als ihm von den Opfern vorgeworfen wurden (bis dahin hatte keine der Töchter Ingrams etwas von kultischem Mißbrauch bei Teufelsritualen erwähnt). Es erschien beinahe unmöglich, alle Beschuldigungen zu einer schlüssigen Klageschrift zusammenzufassen. Die Untersuchungsbeamten waren sich bewußt, daß sie in ein fremdes und unheimliches Gebiet vordrangen. Abgebrühte Polizeibeamte, die regelmäßig die düstersten Bezirke der menschlichen Psyche aufsuchten, waren von den Enthüllungen im Fall Ingram tief erschüttert. Die Erinnerungen, die Paul Ingram produzierte, waren zugleich zusammenhanglos und detailliert gezeichnet, wie die Scherben einer zertrümmerten Vase. Ingram konnte die einzelnen Bruchstücke in aller Einzelheit beschreiben, aber er schien nicht imstande zu sein, sie wieder zusammenzusetzen. Noch beunruhigender war für die Untersuchungsbeamten die in ihnen wachsende Überzeugung, daß der Fall Ingram nur, wie sie häufig zueinander sagten, die Spitze des Eisbergs sei - wobei mit dem Eisberg eine landesweite satanische Verschwörung gemeint war.

Brian Schoening gewöhnte sich an, bei Licht zu schlafen. Die

Gespräche mit Ingram zogen sich über Stunden hin, manchmal vom frühen Morgen bis sieben Uhr abends. Schoening begann den täglichen Aufruhr der Gefühle zu fürchten, der sich bei ihm nachts in schrecklichen Alpträumen niederschlug. Eine Szene im besonderen ließ ihn nicht mehr los. Sie beruhte auf der Vorstellung, daß Julie an Händen und Füßen gebunden auf dem Boden lag; in Schoenings wiederkehrendem Alptraum allerdings war das Opfer seine geliebte kleine Enkelin. Im Traum versuchte er, sie zu erreichen, aber aus irgendeinem Grund gelang es ihm nie. Sie sah stets zutiefst geängstigt aus und rief den Kosenamen, den sie für ihn hatte, »Boppa«. Manchmal kam der Traum schon, ehe Schoening überhaupt einschlafen konnte. Oft wachte er weinend oder laut schreiend auf. Morgens kehrte er dann in eine Welt zurück, in der nichts normal war.

Bei jeder umfassenden Ermittlung kommen subjektive Vorurteile über Verdächtige und Angeklagte mit ins Spiel. Thompson zum Beispiel verhörte die geschiedenen Ehefrauen von Rabie und Risch. Rabies geschiedene Frau beschrieb ihren Ex-Mann als unsicher und behauptete, gegen Ende ihrer elfjährigen Ehe, die 1977 in die Brüche ging, habe er begonnen, an pornographischen Büchern und Filmen Geschmack zu finden. Für das Okkulte jedoch habe er sich nie interessiert. Seine Leidenschaft habe den Western von Louis l'Amour gegolten, und das einzig Sonderbare an seinem Wesen, woran sie sich erinnern könne, sei seine irrationale Angst vor Vögeln.

Die ehemalige Mrs. Risch sagte, ihr Mann sei »am ersten Juni 1976 einfach auf und davon«. Sie behauptete ferner, Risch sei ein Lügner. Damit meine sie, erläuterte sie, daß es für ihn »schwierig« sei, »der Realität ins Auge zu sehen. Zum Beispiel, was Jobs angeht, da hatte er immer die tollsten Aussichten und würde gleich diesen phantastischen Job kriegen - Sie wissen schon, mit einem Haufen Geld. Es kam oft vor, daß er mir was erzählt hat, und dann bin ich dahintergekommen, daß es gar nicht stimmte. Mit der Zeit bin ich an einen Punkt gekommen, wo ich ihm in vielem einfach nicht mehr getraut habe.« Risch habe die Kinder nie mißhandelt, sagte die Frau, aber ihr Sohn habe ihr einmal von einem merkwürdigen Zwischenfall mit Paul Ingram erzählt. »Es klang einfach zu phantastisch, aber jetzt, wo das rausgekommen ist ...«

»Was hat er denn erzählt?« fragte Thompson.

»Er hat gesagt, einmal, als sein Vater ihm richtig angst gemacht hätte, da hätte er ihn gezwungen, sich in der Einfahrt auf die Erde zu legen, und Paul sei mit dem Auto über ihn weggefahren ... und das hat ihm wahnsinnige Angst gemacht ... Das kann doch nur Einbil-« Sie brach plötzlich ab und erklärte dann: »Also wirklich, ein normaler Erwachsener würde doch einem kleinen Vier- oder Fünfjährigen niemals solche Angst einjagen und ihn zwingen, sich hinzulegen ... aber andererseits ...« Sie wußte nicht, was sie von der Geschichte halten sollte.

Der Psychologe Richard Peterson hatte nie zuvor an einem Polizeiverhör teilgenommen, und auch in diesem Fall hatte er keinerlei amtliche Befugnis, er sollte lediglich beurteilen, ob die Beschuldigten außer Haft bleiben konnten. Peterson, früher Dozent für Psychologie am Oberlin College in Ohio, war 1982 nach Washington gekommen, um beim ›Hilfsprogramm für geisteskranke Straftäter‹ zu arbeiten. Nach zweijähriger Tätigkeit eröffnete er eine Privatpraxis in Tacoma und spezialisierte sich auf forensische und klinische Psychologie. Seitdem hatte er mit etwa dreitausend Sexualtätern gearbeitet. Er war eine bekannte Gestalt in den Gefängnissen und Gerichtssälen des Staates Washington, in die er häufig als Gutachter gerufen wurde. Sein und Pastor Bratuns Mitwirken bei mehreren Schlüsselverhören wurde später bei der Verteidigung von Rabie und Risch zum Gegenstand scharfer Kontroversen. Zunächst jedoch waren die Beamten froh, Peterson dabeizuhaben. Er hatte wenigstens eine gewisse Erfahrung in solchen Dingen. Erst im Jahr zuvor hatte er - ein sehr erschreckendes Erlebnis - mit Patienten zu tun gehabt, die sich erinnerten, Opfer kultischen Mißbrauchs gewesen zu sein.

Tausende von Therapeuten haben in den letzten Jahren von ähnlichen Fällen berichtet; 1987 jedoch hatte dies für Peterson noch Neuigkeitswert. Geschichten ›Überlebender‹ - wie die Opfer des sexuellen Mißbrauchs genannt wurden - tauchten erstmals 1980 mit dem Buch ›Michelle Remembers‹ auf, das von einer dreißigjährigen Kanadierin namens Michelle Smith und ihrem Psychiater Lawrence Pazder (den sie später heiratete) geschrieben war. Das Buch schildert Smiths Erinnerungen an schwarze Messen und an die Scheußlichkeiten, denen sie von Teufelsanbetern, zu denen auch ihre Mutter gehörte, unterworfen wurde. Smith gewann diese Erinnerungen zurück, als sie sich nach einer Fehlgeburt einer Therapie unterzog. Im allgemeinen stiegen die Erinnerungen an die Oberfläche, wenn Smith sich in einer hypnotischen Trance befand. Ihr Bericht wurde zum Modell für die zahllosen Geschichten ›Überlebender‹, die folgten, auch wenn es, ganz typisch, keinerlei Beweise dafür gab, daß irgend etwas an ihrer Geschichte wahr war. Ja, ihre Schwestern (die in dem Buch unerwähnt bleiben) und ihr Vater bestreiten, daß diese phantastischen Vorfälle je geschehen sind, und die Polizei in Victoria, British Columbia, ihrer Heimatstadt, konnte die Säuglingsopfer, an die Smith sich erinnerte, nicht nachweisen. Smiths Mutter ist verstorben.

Vorwürfe kultischen Mißbrauchs bei Teufelsritualen waren in den frühen achtziger Jahren meist mit dem Vorwurf sexueller Belästigung in Kindertagesstätten verbunden. Im Januar 1988 veröffentlichte die Tageszeitung von Memphis, der ›Commercial Appeal‹, die Untersuchungsergebnisse 36 solcher Fälle im ganzen Land. Es handelte sich um eine der ersten kritischen Untersuchungen zum Phänomen des kultischen Mißbrauchs. Die Reporter, Tom Charlier und Shirley Downing, stellten fest, daß die meisten Fälle sich aus einem Einzelgeschehen, das nur ein einziges Kind betraf, entwickelt hatten; aber durch Publicity und ausufernde Polizeiverhöre zogen die Untersuchungen immer weitere Kreise, Beschuldigungen wurden auch gegen Polizeibeamte, Verteidiger und selbst die Sozialarbeiter, die den Anzeigen nachgingen, erhoben. In den 36 untersuchten Fällen waren 91 Personen festgenommen und wegen Mißbrauchs oder Gefährdung der Sicherheit von Kindern unter Anklage gestellt worden; und von den 79 Angeklagten, deren Fälle abgeschlossen waren, waren 23 verurteilt worden, die meisten wegen geringfügiger Vergehen, die mit kultischem Mißbrauch nichts zu tun hatten. In keinem dieser Fälle gab es irgendwelche Beweise, abgesehen von den unbestätigten Berichten der kleinen Kinder. Die Ankläger benutzten bei diesen Kindergartenfällen häufig das Buch ›Michelle Remembers‹ als Nachschlagewerk und Anleitung.

Am bekanntesten wurde der Fall der Virginia-McMartin-Vorschule in Manhattan Beach, Kalifornien, der den längsten und teuersten (fünfzehn Millionen Dollar) Strafprozeß der amerikanischen Geschichte nach sich zog. Peggy McMartin Buckey, ihr Sohn Raymond Buckey und fünf weitere Kinderbetreuer wurden angeklagt, im Lauf von zehn Jahren 360 Kinder belästigt zu haben. Es begann 1983, als eine Hausfrau, die schon wegen geistiger Störungen in ärztlicher Behandlung gewesen war, behauptete, Raymond Buckey habe ihren Sohn, der damals zweieinhalb Jahre alt war, sexuell belästigt. Sie erklärte, ihr Kind habe Flüge im Flugzeug, Tieropfer und Sexrituale in Kirchen beschrieben. Daraufhin sandte die Polizei von Manhattan Beach an zweihundert Eltern, deren Kinder die Vorschule besuchten, einen Brief, in dem sie mitteilte, man ermittle wegen möglicher sexueller Übergriffe einschließlich oralem Sexualverkehr, Berührung der Genitalien und der Analzone (»möglicherweise unter dem Vorwand, man wolle bei dem Kind ›Temperatur messen‹«), Fotografieren nackter Kinder. Die zu Tode erschrockenen Eltern, denen bis dahin keinerlei Anzeichen von Mißbrauch aufgefallen waren, wurden an das ›Children's Institute International‹ verwiesen, eine Einrichtung für die Opfer sexuellen Mißbrauchs, geführt von einer Frau, die in einem Clownskostüm herumlief und später vor dem Kongreß aussagte, sie sei überzeugt, es bestehe ein Netz von »Kinderräubern«, denen die Tagesstätten nur als Fassade zur Ausübung von Pornographie mit Kindern dienten. Bald erinnerten sich Kinder, die ursprünglich jeglichen Mißbrauch bestritten hatten, daß sie mit Spaten und Hacken bewaffnet in Bussen zu Friedhöfen gefahren seien, um Leichen auszugraben. Sie berichteten von Lehrern, die durch die Luft geflogen seien, von nackten Nonnen und Priestern, die sich in geheimen unterirdischen Gängen der Schule vergnügten (solche unterirdischen Gänge wurden nie gefunden). »Sagte ein Kind, nein, ihm sei nie etwas geschehen, so pflegte der Vernehmungsbeamte zu sagen: ›Du verhältst dich nicht sehr schlau, mein Junge. Deine Freunde waren hier und haben uns erzählt, daß sie berührt worden sind. Willst du nicht auch lieber so klug sein wie sie?‹« erzählte Glenn E. Stevens, der im McMartin-Fall einer der Staatsanwälte war, bis er die Arbeit unter Protest niederlegte und das gesamte Strafverfahren als einen Riesenschwindel bezeichnete.

Michelle Smith und andere ›Überlebende‹ trafen sich mit einigen der Kinder und Eltern des McMartin-Falls. Die meisten Verfahren wurden schließlich eingestellt, die restlichen endeten mit Freispruch oder als Fehlprozeß; doch mittlerweile hatte es über das Land verstreut mehr als hundert ähnlicher Fälle gegeben, die auf phantastischen Mißbrauchsbeschuldigungen von Kindern beruhten. Meistens ging es dabei um ähnliche Dinge wie die im Fall McMartin publizierten, nämlich Teufelsanbetung, offene Gräber, Kannibalismus, Flugreisen, Nacktfotos, Beschmutzung durch Urin oder Fäkalien, die Ermordung von Säuglingen. Die vom Fall McMartin betroffenen Eltern bildeten eine Gruppe namens ›Glaubt den Kindern‹, die den Feldzug in den Medien weiterführte und allen Eltern Unterstützung bot, die glaubten, ihre Kinder seien ähnlich mißbraucht worden. Innerhalb eines Jahres wurden allein in der Gegend von Los Angeles gegen 63 weitere Tagesstätten Beschuldigungen kultischen Mißbrauchs erhoben.

Ein sensationeller Fall entwickelte sich 1986 in Sequim, im Staat Washington, nachdem eine Frau an der Scheide ihrer Enkelin einen Ausschlag bemerkt hatte. Fünf Kinder behaupteten später, sie seien zu Friedhöfen gebracht und von Erwachsenen in langen Kapuzengewändern belästigt worden. Die Anklage gegen die Vorschullehrerin und ihren Sohn in Sequim wurde später mangels Beweisen fallengelassen.Peterson begann, sich für dieses Thema in der Weise zu interessieren, daß er Anfang 1988 eine Umfrage bei Therapeuten in

Tacoma und Seattle durchführte, die ergab, daß ein Viertel der Befragten Opfer kultischen Mißbrauchs oder von SRA (›Satanic Ritual Abuse‹), wie es in der einschlägigen Literatur sehr bald genannt wurde, behandelt hatten. Im selben Jahr kam ein bedeutender Aufsatz unter dem Titel ›A New Clinical Syndrome: Patients Reporting Ritual Abuse in Childhood by Satanic Cults‹* heraus. Die Autoren waren zwei Psychiater, Walter C. Young und Bennett G. Braun, und eine Psychologin, Roberta G. Sachs, die sich auf dissoziative Störungen spezialisiert hatten. Das sind psychische Störungen, die durch ein Gefühl gespaltener Identität gekennzeichnet sind; die bekannteste dieser Störungen ist das Phänomen der multiplen Persönlichkeitsstörung oder MPS. Menschen mit dissoziativen Störungen leiden auch an Gedächtnisstörungen, die von traumartiger Erinnerung über teilweise Erinnerungsausfälle - oder Fugue-Zustände - bis zu totaler psychogener Amnesie und dem Gefühl, sich außerhalb des eigenen Körpers zu befinden, reichen können. Die Autoren interviewten 37 Personen, die wegen dissoziativer Störungen behandelt wurden und behaupteten, Opfer kultischen Mißbrauchs bei Teufelsritualen gewesen zu sein. Sie entdeckten erstaunliche Ähnlichkeiten in den Geschichten der Patienten, die sie analysierten. Die Formen des Mißbrauchs, von denen am häufigsten berichtet wurde, waren: zwangsweise Verabreichung von Drogen während der Rituale; sexueller Mißbrauch, häufig mit künstlichen Hilfsmitteln; das Zusehenmüssen beim Mißbrauch oder der Folterung anderer Menschen oder bei der Verstümmelung von Tieren; lebendig eingesargt zu werden; gezwungen zu werden, an der Opferung von erwachsenen Menschen oder Säuglingen teilzunehmen; feierlich mit Satan verheiratet zu werden; bei einem Ritual geschwängert und später gezwungen worden zu sein, den Fötus oder Säugling Satan zu opfern; gezwungen worden zu sein, Teile des menschlichen Körpers zu essen. Es war praktisch eine Checkliste der Scheußlichkeiten, die zuerst in ›Michelle Remembers‹ beschrieben wurden.

* ›Ein neues klinisches Syndrom: Patienten, die von kultischem Mißbrauch bei Teufelsritualen in der Kindheit berichten‹

»Infolge fehlender unabhängiger Verifizierung der in diesem Aufsatz angeführten Berichte über kultischen Mißbrauch ist eine endgültige Bestätigung, daß der rituelle Mißbrauch tatsächlich stattfindet, nicht möglich«, gestanden die Autoren ein, doch fuhren sie fort: »Auch wenn einige Patienten mit anderen über kultischen Mißbrauch gesprochen haben; auch wenn Patienten mit Therapeuten Kontakt hatten, die ihnen möglicherweise Informationen geliefert haben, sind wir der Auffassung, daß der kultische Mißbrauch tatsächlich stattfand.« Viele andere Therapeuten, Berater und Psychiater gelangten zu der gleichen Schlußfolgerung. Braun sah zudem eine Verbindung zwischen der multiplen Persönlichkeitsstörung und dem kultischen Mißbrauch: Er glaubte, daß von den 200 000 Amerikanern, die seiner Schätzung nach an MPS litten, bis zu einem Viertel Opfer kultischen Mißbrauchs sein könnten.

Dr. George K. Ganaway, der Programmdirektor des ›Ridgeview Center for Dissociative Disorders‹ in Smyrna, Georgia, stellte dieselbe Verbindung her, zog jedoch eine andere Schlußfolgerung. Ganaway meinte, dissoziative Störungen könnten die Erklärung für das Phänomen des kultischen Mißbrauchs sein und nicht umgekehrt, eben weil die vorgeblichen Opfer stark beeinflußbar und suggestibel seien und zu Phantasien neigten. In einem Vortrag vor der American Psychological Association im Jahr 1991 mit dem Titel ›Alternative Hypothesen zu Erinnerungen an kultischen Mißbrauch bei Teufelsritualen‹ warnte Ganaway: »Personen, die hochgradig hypnotisierbar sind, können spontan in autohypnotische Trancezustände fallen, insbesondere in seelisch belastenden Vernehmungssituationen ... Die Befunde experimenteller Hypnose deuten darauf hin, daß die Erinnerungen, die im hypnotischen Trancezustand wiederkehren, wahrscheinlich eine Kombination aus Tatsachen und Phantasien sind, und dies in einer Mischung, die ohne Bestätigung von außen nicht präzise bestimmt werden kann.« Hinzu komme, daß betroffene Personen in der Hypnose vom Wahrheitsgehalt des erinnerten Materials, gleich, ob real oder irreal, weit stärker überzeugt seien. Leicht beeinflußbare Personen gäben im Trancezustand ihr kritisches Urteil auf und bemühten sich zwanghaft, den Angeboten des Gegenübers zuzustimmen. Es bestünde somit die offenkundige Gefahr, daß ein Therapeut, der sich dieser Tatsachen nicht bewußt sei, seine Patienten, ohne es zu wollen, zu Schlußfolgerungen verleite, die er selbst bereits im Kopf habe. Eben diese Besorgnis hatte die Gesetzgeber in einer Reihe von Staaten, darunter auch Washington, veranlaßt, unter Hypnose ergänzte Zeugenaussagen nicht als Beweismittel zuzulassen. In einem früheren Aufsatz mit dem Titel ›Historical Versus Narrative Truth: Clarifying the Role of Exogenous Trauma in the Etiology of MPD and its Variants‹* hatte Ganaway die These aufgestellt, vieles von dem, was als kultischer Mißbrauch erinnert werde, sei in Wirklichkeit erfundene »Deckerinnerung«, hinter der sich prosaischere Formen brutalen Mißbrauchs wie Schläge, Vergewaltigung, Erniedrigung und Freiheitsberaubung verbergen. Auf diesen Aufsatz beriefen sich von da an viele Betreuer psychisch Kranker, die überzeugt waren, daß ihren Patienten Schreckliches zugestoßen war, es sich dabei allerdings um anderes als kultischen Mißbrauch gehandelt habe.**

* ›Historische gegen erzählte Wahrheit: Zur Klärung der Rolle des exogenen Traumas bei der Ätiologie von MPS und ihrer Abarten‹

** Seither ist Ganaway mit seiner Behauptung, daß man es mit realem Mißbrauch zu tun habe, etwas vorsichtiger geworden. »Ich war vielleicht nachsichtig und allzu geneigt, Kollegen zu schützen, die behaupteten, spontanes, angeblich von äußeren Einflüssen gänzlich freies kultbezogenes Material aufgedeckt zu haben«, schrieb er 1992. »Wenn sich auch die Hypothese von der Deckerinnerung in einer kleinen Zahl von Fällen, die mir seither untergekommen sind, als wahrscheinliche Möglichkeit erwiesen hat, so wird sich bedauerlicherweise vielleicht doch herausstellen, daß Erinnerungen an kultischen Mißbrauch auf beiderseitiger Täuschung von Patient und Therapeut beruhen ... Diese Überzeugung kann, vom Therapeuten erst einmal verstärkt, zu einem fixen und äußerst fein gesponnenen System werden, manchmal mit tragischen Konsequenzen. In solchen Fällen kann sich durchaus herausstellen, daß der Therapeut selbst der gemeinsame Nenner der kultischen Mißbrauchsphänomene ist.« Ganaway, ›On the Nature of Memories: Response to »A Reply to Ganaway«‹. , ›Dissociation‹ 5, Nr. 2 (Juni 1992)

1991 zeigte eine Umfrage unter den Mitgliedern der American Psychological Association, daß 30 Prozent der Befragten mindestens einen Klienten behandelt hatten, der behauptete, Opfer kultischen Mißbrauchs gewesen zu sein, und 93 Prozent derer, die sich an einer zweiten Umfrage beteiligten, waren von der Wahrheit der Behauptungen ihrer Klienten überzeugt. Eine weitere Umfrage richtete sich an Sozialarbeiter in Kalifornien. Nahezu die Hälfte der Befragten akzeptierte die Vorstellung, daß hinter dem kultischen Mißbrauch bei Teufelsritualen eine nationale Verschwörung von Mißbrauchstätern und Säuglingsmördern aller Altersgruppen stecke, daß viele dieser Leute führende Persönlichkeiten ihrer Gemeinden seien und den Eindruck eines vorbildlichen Lebenswandels vermittelten. Die Mehrheit der Befragten glaubte, die Opfer solch extremen Mißbrauchs hätten die Erinnerung daran wahrscheinlich verdrängt, und die Hypnose erhöhe (entgegen wissenschaftlichen Befunden) die Wahrscheinlichkeit, daß das Opfer sich der Geschehnisse korrekt erinnere.

Die Frage, ob kultischer Mißbrauch bei Teufelsritualen Realität ist, hat die Lager gespalten. Auf der einen Seite stehen die, welche die ›Überlebenden‹ dieser Art des Mißbrauchs mit solchen Leuten vergleichen, die behaupten, sich an frühere Leben zu erinnern oder von Außerirdischen entführt worden zu sein: Das Beweismaterial - oder der Mangel daran - ist in allen Fällen gleicher Art. Auf der anderen Seite stehen jene, die die ›Überlebenden‹ dieser Art des Mißbrauchs mit den ›Überlebenden‹ weniger spektakulärer Formen des Kindesmißbrauchs vergleichen. Sie weisen darauf hin, daß in vielen Fällen die Erinnerung an das, was man vielleicht gewöhnlichen Mißbrauch nennen könnte, verschüttet sind und erst in der Therapie zurückgewonnen werden, mit Hilfe desselben Prozesses, der Erinnerungen an kultischen Mißbrauch hervorruft. Wenn die einen Erinnerungen als authentisch betrachtet werden, warum dann nicht auch die anderen? fragen sie. Wo ist die Grenze zu ziehen zwischen dem, was man glauben soll und was nicht?

Wie sehr sich dieser Streit zugespitzt hat, wurde auf der Tagung der American Psychological Association im August 1992 in Washington D.C. offenkundig. Michael Nash, Dozent für Psychologie an der Universität von Tennessee, stellte den Fall eines Patienten vor, der sich erinnern konnte, von Außerirdischen entführt worden zu sein.

»Ich habe diesen für Hypnose äußerst empfänglichen Mann drei Monate lang mit Erfolg behandelt. Dabei habe ich Standardtechniken der Aufdeckung eingesetzt und zweimal Hypnose angewendet«, berichtete Nash. Er stellte sich auf den Standpunkt, die Geschichte von der Entführung sei relevantes therapeutisches Material, jedoch nicht wörtlich zu nehmen. »Nach etwa zwei Monaten Therapie ließen seine Symptome nach, er schlief wieder normal, seine Grübeleien und Flashbacks hatten aufgehört, seine Beziehungen zu anderen normalisierten sich, und seine Produktivität bei der Arbeit steigerte sich. Was wir taten, wirkte. Dennoch möchte ich folgendes betonen: Als er sich von mir verabschiedete, war er noch so felsenfest wie zu Beginn der Therapie überzeugt davon, daß er entführt worden sei. Ja, er dankte mir sogar dafür, daß ich ihm geholfen hatte, ›meine Erinnerungslücken zu schließen‹. Ich brauche Ihnen wohl nicht zu sagen, wie bestürzt ich über seine Wortwahl war.« Nash fuhr fort: »Hier haben wir ein drastisches Beispiel einer hartnäckig geglaubten Phantasie, die beinahe mit Sicherheit unwahr ist, dennoch aber alle Zeichen einer verdrängten traumatischen Erinnerung trägt. Ich arbeite routinemäßig mit erwachsenen Frauen, die sexuell mißbraucht wurden, und ich konnte zwischen der klinischen Präsentation der das Trauma umgebenden Umstände dieses Patienten und jener meiner sexuell mißbrauchten Patientinnen keinen Unterschied erkennen. Ja, das Befinden des Patienten schien sich sogar in dem Maß zu bessern, wie er den Bericht vom Trauma ausschmücken und in seine eigene Weltsicht integrieren konnte.«

Die Schlußfolgerung, die Nash aus dieser Erfahrung zog, war, daß »es vom Standpunkt klinischer Nützlichkeit gesehen vielleicht gar keine Rolle spielt, ob das Ereignis sich tatsächlich zugetragen hat oder nicht ... Letztendlich können wir (die Kliniker) den Unterschied zwischen Phantasien über die Vergangenheit und realitätstüchtiger Erinnerung an die Vergangenheit nicht erkennen. Ja, es besteht vielleicht gar kein struktureller Unterschied zwischen beiden.«

Im Anschluß an Nashs Vortrag fragte jemand aus dem Publikum, ob er denn bei der Behandlung des jungen Mannes je eine andere Hypothese in Betracht gezogen habe, die alles erklären würde: daß nämlich die Entführung durch die Außerirdischen tatsächlich stattgefunden hatte.

Therapeuten waren 1988, einem für das Phänomen wegbereitenden Jahr, nicht die einzige Informationsquelle über kultischen Mißbrauch bei Teufelsritualen. Am 20. Oktober, kurz bevor Julie den zweiten Brief an ihre Lehrerin schrieb und den Mißbrauch durch ihren Vater und die Pokerspieler offenbarte, sah sich die ganze Familie Ingram gemeinsam im Programm von NBC Geraldo Riveras Sondersendung mit dem Titel ›Teufelsverehrung: Entlarvung der satanischen Untergrundbewegung‹ an. Die Dokumentarsendung hatte eine der höchsten Einschaltquoten in der Geschichte des Fernsehens, obwohl es nur eine von vielen solcher Sendungen war. (Am Vortag hatte Riveras tägliche Sendung den Titel ›Satanische Züchter: Säuglinge für den Opferaltar‹ getragen. Seit dem Fall McMartin war der kultische Mißbrauch ein Lieblingsthema der Talkshows geworden.) »Keine Region dieses Landes ist vor dem Zugriff der Teufelsverehrer sicher«, sagte Rivera vor Ort in Nebraska. »Selbst hier im Herzen Amerikas tauchen Berichte von kultischem Mißbrauch auf. Die Kinder, die Sie gleich kennenlernen werden, kennen seit ihrer Geburt nichts anderes. Sie sagen, daß ihre Eltern sie gezwungen haben, blutigen Ritualen beizuwohnen und sich gar an Ritualmorden zu beteiligen.« Dann zeigte er einen Filmclip von einem jungen Mädchen, das berichtete: »Mein Vater steckt da ganz tief mit drin. Er ist - na ja, eine von den Hauptpersonen; ein Führer oder so was. Er hat uns zum Sex mit ihm gezwungen und auch mit anderen Männern und anderen Leuten.«

In diesem Jahr kamen auch mehrere Bücher über kultischen Mißbrauch bei Teufelsritualen heraus, unter ihnen der Titel ›The Courage to Heal: A Guide for Woman Survivors of Child Sexual Abuse‹ von Ellen Bass und Laura Davis*. Das Buch ist nur eines unter vielen derartigen Büchern mit den Geschichten ›Überlebender‹, aber es ist mit mehr als 700 000 verkauften Exemplaren das bei weitem erfolgreichste. Es wird manchmal »Die Bibel der Inzest-Bewältigungsbewegung« genannt, und in Anbetracht der Folgen, die es nach sich zog, muß man es wohl als eine der bedeutsamsten Veröffentlichungen des Jahrhunderts betrachten. Keine der beiden Autorinnen ist ausgebildete Therapeutin; Ellen Bass ist Dichterin und Laura Davis ist Schriftstellerin, und beide leiten Inzestgruppen. Sie stellen eine Reihe von Behauptungen auf, die in solchen Büchern mittlerweile gang und gäbe sind, wie zum Beispiel, daß Mißbrauch in der Kindheit häufig vergessen wird und die Erinnerung in der Therapie wiederbelebt werden kann. Großenteils besteht das Buch aus den Geschichten ›Überlebender‹, unter ihnen jene Annette, die in einer Familie des gehobenen Mittelstands im Mittleren Westen aufwuchs. Annettes Eltern waren aktive Mitglieder ihrer Kirchengemeinde und gehörten zu den führenden Persönlichkeiten ihres Bezirks, zugleich jedoch waren sie geheime Teufelsverehrer - genau wie andere Prominente des Orts. Noch bevor sie zwölf Jahre alt war, wurde Annette geschwängert, dann gezwungen, dabei zuzusehen, wie ihre Babys geopfert wurden. »Ich hatte den Mißbrauch völlig ausgeblendet«, schreibt sie. »Ich konnte nicht glauben, daß meine Eltern mir derart schlimme Dinge angetan hatten. Sie waren immer so wahnsinnig sauber und korrekt gewesen.«

Nach Aussage einer Freundin Julie Ingrams, mit der Loreli Thompson sprach, hatte Julie ein Buch über Inzest gelesen, das sie dann ebendieser Freundin lieh. An den Titel konnte sich das junge Mädchen nicht erinnern. Julie bekannte, daß sie »beim Lesen die ganze Zeit geweint hat«, erinnerte sich die Freundin. »Ich hab mir

* Deutsche Ausgabe unter dem Titel ›Trotz allem‹

gedacht: echt die ganze Zeit, von Anfang bis Ende? Ich mein, bei den wirklich traurigen Passagen kann ich's ja verstehen ... Na ja, Julie ist eben echt sensibel, und solche Dinge gehen ihr unheimlich nah. Typisch Julie, kann ich nur sagen.«

Ein weiteres Buch, das 1988 große Wirkung erzielte, war ›Satan's Underground‹, von einer Frau unter dem Pseudonym Lauren Stratford geschrieben. Es gab vor, der wahre Bericht über Mißbrauch und sexuelle Unterwerfung zu sein, die sie als Kind hatte aushalten müssen. ›Satan's Underground‹ wurde ein Taschenbuch-Bestseller und in fundamentalistisch-christlichen Kreisen sehr viel gelesen. Für viele Gläubige waren Geschichten von kultischem Mißbrauch bei Teufelsritualen lediglich eine Bestätigung ihrer längst bestehenden Weltsicht. Hal Lindsey und Johanna Michaelsen, zwei weitere sehr populäre christliche Autorinnen, befürworteten die Veröffentlichung des Buches und erhöhten dadurch seine Akzeptanz ganz wesentlich. »Wenn es etwas gibt, worauf sich die Teufelsverehrer wirklich gut verstehen, so darauf, ihre Spuren zu verwischen, und dies auf eine Weise, daß Zeugen, die eventuell gegen sie aussagen könnten, gründlich in Mißkredit geraten müssen«, schrieb Michaelsen im Vorwort und verbreitete sich ausführlich über jene Behauptungen, die mittlerweile zur Standarderklärung für den Mangel an Beweismaterial über Kultverbrechen avanciert sind: »Es werden in der Tat Tiere geschlachtet und vergraben, sie werden jedoch später wieder ausgegraben, um an anderer Stelle zu verschwinden. Den Kindern werden vor den Ritualen häufig benebelnde Drogen verabreicht, so daß ihre Sinne und ihre Wahrnehmung im dämmrigen Kerzenschein der Ritualszene leicht zu manipulieren sind. Die pornographischen Fotografien, die von Kindern aufgenommen werden, tauchen nicht auf, weil sie vorsorglich in den Tresoren privater Sammler aufbewahrt werden.«

Zum erstenmal kamen der Autorin Erinnerungen an den Mißbrauch in ihrer Kindheit, als sie wegen einer nicht näher bezeichneten »lebensgefährlichen Krankheit« im Krankenhaus lag. Um mit dem körperlichen Schmerz fertig zu werden, unterzog sich

Stratford unter Anleitung eines Therapeuten dem sogenannten ›Guided Imagery‹, das der Hypnose ähnlich ist. Bei diesem Prozeß wurden grauenvolle Erinnerungen lebendig, daß sie von ihrer Mutter zur Pornographie gezwungen worden war, zur kindlichen Prostituierten wurde, einem Satanskult beitrat. In einer plastischen Szene beschreibt sie, daß sie in ein Faß gesteckt und die verstümmelten Leichen geopferter Säuglinge auf sie gehäuft werden. Der ursprüngliche Verlag nahm ›Satan's Underground‹ schließlich jedoch vom Markt, nachdem das Buch in einem gut recherchierten Artikel in der christlichen Zeitschrift ›Cornerstone‹ als Schwindel angeprangert und die Autorin als eine wahnhafte, unglückliche Frau porträtiert worden war. Sie stammte übrigens aus Tacoma (in der Nähe von Olympia) und einer fundamentalistisch-christlichen Familie (wie die Ingrams), war mehrfach wegen Selbstverstümmelung in ärztlicher Behandlung gewesen und dafür bekannt, daß sie des öfteren Anschuldigungen wegen sexueller Belästigung vorgebracht hatte, die sich niemals bestätigen ließen. (Das Buch wurde inzwischen fast unverändert von einem anderen Verlag herausgebracht).

Wie es der Zufall will, hatte Ericka Ingram im Sommer 1988 ein Exemplar von ›Satan's Underground‹ auf dem Couchtisch in einem Haus liegen sehen, in dem sie zum Babysitten war, und hatte gefragt, ob sie es ausleihen dürfte. Als sie das Buch zurückgab, sagte sie, sie habe es ganz durchgelesen. Der Polizei erklärte sie später, sie habe nur einige Kapitel gelesen und das Buch dann auf den Rücksitz ihres Wagens geworfen, weil der Schock des Wiedererkennens nicht auszuhalten gewesen sei.

So kam es, daß zwei Gruppen, die normalerweise kaum miteinander zu tun haben - fundamentalistische Christen und ein bestimmter Kreis psychologischer Experten -, in einer Frage zusammenfanden, die jede Kontroverse über kultischen Mißbrauch bei Teufelsritualen beherrscht: Soll man die Geschehnisse für real erachten? Da es keinen Beweis dafür gab, daß die Berichte über oder Erinnerungen an kultischen Mißbrauch bei Teufelsritualen der

Wahrheit entsprachen, konnte man sie entweder als absurd verwerfen oder gläubig akzeptieren. Das Mittelfeld schrumpfte rapide unter dem Ansturm der Missionare beider Gruppen, die verkündeten, daß der kultische Mißbrauch Realität sei und jeder, der daran zweifelte, entweder »in der Verleugnung« stecke oder selbst Teil der satanischen Untergrundbewegung sei.

Interessanterweise fällt der Anstieg von Meldungen über kultischen Mißbrauch bei Teufelsritualen zeitlich mit dem Niedergang des internationalen Kommunismus zusammen, woraus man schließen könnte, daß da ein äußerer Feind durch einen anderen, näherstehenden, ersetzt wurde. Bennett Braun stellte diese Beziehung in einem 1988 gehaltenen Vortrag ausdrücklich her, als er die satanischen Verschwörungen als »eine Organisation nationalen-internationalen Typs« beschrieb, »deren Aufbau eine gewisse Ähnlichkeit mit der kommunistischen Zellenstruktur hat, gegliedert in ... kleine Gruppen, Ortsgruppen, Regionalräte, Distriktsräte, Nationalräte, und sie halten zu unterschiedlichen Zeiten Versammlungen ab.«

Die ›Frauenkommission des Kreises Los Angeles‹ bildete 1988 eine Spezialeinheit, um die Aufmerksamkeit auf den angeblichen Anstieg kultischen Mißbrauchs zu lenken, und machte damit den kultischen Mißbrauch bei Teufelsritualen zu einer Frauensache, weil augenscheinlich vor allem Frauen und Kinder die Opfer der Ritualverbrechen waren. Die Kommission gab einen Bericht heraus, der den kultischen Mißbrauch bei Teufelsritualen als »eine brutale Form des Mißbrauchs von Kindern, Jugendlichen und Erwachsenen beschrieb, der aus körperlicher, sexueller und psychischer Mißhandlung besteht und im Rahmen von Ritualen verübt wird«, und fuhr fort:

Bei einem Ritual muß es sich nicht unbedingt um einen Teufelskult handeln. Jedoch die meisten ›Überlebenden‹ erklären, daß der Mißbrauch, der an ihnen verübt wurde, Teil satanistischer Rituale war und ihre Indoktrinierung bezweckte.

Kultischer Mißbrauch wird im allgemeinen von den Angehörigen eines Kults verübt. Die rituellen Elemente des Mißbrauchs scheinen drei Zwecken zu dienen: 1. Bei manchen Gruppen gehören Rituale zum gemeinsamen Glaubens- oder Kultsystem, in das das Opfer eingeführt wird; 2. Rituale werden dazu benützt, die Opfer einzuschüchtern, damit sie schweigen; 3. Rituelle Elemente (z.B. Teufelsanbetung, Tier- oder Menschenopfer) erscheinen denen, die mit diesen Verbrechen nicht vertraut sind, so unglaublich, daß die Berichte der Opfer auf höchste Skepsis stoßen und somit die Verfolgung der Verbrechen sehr erschwert wird.

In dem Bericht heißt es weiter, das Kernstück des kultischen Mißbrauchs sei die völlige geistige Unterwerfung. Sie werde durch die raffinierte Anwendung von Gehirnwäsche, Drogen und Hypnose erreicht. »Der Zweck der geistigen Unterwerfung ist es, Mißbrauchsopfer so zu beeinflussen, daß sie von dem Mißbrauch nichts verraten, sich dem Glauben und dem Handeln des Kults beugen und gut funktionierende Mitglieder werden, die dem Kult dienen, indem sie die Anweisungen seiner Führer ausführen, ohne von der Gesellschaft entdeckt zu werden.«

Elizabeth S. Rose (Pseudonym einer freien Autorin, die behauptet, selbst eine Überlebende kultischen Mißbrauchs zu sein) schrieb 1993 in einer Titelgeschichte der Januar-Februar-Ausgabe von ›MS‹: »Die Leute glauben lieber, daß Überlebende - insbesondere weibliche Überlebende - verrückt sind. Das hält viele Überlebende davon ab zu reden.« Die Schlagzeile auf dem Titelblatt lautete: »Glauben Sie es! Der kultische Mißbrauch existiert!« Die häufigen Aufforderungen, den kultischen Mißbrauch ernst zu nehmen, haben ihren Ursprung in der althergebrachten Abneigung, Fälle des Kindesmißbrauchs zur Kenntnis zu nehmen, sie deuten aber auch auf die quasireligiöse Natur der Kampagne gegen den kultischen Mißbrauch hin.

Bei ›Safeplace‹, der Einrichtung für vergewaltigte Frauen, bei der Julie Ingram Zuflucht suchte, nachdem sie das Haus ihrer Eltern verlassen hatte, erzählen die Betreuerinnen, daß die Ungläubigkeit, mit der solche Anschuldigungen im allgemeinen aufgenommen werden, die gleiche sei, wie sie noch vor wenigen Jahren Vorwürfen von Inzest und sexuellem Mißbrauch entgegengebracht wurde. Dennoch gibt es unter den Betreuerinnen häufige interne Debatten darüber, ob die wachsenden Zahlen von Frauen, die zu ihnen kommen und von kultischem Mißbrauch und Menschenopfern berichten, die Wahrheit sagen. »Da liegt mein Dilemma«, sagte Tyra Lindquist, die Organisationsleiterin des Zentrums. »Wir kämpfen bereits gegen eine Flutwelle der Ungläubigkeit - es ist wirklich eine Flutwelle! Kein Mensch will glauben, wie schlimm die Lage der Frauen und Kinder wirklich ist. Alle, die bei uns anrufen oder zu uns kommen, wollen von uns Hilfe, um an diesem Tag, in dieser Minute überleben zu können. Und unsere Aufgabe ist es, diesen Frauen zu helfen, damit sie überleben können. Es ist nicht unsere Aufgabe, zu glauben oder nicht zu glauben.«

Eine vierte Gruppe, die sich mit dem Phänomen des kultischen Mißbrauchs konfrontiert sah, waren die Kriminalbeamten, die den Auftrag hatten, den Verbrechen angeblicher Kulte nachzugehen. Joe Vukich erinnert sich, in Portland, Oregon, an einem Seminar über Tötungsdelikte teilgenommen zu haben, bei dem ein Kriminalbeamter aus Boise, Idaho, einen Vortrag über Kultverbrechen hielt. »Herrschaften, ich bin hier, um Ihnen zu sagen, daß dieses Zeug existiert!« sagte der Beamte. Vukich wandte sich an einen Kollegen, der neben ihm saß, und meinte: »In meiner Truppe nicht. Das wüßte ich.« Bald wurde das Phänomen in Dutzenden polizeilicher Arbeitsgruppen im ganzen Land diskutiert. Michelle Smith und Lawrence Pazder waren häufig Gastredner neben speziell ausgebildeten »Kultbeamten«, bei denen man ziemlich sicher sein konnte, daß sie fundamentalistisch-christlichen Glaubensgemeinschaften angehörten.

Aus dem Ermittlungsteam im Fall Ingram konnte nur Neil McClanahan, der in protestantischer Tradition aufgewachsen und dann zum Katholizismus übergewechselt war, sich als gläubigen Christen bezeichnen. Die drei anderen Beamten - Brian Schoening,

Joe Vukich und Loreli Thompson - waren im katholischen Glauben aufgewachsen, wenn auch Schoening und Thompson ihren Glauben nicht mehr ausübten.

Im Verlauf der Ermittlungen reisten Schoening und Vukich nach Kanada, um an einer Arbeitsgruppe über kultischen Mißbrauch bei Teufelsritualen teilzunehmen. Sie hörten Vorträge über Teufelsanbetung bei Teenagern und über Rollenspiele wie ›Dungeons and Dragons‹. Sie erhielten einen Überblick über die Geschichte des Satanismus vom »Magischen Theater« im Griechenland des achten Jahrhunderts bis zu seinem Einfluß in Hitlers Drittem Reich. Man präsentierte ihnen die modernen okkulten Lehren Anton LaVeys, des Autors von ›The Satanic Bible‹ und Gründers der Kirche Satans. Sie wurden in solche Esoterika wie die Kultfeiertage und das Protokoll einer schwarzen Messe eingeweiht. Man zeigte ihnen magische Symbole, Runen und Glyphen. Es war eine unglaubliche Erfahrung für die beiden Kriminalbeamten, aber das Bestürzendste für sie war, daß man sie als Experten auf diesem Gebiet behandelte. Binnen kurzem wurden Schoening, Vukich und andere Kriminalbeamte der Polizei Olympia mit Anrufen von Polizeibeamten aus allen Teilen des Landes bombardiert, die mit Ermittlungen über erinnerten kultischen Mißbrauch beschäftigt waren.

Bald nach Aufnahme der Ermittlungen im Fall Ingram rief Untersheriff McClanahan den Sonderbeamten Kenneth V. Lanning von der verhaltenswissenschaftlichen Abteilung der FBI-Akademie in Quantico im Staat Virginia an. Lanning, Forscher und Experte des FBI auf dem Gebiet der sexuellen Kindesmißhandlung, hatte seit 1983 schon mehrere Berichte von sexuellem Mißbrauch im Rahmen okkulter Praktiken gehört. Anfangs hatte er dazu geneigt, den Berichten zu glauben. Doch mit der sprunghaften Zunahme dieser angeblichen Vorfälle war er skeptisch geworden. Bald beschuldigten Hunderte von Opfern Tausende von Tätern. Mitte der achtziger Jahre ging die jährliche Zahl angeblicher Ritualmorde bei Teufelskulten in die Zehntausende. Aufgrund von Informationen, die ein Strafvollzugsbeamter aus Utah lieferte, hieß es bei den

Workshops der Polizei, daß Teufelskulte in den USA jährlich 50 000 bis 60 000 Menschenopfer brächten, obwohl die nationale Gesamtzahl an Tötungsdelikten im Durchschnitt unter 20 000 lag. Die Leute, die diesen Zahlen glaubten, argumentierten, daß Leichen nicht gefunden würden, weil die Teufelsanhänger ihre Opfer häufig verzehrten und außerdem über raffinierte Methoden der Beseitigung verfügten. Es verblüffte Lanning, daß Polizeibeamte, die sich regelmäßig über die ungenaue Berichterstattung und die sensationelle Aufmachung »wahrer« Kriminalfälle in den Medien mokierten, für derartige Geschichten empfänglich waren, wenn es sich um Satanismus handelte. Natürlich gebe es psychotische Mörder, die die Stimme Satans gehört hätten; genauso wie es psychotische Mörder gebe, die die Stimme Jesu gehört hätten; aber das heiße doch nicht, daß sie Angehörige eines organisierten religiösen Kults seien, argumentierte Lanning. Definierte man den satanistischen Mord als einen Mord, der von zwei oder mehreren Personen verübt wurde, deren Hauptmotiv es war, rituelle Vorschriften eines Teufelskults zu erfüllen, so konnte Lanning nicht einen einzigen einschlägig dokumentierten Fall in den USA finden. Er fand es besorgniserregend, daß viele Polizeibeamte sich in ihrem Urteil von ihren religiösen Überzeugungen beeinflussen ließen.

Lanning erklärte McClanahan, daß er, nachdem er sich mit Hunderten ähnlicher Berichte befaßt hatte, zu dem Schluß gekommen sei, es handle sich lediglich um ein Symptom moderner Hysterie. McClanahan entgegnete, im Fall Ingram sei es anders; er habe einen Täter, der die Verbrechen eingestanden und andere Mitglieder des Kults belastet habe, und es bestehe die Wahrscheinlichkeit, daß er weiteres Beweismaterial, wie zum Beispiel Narben und Fotografien, erhalten werde. »Tja, da haben Sie mehr als alle anderen«, gestand Lanning ihm zu. Als McClanahan auflegte, wurde ihm plötzlich bewußt, daß der Fall Ingram weit bedeutsamer war, als man bisher erkannt hatte - es war der Fall in Amerika, der endlich beweisen würde, daß der satanistische Mißbrauch Realität war.

7

»Fragen an Gott«, schrieb Sandy Ingram im Dezember 1988 neben ihre Einkaufsliste auf einen Notizblock. »War mein Leben eine Lüge - habe ich irgendwas Schlimmes, das früher passiert ist, verheimlicht oder verdrängt ... Habe ich eine Gehirnwäsche bekommen, bin ich unterdrückt, unterworfen, beherrscht worden - ohne es zu wissen?« Ihr Leben, das ihr einst glücklich und normal erschienen war, war völlig aus den Fugen geraten. Ihr Mann und drei ihrer fünf Kinder schilderten eine Existenz, die für sie kaum vorstellbar war. Die Polizei bemühte sich immer noch, Paul Ross ausfindig zu machen, um ihn zu vernehmen - und was wäre von seiner Aussage zu erwarten? Ihre Lizenz als Tagesmutter hatte man vorläufig aufgehoben, sie konnte ihr Heim also nicht wiedereröffnen, auch wenn sie es gewollt hätte. Wie sollte sie sich und das Kind, das noch zu Hause war, ihren neunjährigen Sohn Mark, durchbringen? »Was ich gern als Job machen würde:«, schrieb sie. »Hausarbeit, aufs College gehen, Kinderschwester, Kunstlehrerin.«

Zwei Tage nach Pauls Verhaftung hatte Sandy ihren Mann im Gefängnis besucht. Sie saß vor einer milchig getrübten Plexiglas-Trennwand. Paul erschien im Raum auf der anderen Seite, im orangefarbenen Overall, blaß und dünn. Er hob den Telefonhörer ab, und ihr wurde plötzlich klar, daß sie einander nie wieder berühren würden. Es war, als befände sich Paul in einem anderen, unerreichbaren Teil der Realität. Sie sprachen in Gemeinplätzen über den Fall, ungeschickt bemüht, das Gespräch am Leben zu erhalten. Paul erinnerte Sandy daran, ihren Führerschein erneuern zu lassen.

Dann sagte er, Pastor John Bratun habe ihm befohlen, ein Geständnis abzulegen, das mit seiner Verhaftung nichts zu tun habe: Er gestand Sandy den Seitensprung, der mittlerweile dreizehn Jahre zurücklag. Sandy war völlig niedergeschmettert. Wenn ich von dieser Geschichte nichts gewußt habe, dachte sie, was ist mir dann noch alles verborgen geblieben?

Das Haus in der Fir Tree Road war so leer. Tagsüber war Mark in der Schule, und Sandy war zum erstenmal in ihrem Leben allein: keine Pflegekinder, kein Ehemann, der zum Mittagessen nach Hause kam, keine riesigen Ladungen von Wäsche, keine Abendessen im Kreis der Familie. Nichts als Stille und viel Zeit. Sandy fuhr ins Einkaufszentrum und ließ sich Ohrlöcher stechen. Doch diese Zeit der Leere sollte bald vorüber sein. In den ersten zwei Dezemberwochen begannen die Ermittlungsbeamten, sich über Sandys Rolle beim Mißbrauch der Kinder Gedanken zu machen. Ericka und Julie hatten anfangs behauptet, ihre Mutter habe nichts damit zu tun gehabt, aber als die Ermittlungsbeamten und andere immer wieder fragten, wie so viele schreckliche Dinge im Haus ohne Sandys Wissen hatten geschehen können, machten ihre Töchter nach und nach kleinere Enthüllungen.

Ericka erzählte einer Freundin von den Pokerabenden, an denen die Männer zu ihr ins Zimmer gekommen waren. Ihre Mutter habe dann auf dem Bett gesessen und zugesehen, behauptete sie.

»Deine Mutter hat die noch angefeuert?« fragte die Freundin.

»Nein, getan hat sie nichts«, erklärte Ericka. »Und auch nichts gesagt. Sie hat nur zugesehen.«

»Wir reden von deiner Mutter!« rief die Freundin, die selbst Mutter war und sich eine solche Szene einfach nicht vorstellen konnte.

»Es war schon merkwürdig«, stimmte Ericka zu.

Die beunruhigte Freundin berichtete der Polizei von dem Gespräch.

Detective Vukich befragte eine andere Freundin Erickas, die von Ericka ähnliches gehört hatte. Sandy sei immer vor dem Eintreffen der Männer ins Zimmer gekommen, um »sie vorzubereiten«, erzählte sie Vukich. »Sie sagte, manchmal habe ihre Mutter ihre Scheide berührt.«

»Sagte sie, ob sie das einzig getan hat, um sie vorzubereiten, oder ob ihre Mutter sie in Wirklichkeit sexuell mißbrauchte?«

»Sie hat die Worte ›sexuell mißbraucht‹ benutzt.«

»Und wie lange liegt das zurück?« fragte Vukich.

»Sie hat gesagt, im Monat September sei es zweimal passiert«, antwortete die Freundin.

Sie berichtete ferner, Ericka habe sich Gedanken darüber gemacht, ob ihre Eltern ihr Drogen gegeben hätten, die auf ihr Gedächtnis wirkten. »Sie sagte, manchmal hätte sie Schwierigkeiten, sich zu erinnern, was geschehen war, bis es ihr dann ganz plötzlich einfiele. Aber sie verstünde nicht, warum sie sich zuerst überhaupt nicht erinnern konnte.«

Am 8. Dezember setzten sich Vukich und Thompson mit Ericka zusammen. Sie war Thompsons Aufzeichnungen zufolge gut gelaunt und gesprächig, bis sie sie wieder nach der Rolle ihrer Mutter befragten. Darauf verschloß sie sich und antwortete nur noch kurz oder mit Kopfschütteln. Sie erinnerte sich eines Abends, als sie neun oder zehn Jahre alt gewesen war. Ihre Mutter war gefolgt von ihrem Vater, Rabie und Risch ins Zimmer gekommen. Rabie hatte sie - Ericka - ausgezogen und sie gezwungen, ihm Modell zu stehen, während er fotografierte. Risch hatte eine Schußwaffe in der Hand. Es hatten noch viele andere solche Fototermine stattgefunden. Ihre Mutter hatte zugesehen, aber nicht teilgenommen.

Mitten in der Vernehmung ging Loreli Thompson hinaus, um mit Erickas jüngerer Schwester zu sprechen. Zu den Ungereimtheiten des Falls gehörte die Tatsache, daß in den Aussagen beider Schwestern die jeweils andere überhaupt nicht vorkam, obwohl die beiden fast ihr Leben lang ein gemeinsames Zimmer bewohnten. Es gab noch andere Diskrepanzen. Julie hatte nie etwas davon gesagt, daß ihre Mutter von dem Mißbrauch auch nur gewußt habe; sie hatte nie von pornographischen Fotos berichtet, die Rabie oder

Risch aufgenommen hatten. Im Gegensatz zu Ericka war Julie nicht fähig, die Namen dieser beiden Männer überhaupt auszusprechen. Wann immer von ihnen die Rede war, nannten Thompson und Julie sie Nummer zwölf (Rabie) beziehungsweise Nummer vierzehn (Risch), nach den Nummern, die sie im Fotoalbum getragen hatten.

Als Thompson Julie fragte, ob ihre Mutter von dem Mißbrauch gewußt habe, antwortete Julie: »Ja, ich glaube, sie weiß davon.« Ob Sandy je im Zimmer gewesen sei, wenn »Schlimmes« passiert war? Julie antwortete: »Ich glaube nicht.« Danach fragte Thompson, wann sie das letztemal von Zwölf und Vierzehn fotografiert worden sei. Julie kauerte sich auf ihren Stuhl, zog die Knie an die Brust und schrieb auf einen Zettel: »Sechs Jahre alt.«

»Wo?«

»In meinem Zimmer«, schrieb sie.

Wo Ericka in dieser Zeit gewesen sei? Julie zuckte die Achseln. Und ihre Mutter, wo die gewesen sei? Keine Antwort. Dann schrieb Julie, Zwölf und Vierzehn hätten sie am ganzen Körper berührt und gesagt, sie sei etwas Besonderes. Ob sonst noch jemand im Raum gewesen sei? fragte Thompson wieder. Schließlich schrieb Julie: »Meine Mom.« Sie begann zu zittern. Thompson fragte, ob ihre Mutter etwas zu ihr gesagt habe. »Sie hat gesagt, ich soll ein braves Mädchen sein, und keiner würde mir weh tun.« Julie begann zu schluchzen. Thompson beendete die Vernehmung.

Am folgenden Sonntag ging Julie zur Kirche, und während sie betend vor dem Altar kniete, kam ihre Mutter und kniete neben ihr nieder. Alle in der Kirche beobachteten die zwei. Sandy hatte ihre beiden Töchter seit einem Monat nicht mehr gesehen, seit dem Beginn dieses Unglücks in ihrer Familie, das auf so schreckliche Weise vor der Öffentlichkeit breitgetreten wurde. Nur in dieser Weise war überhaupt ein Zusammentreffen mit Julie möglich. Sie neigte sich zu ihr und flüsterte ihr zu, sie habe sie lieb und werde nicht zulassen, daß jemand ihr weh tue. Sie sagte, sie wisse nichts von alledem, was vorgefallen war. Julie stand auf und ging ohne ein Wort.

Sandy war zu Hause, als Ermittlungsbeamte der Polizei kamen, um noch einmal das Haus zu durchsuchen. Die Beamten wiesen Sandy auf ihre Rechte hin und sagten, sie untersuchten ihre Beteiligung an dem Mißbrauch ihrer Tochter Ericka, soweit er pornographische Fotografien und unzüchtige Berührungen anginge. Sie hofften, bei der Durchsuchung auf Fotografien des sexuellen Mißbrauchs zu stoßen.

Richard Peterson war mitgekommen. Während die Beamten die Schlafzimmer durchsuchten, schaute Peterson sich um. Er sagte, er habe gar keine Familienfotos im Haus gesehen. Darauf führte Sandy ihn in den Flur, an dessen Wänden gerahmte Fotografien hingen. An den Türstöcken fehlte teilweise die Holzverschalung, wie Peterson bemerkte. Er fand das merkwürdig; er wußte nicht, daß die Ingrams in ihrem Haus sehr viel selbst gemacht hatten und es immer noch nicht ganz fertig war. Ihr ganzer Lebensstil war ihm fremd. Sandys Vorratsschrank war voller Einmachgläser mit Gemüse und Obst aus ihrem Garten. Sie war stolz darauf, ihre Familie mit ihren eigenen Produkten versorgen zu können; sie hatte mit ihren Konserven sogar beim Jahresmarkt des Landkreises an einem Wettbewerb teilgenommen. Peterson sah in den Marmeladen, dem eingelegten Okra und den Tomatensoßen den Beweis dafür, daß die Ingrams am Rand des Existenzminimums lebten. Warum sonst kauften sie ihre Lebensmittel nicht im Supermarkt? Sie schlachteten sogar Kaninchen, und es war, wie einer der Beamten in seinem Bericht vermerkte, nicht Paul, der die Tiere schlachtete, sondern Sandy. Es mache ihr Spaß, sagte sie.

Sandy saß am Eßtisch, strickte und bemühte sich, ruhig zu bleiben, während die Polizeibeamten in ihrem Haus das Unterste zuoberst kehrten. Die Atmosphäre war mit stummem Vorwurf geladen. Einer der Männer bemerkte, entweder müsse Sandy gewußt haben, was vorging, und es ignoriert haben, oder aber sie müsse aktiv teilgenommen haben.

»Weder das eine noch das andere«, sagte Sandy. »Ich hatte keine Ahnung.«

Der Beamte erwiderte, Sandy müßte wenigstens an ihren sexuellen Beziehungen mit Paul gemerkt haben, daß er sich an ihren Kindern und anderen vergriffen habe. Doch nach Sandys Meinung war an ihrem Intimleben nie etwas Gezwungenes oder Sonderbares gewesen. Es war »sehr normal, sehr schön, sehr liebevoll und sehr erfüllend«. Sie war wie vom Donner gerührt, als einer der Beamten ihr sagte, Paul sei schon lange homosexuell.

Die Durchsuchung erbrachte nichts Belastendes, wenn auch verschiedene Gegenstände als Beweismaterial sichergestellt wurden. Dazu gehörten vier Plastikkästen, die alte Terminkalender enthielten; der Brief, den Paul Ross an Sandy geschrieben hatte, als er von zu Hause wegging, und zwei Bücher ›The Pleasure Bond‹ und ›Devil's Gamble‹. Die Beamten nahmen außerdem ein aufgebrochenes Schloß von Julies Tür mit. Julie hatte erklärt, sie hätte das Schloß angebracht, um ihren Vater daran zu hindern, in ihr Zimmer zu kommen und sie zu vergewaltigen. Sie sagte, er sei dennoch bei ihr eingebrochen. Ihrer Mutter hatte Julie früher erzählt, sie habe einen neuen Türknopf angebracht, während sie auf ein paar Kinder aufpaßte, habe aber etwas falsch gemacht und es irgendwie geschafft, sich mit den kleinen Kindern ins Zimmer einzusperren. Chad hatte schließlich die Tür aufgebrochen und sie befreit. Sandy konnte sich erinnern, daß sie teilnehmend zu Julie gesagt hatte: »Das ist nicht so schlimm, das richten wir wieder. Wenn du einen neuen Türknopf brauchst, bringt Daddy dir bestimmt gern einen an.« Jetzt erinnerte sich Paul, daß er das Schloß aufgebrochen hatte, um zu Julie zu gelangen.

»Vor wem haben Sie die größte Angst, vor Rabie oder Risch?« fragte einer der Beamten.

»Ich habe vor niemandem Angst«, antwortete Sandy unerschrocken, obwohl sie in diesem Augenblick der Panik nahe war.

Die Beamten gingen schließlich, als Sandy beschloß, einen Anwalt anzurufen.

Sandys ganzes Leben war im Begriff, in die Brüche zu gehen. Die Ehe, die sie einmal für stabil und glücklich gehalten hatte, war vor aller Öffentlichkeit als Schwindel entlarvt worden. Jetzt beschuldigten ihre Töchter sie des sexuellen Mißbrauchs. Konnten all diese Dinge wirklich geschehen sein, ohne daß sie sich ihrer erinnerte? Hatte Sandy »eine dunkle Seite«, genau wie Paul?

Das Schlimmste für Sandy war die Wahrscheinlichkeit, daß man ihr Mark nehmen würde. Irgend jemand hatte bei der Kinderschutz-Behörde angerufen und gesagt, Mark müsse Sandy weggenommen werden, ehe ihm das gleiche widerfahre. Die Polizei wußte, daß die anonyme Anruferin Ericka gewesen war; sie hatte das Sorgerecht für Mark verlangt. Sandy fürchtete, wenn sie nicht zugab, daß der Mißbrauch in ihrem Haus tatsächlich stattgefunden habe, würde man behaupten, sie befinde sich »in der Verleugnung« und sei deshalb eine untaugliche Mutter. Als Sandy Anfang Dezember mit Paul über ihr Dilemma sprach, meinte der, es sei vielleicht ein guter Gedanke, Mark wegzugeben. In diesem Moment hörte Sandy auf, ihren Mann zu verteidigen.

»Das Haus ist sehr kalt, und mein Herz ist viele Male gebrochen«, schrieb sie auf einen abgerissenen Zettel. »Es wird nie wieder so werden, wie es einmal war.«

Am 16. Dezember suchte Sandy Pastor John Bratun in seinem Büro in der Kirche des lebenden Wassers auf. Bratun war ein gütig aussehender Mann, 43 Jahre alt, mit langem Gesicht und Schnurrbart; er erinnerte Sandy an Tennessee Ernie Ford. Er war seit etwas mehr als drei Jahren in Olympia; vorher war er bei mehreren fundamentalistischen Gemeinden in Südkalifornien gewesen. Seit dem Tag der Verhaftung Ingrams, als er zuerst mit Pastor Ron Long zu Sandy hinausgefahren war, um sie zu trösten, und dann Paul Ingram in seiner Zelle aufgesucht hatte, hatte Bratun eng mit dem Fall Ingram zu tun. Ein weiteres Mitglied der Gemeinde, Paula Davis, Erickas Vertrauensfrau, war bei fast allen Vernehmungen der jungen Frau dabei. Zwischen Polizei, Kirche und Opfern bestand ein ungehinderter Informationsfluß.

Sandy sagte später, sie habe immer das Gefühl gehabt, Pastor John, wie sie ihn nannte, vertrauen zu können. Daher war sie tief getroffen, als er ihr jetzt erklärte, sie sei »zu achtzig Prozent schlecht«. Er wiederholte, was sie schon von den Kriminalbeamten zu hören bekommen hatte: Entweder sie habe gewußt, was in ihrem Haus vorging, und es ignoriert, oder aber sie habe sich daran beteiligt. Sie würde wahrscheinlich ins Gefängnis kommen, wenn sie nicht ein Geständnis ablegte. Sandy brauste auf bei der Drohung.

»Das wirkt vielleicht bei anderen Leuten, aber nicht bei mir«, entgegnete sie trotzig. Dennoch fühlte sie sich verletzt und verwirrt und hatte, als sie wieder ging, größere Angst als zuvor.

Sie war jetzt fast völlig allein; selbst ihre Kirche hatte sich gegen sie gewendet, und sie spürte, wie das erbarmungslose Räderwerk der Ermittlungen sie zu zermalmen drohte. Man wartete nur darauf, ihr das jüngste Kind zu nehmen und das letzte bißchen Würde, das ihr in diesem Sensationsstück noch geblieben war. Als sie nach Hause kam, steckte sie Mark in den Wagen und floh, vergaß in ihrer Eile sogar, das Fernsehgerät auszuschalten. In einer Hinsicht fand sie die Flucht belebend. Niemals war sie auch nur das kurze Stück bis Tacoma allein im Wagen gefahren, und jetzt fuhr sie gar quer durch den ganzen Staat, mitten durch einen Schneesturm, um bei Verwandten Zuflucht zu suchen. Sie war nie zuvor bei Schnee Auto gefahren.

Paul hatte mittlerweile eine neue Erinnerung produziert, in der diesmal auch Sandy vorkam. »Es war Ende 1970 oder Anfang 1976«, erzählte er Schoening und Vukich. »Ich war mit Paul junior und Chad zu Hause, Sandy war mit den Mädchen einkaufen gefahren. Es war ungefähr sieben oder acht Uhr abends. Draußen war es dunkel, und Jim Rabie, Ray Risch und (ein anderer Mann) sind zu uns gekommen ... Als sie sahen, daß Sandy nicht da war, wollten sie es mit den Jungen tun. Wir sind alle nach oben gegangen, ins erste Schlafzimmer, und die Jungen haben sich ausgezogen. Ich weiß nicht mehr, ob sie sich selbst ausgezogen haben oder ob wir sie ausgezogen haben, auf jeden Fall waren sie ausgezogen. Ray hatte Arbeitskleidung an, einen sauberen Overall und Arbeitsstiefel. Er und Jim haben sich ausgezogen. Ich weiß nicht mehr, was Jim anhatte. Ray hat sich auf den Boden gekniet, und Paul junior hat auf dem unteren Bett gesessen und hat sich nach vorn gebeugt und Rays Penis oral stimuliert. Zur gleichen Zeit hat Ray Paul junior gestreichelt. Jim Rabie hat sich auch ausgezogen und hatte Chad auf dem Boden auf den Bauch gelegt zum analen Verkehr ... Chad muß damals sieben oder acht gewesen sein, Paul elf oder zwölf ... Da kam Sandy plötzlich nach Hause. Ich weiß nicht, ob der Hund gebellt hat oder was, sie kam auf jeden Fall nach Hause ... Ich glaube, früher als erwartet ... Sie hatte einen Mantel an und hat ein Paket oder einen Beutel getragen. Die Mädchen waren hinter ihr, und unser kleiner Dackel ist mit ihnen reingekommen. Sie hat hallo gesagt, als sie raufkam, und dann, als sie gesehen hat, was vorging - äh- ich glaube, sie hat den Beutel fallen lassen und ist - na ja, sie ist unheimlich böse geworden. Ich weiß nicht mehr, was gesprochen wurde. Aber ich erinnere mich, daß sie völlig außer sich war und sehr böse. Da hat Jim Rabie sie bei den Haaren gepackt und sehr energisch, sehr wütend, beinahe bösartig zu ihr gesagt: ›Du kannst uns gar nichts anhaben. Wenn du einen Ton sagst, kommt Paul ins Gefängnis und deine ganze Familie ist blamiert.‹ Und dann hat er noch gesagt: ›Ich bring die Kinder um.‹« Diese Seite von Rabie hatte er nie zuvor kennengelernt, sagte Ingram. Bis zu dem Moment habe er stets den Eindruck gehabt, Jim Rabie sei ein sehr sanftmütiger Mensch.

»Wie reagierten die Jungen bei diesen Geschehnissen?« fragte Schoening.

»Ich weiß nicht mehr«, antwortete Ingram. »Ich kann die Mädchen sehen, wie sie davonliefen, als sie sahen, was passierte und mit welcher Bösartigkeit Jim Rabie Sandy bei den Haaren packte und sie anschrie. Sie sind ins Wohnzimmer gerannt und haben sich versteckt. Ich glaube, ich war draußen vor dem Zimmer, als das alles passierte, und ich weiß nicht, was die Jungen getan haben.«

Rabie und Risch und der andere Mann hätten Sandy nach unten gebracht, berichtete Ingram weiter. Sie hätten ihr die Kleider ausgezogen und ein Bettlaken zerrissen, mit dem sie sie an das Bett fesselten. »Sie hat mit gespreizten Armen und Beinen auf dem Bett gelegen«, sagte Ingram. »Zuerst hat Jim Rabie sie vergewaltigt, und ich weiß noch, daß es richtig gemein war - kein bißchen nett. Und dann hat Ray Risch sie vergewaltigt.« Wieder habe Rabie damit gedroht, die Kinder umzubringen, wenn Sandy ihn verraten sollte.

»Als sie gegangen waren, habe ich sie losgebunden, und sie hat sich was übergezogen und auf das Fußende vom Bett gesetzt«, erzählte Ingram. »Sie sagte: ›Warum?‹« Ingram habe ihr darauf erklärt, daß er sich mit einem Hexenkult eingelassen habe. »Ich hatte einen Vertrag mit ihnen unterschrieben, in dem ich Geheimhaltung versprach und daß ich nichts über die Gruppe und das, was sie tat, verraten würde.« Jeder Widerstand wäre hoffnungslos gewesen, glaubte er. Der einzige Ausweg wäre der Tod gewesen.

»Meine Erinnerungen werden klarer, während ich das alles durchgehe«, sagte Ingram am Ende der Sitzung. »Sie werden klarer, je mehr Dinge herauskommen.«

Während Paul vor den Ermittlungsbeamten seine Aussage machte, schrieb Sandy in ihr Tagebuch: »Heute ist der 17. Dez. - ich bin in Spokane. Habe Mark hierher gebracht für den Fall, daß ich verhaftet werde. Es ist soviel passiert, daß ich nicht weiß, ob ich alles aufschreiben kann - Du weißt, ob das alles wahr ist. Du kennst die Wahrheit - Bitte, Jesus, erhöre den Schrei meines Herzens. Hilf mir, die Wahrheit, die Realität zu finden. Ich habe Angst, Jesus. Ich habe Angst. Manchmal bin ich betäubt - manchmal bin ich gespannt auf eine neue Zukunft ... Wo sind meine Kinder, meine süßen Kleinen, die ich liebe - Verzeih mir, verzeih mir, daß ich nicht gesehen habe - O Herr, ich verstehe nicht. Hilf mir verstehen. Hilfe! Am 16. Dez. in Ellenburg habe ich meinen Ehering abgezogen.«

8

Am achtzehnten Dezember machten die Ermittlungsbeamten Brian Schoening und Joe Vukich endlich Paul Ross ausfindig, den ältesten der Ingram-Söhne. Nach seiner Flucht von zu Hause war er in Reno, Nevada, gelandet und arbeitete dort in einem Lager. Sie suchten seine Wohnung auf, aber er war nicht zu Hause. Schoening hinterließ an der Tür einen Zettel und bat ihn, sich in dem Motel, in dem sie abgestiegen waren, zu melden. Am nächsten Morgen um Viertel nach acht rief er an. Gegen ihn bestand in Thurston County ein Haftbefehl wegen mutwilliger Sachbeschädigung - ihm wurde vorgeworfen, ein fremdes Auto mit einem Baseballschläger malträtiert zu haben -, und er wollte wissen, ob sie deshalb zu ihm gekommen seien. Schoening verneinte. Es handle sich um ein Problem in seiner Familie. Sein Vater und zwei andere Männer, die Schoening nicht nannte, säßen im Gefängnis; seine Schwestern seien in Schutzhaft. Der Rest seiner Familie sei in Sicherheit. Schoening sagte nicht, was gegen seinen Vater vorlag, aber als Paul Ross die Beamten einige Stunden später aufsuchte, sprach er die Vermutung aus, daß es sich um ein Sexualdelikt handle.

Tonbandaufzeichnungen des Gesprächs der beiden Beamten mit Paul Ross gibt es nicht; es existieren lediglich schriftliche Aufzeichnungen von Schoenings Hand und die späteren Aussagen des jungen Mannes.

Den Ermittlungsbeamten zufolge war Paul Ross abweisend, verbittert und ausweichend. »Ich würde meinen Dad am liebsten abknallen«, gab er zu. »Ich habe ihn immer gehaßt.« Er sagte, es überrasche ihn nicht, daß sein Vater im Gefängnis sei; sein Vater habe ihn körperlich mißhandelt. Der junge Mann erinnerte sich im besonderen an einen bereits mehrere Jahre zurückliegenden Zwischenfall, als sein Vater eine Axt nach ihm geworfen hatte. Ingram habe auf einer Sonnenterrasse hinter dem Haus gestanden, Paul Ross und Chad seien unten im Garten gewesen. Wütend über die stumpfe Klinge des Werkzeugs habe ihr Vater die Axt von oben heruntergeschleudert, und wenn Paul Ross nicht zur Seite gesprungen wäre, hätte sie ihn getroffen. Signifikant an dieser Erinnerung war, daß sie im Gegensatz zu vielen anderen, die den Beamten bisher aufgetischt worden waren, von zwei Personen - den beiden Söhnen nämlich - übereinstimmend zitiert wurde. Chad hatte ausgesagt, es habe sich um eine Axt gehandelt, die die Jungen dem Nachbarn geliehen hatten. Sie sei stumpf geworden, und darüber habe sich ihr Vater geärgert. Er habe von seinen Söhnen verlangt, sie wieder zu schärfen. Paul behauptete, er habe die Axt nur zu seinen Söhnen hinunterwerfen wollen und sei erstaunt gewesen, als sie direkt vor den Füßen der Jungen aufgeschlagen sei. Die Sache habe ihm immer leid getan, sagte er und vermutete, sie sei der Grund dafür, daß sein ältester Sohn ausgezogen war. Die Geschichte von der Axt hatte die Beschaffenheit einer ganz normalen Erinnerung; sie war praktisch die einzige ihrer Art im Fall Ingram.

Paul Ross, der dem Kirchentratsch nicht ausgesetzt gewesen war und zudem behauptete, erst an diesem Morgen von der Verhaftung seines Vaters gehört zu haben, war die reinste Informationsquelle, die sich den Beamten bisher geboten hatte. Als sie jetzt jedoch mit ihm sprachen, nahm sein Gesicht den ihnen schon bekannten starren Ausdruck an. Während er im Motelzimmer der Beamten saß und zu den Vorbergen der Sierra Nevada hinausstarrte, sprach er mit einer Stimme wie in Trance. Schoening konnte es nicht fassen. Es schien, als fiele jeder der zu diesem Fall Befragten augenblicklich in Trance. Diese Verhöre waren für ihn ein Wechselbad der Gefühle; immer wenn einer der Ingrams anfing, wie ein Roboter zu agieren, wäre er am liebsten die Wände hochgegangen. Diese Abwesenheit allen Gefühls trieb ihn zum Wahnsinn. Aus seiner eigenen Palette der Gefühle steuerte er den Schmerz, die Empörung, die Scham, das Entsetzen bei.

Da das Verhör mit Paul Ross nicht aufgezeichnet wurde, läßt sich nicht feststellen, in welchem Ausmaß ihm Informationen von den Ermittlungsbeamten geliefert wurden oder was ihm suggeriert wurde, solange er sich in der Trance befand. Vukich fragte, woran er sich im Zusammenhang mit sexuellem Mißbrauch aus seiner Kindheit erinnerte. Erst fiel ihm dazu nichts ein; er erinnerte sich aber an die Pokerabende und konnte die Namen einiger Spieler nennen, darunter die von Rabie und Risch; er identifizierte sie und einige andere Spieler auf den Fotos. Er sagte, er hasse Rabie, und Risch nannte er einen »Schwulen«. Als ihn die Beamten baten, dies zu erklären, erinnerte sich Paul Ross an einen Abend, als er zehn oder elf Jahre alt war. Er hörte einen »unterdrückten Schrei, ein Jaulen, fast wie von einem Hund, dem jemand auf den Schwanz getreten ist«. Er schlich hinunter, um nachzusehen. Die Tür zum Schlafzimmer seiner Eltern stand einen kleinen Spalt offen. Als er vorsichtig hineinschaute, sah er seine Mutter, die »mit gespreizten Armen und Beinen« ans Bett gefesselt war. Um ihre Füße lagen Gürtel, und ihre Arme waren mit Strümpfen, wie ihm schien, an die Bettpfosten gebunden. »Jim Rabie ›besorgte‹ es ihr«, so Schoenings Bericht, »und sein Dad hatte seinen ›Schwanz‹ in ihrem Mund.« Ray Risch und ein anderer Mann standen links daneben und »holten sich gegenseitig einen runter«. Als sein Vater ihn entdeckte, schlug er ihn beinahe k. o., schrie ihn an, er solle verschwinden, und schloß die Tür. Paul Ross verzog sich daraufhin mit einer Flasche Whisky in sein Zimmer. In dieser Nacht sei er zum Alkoholiker geworden, behauptete er.

Diese Geschichte hatte viel mit einer Erinnerung gemeinsam, die Paul nur wenige Tage zuvor produziert hatte. In dem Detail der ans Bett gefesselten Sandy bestand Übereinstimmung, fast wie bei der Geschichte von der Axt. Andererseits stellte sich jedoch die Frage, wieso sich Sandy, wenn sie das Opfer einer so brutalen Vergewaltigung geworden war, an nichts erinnern konnte. Warum konnte sich Paul Ross nicht an den am eigenen Leib erfahrenen Mißbrauch durch Rabie und Risch erinnern, der in derselben Nacht wie die Vergewaltigung seiner Mutter verübt worden war? Was war mit dem jahrelangen Mißbrauch seiner Schwestern - warum wußte er davon nichts oder erinnerte sich an nichts? Er erwähnte allerdings eine Nacht, in der sein Vater in das gemeinsame Schlafzimmer der beiden älteren Brüder gekommen war und Chad mitten in der Nacht aus dem Schlaf gerissen und aus dem Zimmer geholt hatte. Der Junge hatte geweint. Das war alles, was ihm einfiel.

Tatsächlich konnten die Beamten nicht das geringste von Paul Ross' Aussage gebrauchen. Es war quälend und frustrierend. Man konnte einen Verdächtigen doch nicht irgendwelcher Vergehen beschuldigen, an die sich die Opfer nicht erinnern konnten. Wenn nur Paul Ross sich an mehr hätte erinnern können oder zugegeben hätte, daß auch er mißbraucht worden war! So aber war Paul Ross für die Anklage eher ein Klotz am Bein. Einmal regte sich Schoening so heftig auf, daß er den jungen Mann praktisch an die Wand drängte. »Wir wissen, daß Sie ein Opfer sind!« Paul Ross bat um eine Pause. Er sagte, er wolle allein sein, und versprach, in einer halben Stunde zurück zu sein. Er ging und kam nicht wieder.

Aber er machte seine Mutter ausfindig und rief sie nach zwei Jahren zum erstenmal wieder an. »Mom, ich weiß alles, was passiert ist«, sagte er gemäß Sandys späterer Aussage. Sie erklärte, er habe ihr erzählt, was er den Ermittlungsbeamten gesagt hatte, auch das von ihrer Vergewaltigung. Sandy fragte Paul Ross, ob er diese Erinnerungen verdrängt habe und sie dann plötzlich wiedergekehrt seien. Nein, sagte er, er habe sie immer schon im Gedächtnis gehabt, aber er gehe seit einiger Zeit zu einem Hypnotiseur, der ihm helfe, sich an noch mehr zu erinnern.

Sandy fiel eine Bemerkung ein, die Erickas Freundin, Paula Davis, an dem Abend in Denny's Restaurant gemacht hatte, als ihre Tochter ihr zum erstenmal von dem Mißbrauch erzählt hatte. »Sie sind die einzige in der Familie, die nicht davon gewußt hat«, hatte Davis gesagt. Das mußte wahr gewesen sein, sagte sich Sandy. Nun war der einzige in der Familie, der außer ihr behauptete, niemals mißbraucht worden zu sein, der neunjährige Mark.

Nach ihrer Rückkehr nach Olympia trafen sich Joe Vukich und Loreli Thompson am zwanzigsten Dezember mit Ericka und ihrer Vertrauensfrau, Paula Davis, im Amtssitz des Sheriffs. Davis war 29 Jahre alt, Lehrerin, und bezeichnete sich als Errickas beste Freundin. Nach dem Gesetz des Staates Washington haben Opfer von Gewalt- oder Sexualverbrechen das Recht auf die Anwesenheit einer Vertrauensperson bei den Verhören. In Anbetracht der seelischen Verfassung des Opfers hielten es die Ermittlungsbeamten für angebracht, das Gespräch in einem - ironischerweise von Jim Rabie - speziell für mißbrauchte Kinder eingerichteten Raum zu führen. Ericka und Paula saßen zwischen Plastikspielzeug und Kuscheldecken auf Kinderstühlchen.

Vukich fragte Ericka, ob ihre Brüder oder ihre Schwester mit ihr über den Mißbrauch, der an ihnen verübt worden war, gesprochen hätten. »Nein.« Ericka war einsilbig. Manchmal schien sie die Fragen überhaupt nicht zu hören. Vukich gelang es, ihr die Aussage zu entlocken, daß Rabie sie zum letztenmal vor drei Monaten, also im September, belästigt habe.

»War Ihre Schwester bei Ihnen im Zimmer?« fragte Vukich.

»Nein.«

Nach kurzer Zeit flüsterte sie, sie brauche eine Pause. Die Beamten ließen sie mit Paula allein. Als Vukich einen Blick durch ein kleines Fenster in der Tür warf, sah er die beiden Frauen auf dem Boden sitzen. Ericka hatte sich in Paulas Schoß gekuschelt und schluchzte. Sie tat ihm sehr leid. Nie zuvor hatte er eine erwachsene Frau in einem derart kleinkindhaften Zustand gesehen.

»Wissen Sie noch, was wir Sie gefragt haben, Ericka? Was Rabie getan hat, als er zu Ihnen ans Bett kam?« fragte Vukich, als sie das Verhör wieder aufgenommen hatten.

Ericka saß stumm da, rutschte auf ihrem Stuhl hin und her und zupfte an einem Faden ihrer Jeans. Eine Minute verging.

»Das war in der letzten Septemberwoche«, sagte Thompson, um das Schweigen zu brechen.

»Was hat er getan, Ericka?« fragte Vukich wieder. »Hat er Sie gezwungen, irgend etwas mit ihm zu tun?«

»Ja.« Sie versteckte ihr Gesicht an Paulas Schulter.

»Hat er Sie gezwungen, ihn irgendwo zu berühren? Sie schütteln den Kopf. Heißt das ja oder nein?«

»Ja.«

»Ericka, welchen Körperteil mußten Sie berühren?« fragte Thompson.

»Können wir eine Minute Pause machen? Ich muß zur Toilette«, sagte Ericka plötzlich und verließ das Zimmer. Die Beamten konnten hören, wie sie sich in der Toilette übergab. Davis ging ihr nach. Die Frauen blieben einige Zeit weg. Als sie zurückkamen, gab Ericka den Beamten ein Blatt Papier, auf dem sie eine detaillierte Aussage niedergeschrieben hatte. Vukich las den Text vor.

Ich lag in meinem Zimmer und schlief, als ich Jim Rabie hereinkommen hörte. Da schaute ich auf und sah ihn. Er begann, mich mit seinen Händen zu berühren, erst auf meinem Sweatshirt, dann darunter. Er berührte meine Brust und meine Geschlechtsteile, vorn und hinten. Er führte seine Finger vorne und hinten ein. Er sagte mir dauernd in drohendem Ton, ich solle leise sein. Meine Mom und mein Dad waren wach und irgendwo im Haus. Er drückte meinen Kopf mit Gewalt an sein Geschlechtsteil. Er war sehr grob und tat mir mit seinen Händen weh. Ich hatte den Eindruck, daß das sehr lange ging. Ich hatte Angst und wußte nicht, was ich tun sollte. Er hatte mir vorher gedroht, mich umzubringen oder noch Schlimmeres zu tun, wenn ich mich weigern sollte oder etwas verraten würde. Mehrmals stieß er mir sein Glied in den Mund. Jedesmal sehr lange. Dann ejakulierte er in meinem Mund. Seine Hose hatte er heruntergezogen, aber nicht ausgezogen. Dann begann er, Grunzlaute von sich zu geben. Dann berührte er mich mit seinem Mund an der Brust, an meiner Scheide und meinem Gesäß. Ich hatte den Eindruck, daß das lange so ging, und er war grob und tat mir weh. Dann hörte er auf und sagte, ich wüßte ja, was passieren würde, wenn ich was sagte. Dann urinierte er auf meinen ganzen Körper. Defäkiert hat er in der Nacht nicht auf mir. Später kam mein Vater herein.

Vukich konnte seine Emotionen kaum beherrschen, als er das vorlas; er fühlte sich von der Monstrosität der Szene, die Ericka beschrieben hatte, überwältigt. »Ich möchte mit dem Ende anfangen; da, wo Sie sagten, defäkiert hat er in der Nacht nicht auf mich«, sagte Vukich behutsam. »Gab es denn andere Gelegenheiten, bei denen dasselbe passiert ist und er auch noch auf Sie defäkiert hat?«

»Ja.«

Als Ericka den Vernehmungsraum verließ, nahm Vukich ihre handschriftliche Aussage und knallte sie seinem Lieutenant auf den Schreibtisch. »Der Dreckskerl hat auf sie geschissen!« schrie er. Seine Stimme überschlug sich. Nie zuvor hatte er für ein Opfer in dieser Weise empfunden. Seine Gefühle, meinte er, seien eher die eines großen Bruders, der sich als Beschützer fühlte, oder die des liebevollen Vaters, den sie offensichtlich niemals gehabt hatte - obwohl er gar nicht viel älter war als Ericka. Als die älteren Kollegen bemerkten, wie emotional Vukich wurde, wenn er von ihr sprach, frotzelten sie ihn nervös damit, daß er sich wohl verliebt habe.

Am selben Tag, an dem Ericka ihre Aussage machte, war Sandy auf der Rückfahrt nach Olympia. Sie hatte beschlossen, Mark in der Obhut ihrer Verwandten in Spokane zurückzulassen, um ihn dem Zugriff der Kinderschutzbehörde zu entziehen. Sie wußte allerdings, daß sie ihn nicht für immer verstecken konnte.

Sandy fuhr direkt zu Pastor Bratuns Büro. Diesmal zeigte Bratun mehr Verständnis. Er erklärte ihr, als er gesagt habe, sie sei zu achtzig Prozent schlecht, habe er zugleich gemeint, daß eine Seite von ihr zu zwanzig Prozent gut sei. Eben die Seite, die sie veranlaßt hatte zurückzukommen. Eben die Seite, die sich erinnern wollte. Um sie zu ermuntern, erzählte er ihr von neuen Erinnerungen, die Ingram hervorgebracht hatte. Viele bezogen sich auf satanische Rituale. In einer dieser Szenen spielte eine frühere Freundin von Ray Risch eine Rolle, die nach Pauls Worten die Hohepriesterin des Kults war. Paul erinnerte sich, nach einem Ritual in einer Scheune mit ihr Geschlechtsverkehr gehabt zu haben. Er hatte mit seinem Blut dem Kult den Treueid geleistet. Sollte er versuchen, sich loszusagen, würde seine jüngere Tochter getötet werden. Sandy sagte, sie könne sich an solche Szenen nicht erinnern. Paul, sagte Pastor Bratun, habe sich auch daran erinnert, daß Sandy mit Risch den Geschlechtsverkehr ausgeübt habe. Er fragte, ob das geschehen sei. Sandy verneinte, zögerte dann jedoch. »Oh, nein!« rief sie, sank vornüber und drückte ihren Kopf zwischen die Knie.

Die erste Erinnerung, die Sandy hervorbrachte, ähnelte der Szene, die ihr ältestes Kind beschrieben hatte. Sie war jedoch nicht an das Bett gefesselt, und Risch, nicht Rabie, hatte mit ihr Verkehr gehabt. Paul stand abseits und bewachte die Tür. Dann stieg noch eine Erinnerung auf. Diesmal war sie gefesselt, lag aber im Wohnzimmer auf dem Boden. Rabie war da, nackt, und aus irgendeinem Grund kroch er auf allen vieren und jaulte wie ein Hund. Dann sah Sandy sich mit Paul in einem Wandschrank. Er hielt sie an den Haaren fest und schlug sie mit einem Scheit Feuerholz. Die anderen waren im Wohnzimmer, lachten sie aus und nannten sie fett. Paul zog sie aus dem Schrank heraus und warf sie auf das Bett, auf dem Rabie und Risch dann mit ihr Analverkehr hatten. Es schien Sandy, als ob sich dies irgendwann vor 1978 ereignet haben müßte.

Nachdem Sandy Bratuns Büro verlassen hatte, kehrte sie nach Spokane zurück, um das Weihnachtsfest mit Mark zu verbringen.

Paul Ingram war gerade in ein Gefängnis eines anderes Landkreises verlegt worden. Seine Kaution war auf 200 000 Dollar festgesetzt. Als er nicht mehr den täglichen Vernehmungen, den ständigen Andeutungen der Beamten und dem Drängen seines Pastors ausgesetzt war, begann er erneut an der Richtigkeit einiger seiner Erinnerungen zu zweifeln. Ein christlich-fundamentalistischer Berater, den Ingrams Anwalt engagiert hatte, führte eine Reihe diagnostischer Untersuchungen durch. Dem ›Minnesota Multiphasic Personality Inventory‹ (MMPI) zufolge zeigte sich Ingram anpassungsfähig, einfallsreich und selbstbewußt, wenn auch ruhelos, eigenwillig und leicht gelangweilt. »Personen mit diesem MMPI-Profil nehmen die Welt oft auf unterschiedliche und originelle Weise wahr«, schrieb der Berater in seinem Bericht. »Man kann sie als leicht exzentrisch, unberechenbar oder phantasievoll sehen. Sie neigen dazu, quer zu denken, zeitweise auch negativ, und werden oft als unzugänglich, empfindlich und emotional distanziert oder abgespalten und unbeteiligt empfunden.« Der ›Millon Clinical Multitaxial Inventory‹ (MCMI) zeigte einen Menschen mit dem übertriebenen Bedürfnis, gemocht zu werden, der sich »streng und eng an die gesellschaftliche Konvention hielt«. Er sei der Typ von Mensch, der dazu neige, Befehlen zu gehorchen. Menschen wie Ingram »haben oft eine perfektionistische Ader, und negative Kritik erzeugt bei ihnen deutliche Spannung, insbesondere wenn sie von Autoritätspersonen geübt wird ... Hinter dieser generellen Bereitschaft zur Kooperation können sich starke rebellische Gefühle verbergen, die gelegentlich die Fassade von Anstand und Zurückhaltung durchbrechen können. Diesen Menschen fehlt es an tieferem Verständnis, sie sind häufig unentschlossen und durch Abweichungen von ihrer täglichen Routine leicht aus der Fassung zu bringen. Strenge Selbstbeherrschung ist typisch für sie, und nur gelegentlich lockern sie die nervöse Spannung und die vorsichtige Abwehr, hinter denen sich ihre Ängste verbergen. Der Rorschach-Test ergab das Bild eines Menschen, der Mühe hat, die Dinge in ihrer Gesamtheit zu begreifen.« Nach Meinung des Beraters »liegt bei Ingram keine eigentliche Denkstörung vor, vielmehr verbiegt er die Fakten so, daß sie seinen jeweiligen Bedürfnissen entsprechen«.

Ingram bestand darauf, sich dreimal dem ›Test sexueller Abhängigkeit‹ zu unterziehen: Einmal beantwortete er die Fragen auf der Basis seiner seelischen Verfassung vor der Verhaftung; einmal für die Zeit, ehe Pastor Bratun ihm die bösen Geister ausgetrieben hatte, und einmal auf der Basis seines derzeitigen Zustands. Der erste Test ergab keinerlei sexuelle Auffälligkeiten; aufgrund der Antworten auf die zwei folgenden Befragungen jedoch diagnostizierte der Berater Ingram als pädophil und bezeichnete ihn als eine »wandelnde Zeitbombe«.

Der Berater sprach auch mit Dr. Peterson und Pastor Bratun über Ingram. Peterson beschrieb Ingram als äußerst manipulierbar und von seinen Gefühlen völlig abgespalten (dissoziiert); dies in einem Maß, daß Peterson vermutete, Ingram besitze zwei verschiedene Ichzustände, mit den Worten des Laien also eine »gespaltene Persönlichkeit« sei. Er erkannte bei Ingram außerdem die Wirkung kultischer Programmierung. Bratun stimmte mit Petersons Beobachtungen überein. Die beiden Ichzustände bestanden seiner Meinung nach einerseits aus dem fleißigen, sozial eingestellten, liebevollen Vater, der so prüde war, daß »er seine Tochter nicht einmal im Nachthemd die Treppe herunterkommen ließ«, und andererseits aus einem wuterfüllten, gewalttätigen und manipulativen Menschen, der in jeder Hinsicht das genaue Gegenteil jenes Paul Ingram war, den die meisten Leute kannten und achteten. Nach Bratuns Meinung war die exorzistische Sitzung in der Gefängniszelle der Schlüssel zur Integration der beiden gegensätzlichen Hälften gewesen.

»Er spricht tonlos und ohne Affekt«, berichtete der Berater. »Es scheint, als gestatte er sich, ›Erinnerungen kommen zu lassen‹, wenn dies in christlichem Kontext geschieht. Mr. Ingram scheint an einer dissoziativen Störung zu leiden, bei der jeweils eine von mehreren Persönlichkeiten die Kontrolle übernehmen kann. Die Voraussetzungen für eine multiple Persönlichkeitsstörung scheint er jedoch nicht zu erfüllen. Es hat tatsächlich den Anschein, als sei Mr. Ingram Perioden intensiver kultischer Indoktrinierung ausgesetzt worden, die ihre Wirkung hinterließen ... Man könnte sagen, je länger sein geheimes Leben abgespalten blieb und je stärker der Druck von außen wurde, sexuelle Abartigkeiten auszuagieren, desto enger zog er die Mauern seines abgespalteten, dissoziativen Lebens um sich.« Der Berater fügte hinzu, daß Ingram unter dem Einfluß der Gebete, die für ihn gesprochen wurden, »zuließ, daß die Mauern der oben erwähnten Bereiche (der getrennten Ichzustände) porös wurden und allmählich einige Erinnerungen zurückkehrten«. Dieser Berater der Verteidigung wurde schließlich ein Zeuge der Anklage.

Es war ein bedrückendes Weihnachtsfest für viele Familien. Auch zu Hause, sofern sie überhaupt einmal zu Hause waren, konnten die Ermittlungsbeamten den Fall Ingram nicht vergessen. In Festtagsstimmung waren sie überhaupt nicht. Ericka brachte ihnen einen Teller Weihnachtsplätzchen, um sie aufzuheitern. Untersheriff McClanahan war um das seelische Wohl seines Untersuchungsteams so besorgt, daß er zu ihrer Entlastung ein Team von Psychologen zuzog. Die Beamten wurden ermutigt, ihre Gefühle offen auszusprechen, sie reagierten aber so wütend, daß die Psychologen schleunigst den Rückzug antraten und der ganzen Truppe posttraumatische Streßstörungen attestierten.

Rabie und Risch waren beide in Einzelhaft. Rabie verlangte immer noch nach einem Lügendetektortest. Er verweigerte die Medikamente für die Behandlung seiner Narkolepsie und schlief viel und lange; zum erstenmal war er für seine Krankheit dankbar. In seinen wachen Momenten brütete der ehemalige Kriminalbeamte wie besessen über den Polizeiunterlagen zu seinem Fall, die ihm sein Anwalt besorgt hatte. Risch nahm in der Einzelhaft vierzig Pfund ab, und sein ehemals tiefschwarzes Haar wurde völlig weiß. Seine Frau befürchtete, er könnte einen Schlaganfall erlitten haben; eines Tages schien er ganz plötzlich unfähig, einen angefangenen Satz zu Ende zu führen. Seine Gedanken schweiften ab, und er hörte schlecht.

Am Tag nach Weihnachten kehrte Sandy, wiederum allein, in das Haus in der Fir Tree Road zurück. »Lieber Paul«, schrieb sie an dem Tag. »Ich bete für Dich, damit für Dich wieder alles ins Lot kommt ... Manchmal habe ich große Angst. Wegen dem, was passiert ist ... Manchmal habe ich sogar vor Dir Angst, Paul, hauptsächlich, weil ich die Wahrheit nicht weiß. Bin ich von Dir beherrscht worden.« In scheinbarem Widerspruch zu dem, was sie Pastor Bratun gesagt hatte, fuhr sie fort: »Ich kann mich an nichts erinnern, aber mit Gottes Hilfe werde ich mich erinnern. Ich war heute nach der Fahrt sehr müde. Und es ging mir sehr schlecht - ich wollte nicht hierher zurück. Ich wollte mich nicht von Mark trennen.« Dann kam sie auf andere Erinnerungen zu sprechen, auf gemeinsame Erinnerungen mit Paul. »Weißt Du noch, Paul Ross, er war so ein braves Baby, so gescheit - weißt Du noch, Ericka, so hübsch, so winzig, daß ihr nicht mal die Windel gepaßt hat. Und Andrea - wie sie jeden Abend geweint hat und ich dagesessen hab und mitgeweint hab und die zwei gehalten hab, und kaum warst Du zu Hause und hast eine von ihnen genommen, haben sie aufgehört zu weinen - und Chad, wie sehr Du Dir noch einen Jungen gewünscht hast - Er war eine Wonne, die reine Wonne mit den lustigen Sachen, die er immer gesagt hat. Es war schwer, ihn zu erziehen, weil er einen immer zum Lachen gebracht hat -« Hier fiel die Schrift ab und rutschte unter die Linien des Schreibpapiers. »Paul, weißt Du noch, wie wir uns kennengelernt haben - Wie schüchtern Du warst? Weißt Du noch, die erste Fahrt ins Kino. Ich erinnere mich noch, aber nicht an den Film. Weißt Du noch, wie wir schon, bevor wir geheiratet haben, gesagt haben oder vielmehr Du, daß es aus ist, wenn wir nicht treu sind. Weißt Du noch - das viele Eis - als ich Paul Ross erwartet habe ...«

Die Zeile endete im Nichts am unteren Rand des Blatts.

9

Am 30. Dezember erschienen Ericka und Paula Davis zu einem weiteren Gespräch mit Joe Vukich. Wieder schrieb Ericka eine Aussage nieder:

Meine Mutter

Erst hat sie mich immer geschlagen, wenn ich aus dem Kindergarten nach Hause gekommen bin. Obwohl ich gar nichts getan hatte. Sie hat mich immer sehr lange geschlagen. Später hat sie mich mit irgendwelchen Sachen aus Holz geschlagen oder was sie sonst gerade zur Hand hatte, Bürsten und so. Sie war die meiste Zeit böse und hat geschlagen und getreten und gepufft. Sie hat mich und die anderen nie beschützt, wenn unser Vater uns geschlagen hat. Sie hatten Stäbe, und die hat sie als sexuelle Hilfsmittel verwendet, um mir damit weh zu tun. Die Stäbe waren aus Holz, so ähnlich wie diese Dinger, an denen man im Schrank Sachen aufhängt. Sie hat das auch getan, wenn mein Vater nicht da war. Andere Leute haben die Stäbe auch gesehen. Sie hat einfach gesagt, ich soll nicht über das reden, was passiert ist, oder sie hat gesagt, ich möchte das nie wieder aus deinem Mund hören. Ich erinnere mich, daß mich mein Vater von der Zeit an, als ich ungefähr fünf war, bis zu dem Jahr, als ich zwölf wurde und wir aus der 89. Straße weggezogen sind, oft mitten in der Nacht aus dem Bett geholt hat. Draußen bei der Scheune haben viele Leute gewartet. Darunter waren Jim Rabie, Ray Risch, meine Mutter, mein Vater, die Hohepriesterin in einem langen Gewand, die Leute haben Weiß, Rot und Schwarz getragen. Es waren viele Männer und ein paar Frauen. Sie haben gesungen, als ich rausgetragen wurde. Es war kalt draußen mitten in der Nacht, und ich hatte nur ein Nachthemd an. Meine Mutter ist mit uns zur Scheune hinausgegangen, von dem Moment, als ich aus dem Bett geholt wurde, bis zu dem Moment, als wir drinnen in der Scheune waren. Dort stand ein Tisch. Ein Feuer hat auch gebrannt. Alle Leute rund um den Tisch, auch meine Mutter und mein Vater, haben lange Gewänder angehabt und Mützen, die aussahen wie Wikingerhelme mit Hörnern. Überall war Blut. In der Erde steckten Heugabeln - die benutzten sie auch dazu, uns zu drohen. Das Opfer. Erst haben sie es immer auf den Tisch gelegt, dann hat die Hohepriesterin es hochgehoben, und alle Leute haben gesungen, und die Frauen sagten einen Spruch, dann wurde das Baby wieder auf den Tisch gelegt und alle Leute rund um den Tisch, auch meine Mutter und mein Vater, haben mit Messern auf es eingestochen, bis es tot war. Sie haben das immer weitergemacht, manchmal auch noch, als es schon tot war. Dann sind sie alle zur Grube gegangen und haben gesungen, und die Hohepriesterin hat das Baby getragen und in etwas Weißes eingehüllt und dann in die Erde gelegt. Dann haben sie es begraben. Das Baby war ein menschliches Baby von vielleicht sechs bis acht Monaten. Manchmal haben sie auch abgetriebene Kinder genommen. Zu mir haben sie gesagt, mir würde das auch passieren. Und sie haben immer gesagt, daran wirst du dich nicht erinnern. Sie haben es immer wieder gesagt, wie eine Zauberformel.

Er war das erstemal, daß außer Paul jemand aus der Familie Ingram satanische Rituale erwähnte. In seinen Berichten war von Menschenopfern keine Rede gewesen. Ericka zeichnete danach Pläne des alten und des neuen Hauses in der Fir Tree Road und trug ein, wo die Zeremonien stattgefunden hatten und wo die Kinder begraben waren.Loreli Thompson wurde Erickas Berichten gegenüber, die sich von Mal zu Mal zu ändern schienen, langsam mißtrauisch. In den morgendlichen Besprechungen drängte sie Vukich, stärker auf Konfrontationskurs zu gehen. Es gebe noch andere Details, die nicht stimmig seien, insistierte sie. Warum mußten die Töchter der Mutter von dem Mißbrauch erst erzählen, wenn diese doch selbst daran beteiligt gewesen sei? Vukich verteidigte Ericka; er glaube,

Ericka sei noch immer zu stark traumatisiert, um auf derart scharfe Fragen antworten zu können. Tatsache war, daß sämtliche Ermittlungsbeamten langsam zu Fürsprechern der Opfer wurden, um die sie sich jeweils zu kümmern hatten. Schoening fühlte sich als Sandys Beschützer, geradeso wie Loreli Thompson sich als Julies Beschützerin fühlte. Thompson hatte Angst, Julie könnte sich etwas antun, wenn man sie zu sehr drängte. Es würde nicht einfach sein, mit einem Selbstmord auf dem Gewissen leben zu müssen. Doch wenn Julie jemals fähig sein sollte auszusagen, würde sie sich zu den Widersprüchen in ihren Aussagen äußern müssen. Als Thompson sich das nächste Mal mit Julie traf, fragte sie ausdrücklich, warum Sandy sie gerade an jenem Morgen im November, als sie sie von der Schule abholte, ehe sie mit Paul in den Urlaub gefahren war, nach dem Mißbrauch hätte fragen sollen. Julie schrieb: »Ich glaube, sie hat mich gefragt, damit es so aussieht, als ob sie nichts wüßte.« Julie sah erschöpft aus; sie sagte, sie habe seit Tagen nicht mehr gut geschlafen. Thompson fragte Julie, ob sie mit ihrer Schwester über den Fall gesprochen habe. »Sie hat mich angerufen und mir von diesem Satanszeug erzählt«, gab Julie zu. Ob sie sich an irgend etwas dieser Art erinnern könne? »Ich erinnere mich daran, daß Tiere begraben worden sind«, sagte sie. »Ziegen, Kühe und Hühner.« Ob die Tiere auf natürliche Art gestorben seien? Julie wußte es nicht. Ob sie jemals zu Veranstaltungen gegangen sei, bei denen die Gäste kostümiert waren? Julie dachte nach. »Nein«, antwortete sie schließlich. Ob sie außerhalb der Kirche Zeremonien mitgemacht habe? Julie schüttelte den Kopf.

Als Thompson nach einer Abtreibung fragte, von der Julie erzählt hatte, schrieb sie auf: »Ich war fünfzehn Jahre alt. Ich erinnere mich an eine Autofahrt von ungefähr dreißig bis vierzig Minuten, und das Arztzimmer war sehr klein und orangefarben gestrichen. Das einzige, woran ich mich in Verbindung mit der Abtreibung erinnern kann, sind die Schmerzen. Ich habe geschrien, so weh hat es getan.« Ihr Vater hatte sie in die Klinik gebracht. Das war alles, woran sie sich erinnern konnte.

»Ich fragte sie dann, ob irgendwo an ihrem Körper Male oder Narben des Mißbrauchs zu sehen seien«, schrieb Thompson in ihrem Bericht. »Sie nickte energisch und zeigte mir ihre Unterarme. Ich sah zwei leichte Schnittnarben am rechten Arm und zwei runde Male am linken Arm. Es waren zwei kleine runde Male, ähnlich Verbrennungsnarben. Alle Verletzungen befanden sich an den Unterarmen. Ich fragte sie nach Narben an Oberarmen, Rücken und Beinen. Sie schrieb, ja, auch dort seien Verletzungen. Ich fragte, wie diese Verletzungen zustande gekommen seien. Sie schrieb nieder: ›Mit Messern.‹ ... Ich fragte sie, wer ihr dies angetan habe. Sie schrieb nieder: ›Jim Rabie und mein Dad.‹« Dann legte Julie ihren Kopf auf den Tisch und begann zu weinen. Thompson fragte sie, ob sie ihr die Narben zeigen würde, aber Julie lehnte entschieden ab.

Die Unfähigkeit der Schwestern, über den Mißbrauch zu sprechen, wurde mit dem Heranrücken des Prozeßtermins für Rabie und Risch zu einem Problem. Rabie war in sieben Fällen des Geschlechtsverkehrs mit Minderjährigen zweiten Grades, der Vergewaltigung zweiten Grades sowie unzuchtähnlicher Handlungen angeklagt. Die Anklage gegen Risch lautete auf drei Fälle des Geschlechtsverkehrs mit Minderjährigen zweiten Grades und Vergewaltigung zweiten Grades. Der Staatsanwalt, Gary Tabor, ein konservativer, tief religiöser Mann, der seinen nasalen Oklahoma-Akzent nie abgelegt hat, sprach im Beisein von Detective Thompson mit Julie. Er gilt als der intelligenteste Staatsanwalt des Landkreises, aber selbst ihn irritierten die vielen Widersprüche im Fall Ingram. Vom Standpunkt der Anklage waren diese jüngsten Enthüllungen satanistischen Mißbrauchs mehr als beunruhigend, da Geschworene solchen Behauptungen meist nicht glauben. Tabor wollte die Beweisführung möglichst einfach halten, aber der Fall wucherte wie ein bösartiges Geschwür. Er konnte sich genau vorstellen, was ein geschickter Verteidiger mit der Menge widersprüchlicher Erinnerungen anfangen würde, auf denen die Beweisführung gegen Risch und Rabie bisher basierte. Außerdem schienen die Opfer so schwer traumatisiert zu sein, daß immer noch in Frage stand, ob sie überhaupt vor Gericht würden aussagen können. Tabor versuchte, sich von Julie als Zeugin ein Bild zu machen. Was er sah, war nicht gerade ermutigend. Sie konnte einem nicht in die Augen sehen. Sie zog sich dauernd ihren Kaugummi in langen Fäden aus dem Mund. Tabor fragte sie, ob sie Schwierigkeiten habe, sich an den Mißbrauch zu erinnern. Julie antwortete, daß ihr die Erinnerungen so nach und nach kämen. Sie begann an der Gummisohle ihres Schuhs zu zerren. Tabor fragte dann, wie ihre Mutter sich verhielt, bevor die Männer kamen, um sie zu mißbrauchen, Julie gab keine Antwort. Tabor und Thompson schauten zu, während Julie die Sohle vom Schuh abriß.

In einem Brief vom 18. Januar 1989 schrieb Sandy:

Liebe Ericka und Julie,

Mark geht es gut ... Ich rufe ihn jeden Abend an und sehe ihn jede Woche ...

Ich habe außerdem das Haus und vier Morgen Land für 79 000 Dollar zum Kauf angeboten. Ich schulde der Bank immer noch 48 000 Dollar. Außerdem biete ich die restlichen sechs Morgen als Parzellen zu jeweils zwei Morgen an. Sobald irgendwas verkauft ist, zahle ich Euch Geld auf Eure Konten. Ich hoffe, daß ich jedem von Euch - Chad, Mark, Paul Ross auch - genug Geld geben kann, damit Ihr umziehen oder aufs College gehen könnt oder was immer Ihr sonst tun wollt ...

Ich habe auch vor, aufs College zu gehen und umzuziehen. Ich werde meinen Mädchennamen wieder annehmen und von vorn anfangen.

Mit Paul spreche ich nicht, denn wenn ich daran denke, was passiert ist, habe ich große Angst ...

Wenn es irgendwas gibt, was Ihr aus dem Haus haben wollt, laßt es mich bitte wissen. Ericka, ich dachte, daß Du vielleicht das Geschirr aus Griechenland haben möchtest, und ich will auch das andere Teeservice nicht haben, das Jeannie aus China geschickt hat. Ich kann ein paar Sachen herausstellen, und wir können etwas ausmachen, wann Ihr es holen kommt.

Ich zahle Eure Arztrechnungen, die Versicherungen und das Auto und werde das auch in Zukunft noch einige Zeit tun - aber ich habe kein Einkommen, solange ich nicht irgend etwas verkaufe ...

Ich bitte Euch nochmals um Verzeihung. Ich hatte wirklich keine Ahnung von dem, was vorging, und fange gerade erst an, mich daran zu erinnern, was mir geschehen ist, und mir ist auch etwas eingefallen, was Euch beiden passiert ist. Noch verstehe ich das nicht alles und kann mich auch noch nicht an alles erinnern. Aber das kommt, und das Gesetz gilt auch für sie, und dann braucht Ihr beide Euch nicht mehr zu fürchten ...

In Liebe, Mom

Am Tag, nachdem Sandy ihren Töchtern geschrieben hatte, fuhr Loreli Thompson mit Julie nach Seattle. Beide Schwestern hatten nicht nur von Verletzungen infolge von Mißhandlungen berichtet, sondern auch behauptet, abgetrieben zu haben. Die Anwälte von Rabie und Risch hatten das Gericht gedrängt, die beiden Schwestern ärztlich untersuchen zu lassen, um zu überprüfen, ob sie in dieser Hinsicht die Wahrheit sagten. Julie hatte schließlich zugestimmt, zu einer Gynäkologin zu gehen, die sich auf die Behandlung vergewaltigter Frauen spezialisiert hatte. Auf der ganzen Fahrt nach Seattle war Julie sehr still. Da Thompson wußte, wie sehr sie es haßte, über den Fall zu sprechen, wunderte ihr Schweigen sie nicht. Als sie ankamen, bestand Julie darauf, allein ins Sprechzimmer zu gehen.

Zu einem früheren Zeitpunkt hatte Julie zu Thompson gesagt, die Narben an ihrem Körper seien ihr immer so peinlich gewesen, daß sie sich in der High school niemals im Umkleideraum umgezogen habe und ihren Badeanzug nur mit T-Shirt darüber trage. Als Julie wieder herauskam, erklärte die Ärztin, es gäbe keine Anzeichen einer Abtreibung, aber ein schlüssiger Beweis sei dieses Fehlen von Spuren nicht, besonders bei jungen Frauen blieben häufig keine Vernarbungen zurück. Auch wiederholter vaginaler oder analer Mißbrauch hinterlasse nicht unbedingt bleibende Spuren; es sei also nicht ungewöhnlich, daß sie keine feststellen konnte. Die Epidermis jedoch vergißt nicht so schnell - sie verrät körperliche Mißhandlungen. Aber die Ärztin hatte an Julies Körper nirgends Male von Verletzungen oder Narben gefunden.

Auf der Rückfahrt nach Olympia war Julie ungewöhnlich gesprächig. Nun war Loreli Thompson die Schweigsame. Man hätte Narben finden müssen, dachte sie immer wieder. Julie hatte gesagt, sie habe Narben.

Später untersuchte dieselbe Ärztin Ericka; außer einer leichten Akne fand sich lediglich die Narbe einer Blinddarmoperation.

»Kann man jemanden nur ganz oberflächlich schneiden, so daß die Verletzung heilt, ohne eine Narbe zu hinterlassen?« fragte Thompson.

»Ich denke, daß jeder richtige Schnitt eine Narbe zurücklassen würde«, antwortete die Ärztin.

Was den Beweis für Erickas Abtreibung betraf, so teilte die Ärztin Detective Thompson mit, Ericka habe bestritten, schwanger gewesen zu sein, ja, sie behauptete, sie sei nie sexuell aktiv gewesen.

Bei jeder erfolgreichen Ermittlung kommt ein Punkt, an dem die Masse zusammengetragener Fakten Struktur gewinnt. Die Ermittlungsbeamten können dann Schlußfolgerungen ziehen; sie können die wahrscheinliche Wahrheit und die wahrscheinlichen Lügen erkennen.

Der Fall Ingram jedoch entwickelte sich in entgegengesetzter Richtung. Was am Anfang einleuchtend schien, wurde nun immer mysteriöser; die Masse der Informationen wuchs ins Unermeßliche, Strukturen ließen sich nicht erkennen. Die Verwirrung und das allgemeine Panikgefühl wurden noch dadurch verschlimmert, daß die Verhandlung im Fall Risch und Rabie unaufhaltsam näherrückte; es war, als hockte man in einem Boot, das unerbittlich auf einen Wasserfall zutrieb.

Am 23. Januar war Ericka wieder bei Joe Vukich. Sie hatte neue Enthüllungen zu machen, und wieder waren sie so schmerzhaft, daß sie ihre Aussage schriftlich machen mußte. Sie beschrieb den Mißbrauch, den ihre Mutter, ihr Vater sowie Rabie und Risch mit

Ledergürteln und verschiedenen Sexspielzeugen und Fesselungsutensilien an ihr begangen und dabei auch Fotos gemacht hatten. Manchmal wurde sie geknebelt oder ausgepeitscht. Sie erinnerte sich an ein dickes Holzpaddel mit Löchern. Sie wurde mit Gewehren und Messern bedroht. Als Vukich sie zu ihrer Abtreibung befragte, notierte Ericka lediglich: »Es war abends«. Er wollte sie drängen, mehr zu sagen, aber sie bedeutete ihm, sie könne nicht darüber sprechen. Dann schrieb Paula Davis für sie die folgende Aussage nieder:

Mein Vater zwang mich zum Geschlechtsverkehr mit Tieren, einschließlich Ziegen und Hunden. Mein Vater zwang mich, ihre Genitalien zu streicheln. Manchmal war ich auf allen vieren, manchmal lag ich am Boden. Er brachte die Tiere zu mir und ließ sie an meinen Genitalien lecken. Manchmal war es während meiner Periode, manchmal nicht. Dann zwang mich mein Vater, vaginalen Geschlechtsverkehr mit den Tieren zu vollziehen, während er Fotos machte. Meine Mutter war auch anwesend und hatte auch Geschlechtsverkehr mit den Tieren.

Diese Vorfälle hatten sich in der Zeit von Vorschule bis High school zugetragen. Während Davis die Aussage niederschrieb, kritzelte Ericka auf einem Blatt Papier vor sich hin - Blümchen und etwas, was wie ein Schmetterling mit gerunzelter Stirn aussah.

10

Der Prozeß gegen Jim Rabie und Ray Risch war für Februar 1989 anberaumt worden, also nur noch ein paar Wochen entfernt. Obwohl ihre Aussagen auf die Ermittlungsbeamten fragwürdig wirkten, hielten beide Männer daran fest, unschuldig zu sein. Während die Anklage ihre Beweisführung vorbereitete, plagten Gary Tabor fortgesetzt Zweifel, ob Ericka und Julie würden aussagen können. Erst vor kurzem hatte Sandy belastende Aussagen gemacht, die aber sie selbst und nicht ihre Töchter betrafen. Die Aussage von Paul Ross konnte der Anklage mehr schaden als helfen, da er den Mißbrauch seiner Schwestern nicht bestätigen konnte. Schoening und Vukich fuhren nochmals nach Reno, um erneut mit dem ältesten der Ingram-Kinder zu sprechen. Nach zweistündiger Überzeugungsarbeit glaubten sie, Paul Ross so weit zu haben, daß er eine weitere Aussage machen würde, aber am nächsten Morgen erschien der junge Mann nicht zu ihrer Verabredung. Die Ermittlungsbeamten suchten mehrere Male seine Wohnung auf und hinterließen Nachrichten an der Tür. Es schien niemand zu Hause zu sein. Am nächsten Tag versuchten sie es wieder. Dieses Mal konnten sie in der Wohnung die Stereoanlage spielen und jemand lachen hören. Sie klopften und riefen, aber niemand öffnete. Sie flogen schließlich unverrichteter Dinge nach Olympia zurück, nur um zu erfahren, daß Chad seine Aussagen widerrufen hatte. Er erklärte nun, das ganze Szenario, das er den Ermittlungsbeamten beschrieben hatte, sei nur ein böser Traum gewesen.

Somit blieb für den Prozeß als einziger zuverlässiger Zeuge Paul

Ingram übrig. Er erklärte sich bei seiner ersten Anhörung vor Gericht im Dezember für nicht schuldig, aber Tabor sah das als reine Formsache an. Ingram hatte stets seine Bereitschaft bekundet, vor Gericht auszusagen. Fast immer kommen solche Aussagen als Ergebnis einer Absprache mit der Staatsanwaltschaft über ein Schuldbekenntnis zustande; tatsächlich hatte die Anklage einen Vorschlag parat, demzufolge sich Ingram in neun Fällen der Vergewaltigung schuldig bekennen und dafür eine Gesamtstrafe minimaler Dauer bekommen sollte. Es bestand sogar die Chance, daß Ingram als freier Mann aus dem Gerichtssaal gehen konnte, sobald er gegen seine Freunde ausgesagt hatte.

Ingrams Entschluß, ohne jegliche Versprechungen von seiten der Staatsanwaltschaft auszusagen, verwunderte alle. G. Saxon Rodgers, Jim Rabies Verteidiger, war völlig perplex - und bestürzt. Für die Anklage war die Situation ideal; im allgemeinen nämlich erkennen Geschworene eine mit einer Absprache erkaufte Zeugenaussage nur ungern an. Rodgers vertrat die Theorie, Ingram habe seine Töchter tatsächlich mißbraucht und Rabie und Risch, zwei Unschuldige, nur belastet, um sich eine mildere Strafe zu sichern. Immer wieder habe er sich als ohnmächtiger Zuschauer bei den Verbrechen seiner Freunde hingestellt und so die Voraussetzungen für einen Verschwörungsfall geschaffen, bei dem er selbst die Rolle des Hauptzeugen der Anklage übernehmen konnte. Dies alles hätte glänzend zu dem Bild des gerissenen, politisch mit allen Wassern gewaschenen ehemaligen Deputy Sheriffs gepaßt, das Rodgers vor Gericht von Paul Ingram hatte zeichnen wollen. In dieser Darstellung wäre Ingram derjenige gewesen, der die ganze Sache von Anfang an genau geplant hatte. Mit Ingrams Bereitschaft jedoch, ohne Gegenleistung auszusagen, wurde Rodgers der Wind aus den Segeln genommen.

Am 30. Januar erhielten Sax Rodgers und Richard Cordes, Ray Rischs Anwalt, die Genehmigung zu einem Treffen mit einer Zeugin der Anklage. Es war Julie. Die Zusammenkunft fand in der Polizeidienststelle Lacey statt. Wieder sagte Julie, sie habe nächtelang nicht geschlafen, und dementsprechend sah sie aus. Sie hielt einen Teddybären im Arm, den Loreli Thompson ihr geschenkt hatte, und reagierte häufig gar nicht auf die Fragen der Anwälte über den Mißbrauch. Sie schien wie betäubt. Einmal kroch sie sogar unter den Tisch und versteckte sich dort zehn Minuten lang. Als das Gespräch wieder aufgenommen wurde, wählte Rodgers einen indirekteren Kurs. Er sprach mit Julie über Erickas verstorbene Zwillingsschwester Andrea. Sie waren keine eineiigen Zwillinge, hatten aber bis auf Andreas vergrößerten Kopf und ihre verkrampften Gliedmaßen, die sie an den Rollstuhl fesselten, dennoch große Ähnlichkeit miteinander. Julie erinnerte sich, Andrea in einer staatlichen Anstalt in Spokane besucht zu haben. Manchmal hatte die Familie sie dort auch zum Urlaub am Deer Lake abgeholt; sie war geistig nicht so schwer behindert, daß sie sie nicht erkannte. Julie erinnerte sich daran, daß sie das Alphabet-Lied und »Jesus loves me« gesungen hatte. Manchmal wurde an ihrer Stirn ein Zeigestab befestigt, mit dem sie auf dem Keyboard Melodien spielen konnte. Andrea war 1984 gestorben, kurz vor dem achtzehnten Geburtstag der Zwillinge. Ericka hatte die Nachricht sehr schwer genommen. Sie hatte sich einen Monat lang in ihrem Zimmer eingeschlossen. »Ein Teil von mir ist gestorben«, hatte Ericka damals zu Julie gesagt.

Als die Verteidiger erneut versuchten, über den Fall selbst zu sprechen, gab Julie nur noch einsilbige Antworten. Sie warf den Stoffbären in die Luft. Sie beschrieb Jim Rabie als »fett, klein, dunkelhaarig, häßlich«. Sie wußte nichts von anderen Merkmalen oder Tätowierungen. (Rabie hat auf der Brust eine gut sieben Zentimeter lange wulstige Narbe, die von einem Stromschlag stammt, der ihn vor zwanzig Jahren beinahe getötet hätte.) Schließlich fragte Cordes, ob Julie ihm nicht erzählen wolle, was sein Klient ihr angetan habe. Sie zuckte die Achseln.

»Werden Sie es uns denn überhaupt je sagen?« fragte er.

»Vielleicht«, antwortete sie. Das ganze Gespräch hatte dreieinhalb Stunden gedauert, und sie hatte praktisch nichts gesagt.

Eine Woche später trafen Rodgers und Cordes im Sheriffsbüro

mit Ericka und den Ermittlungsbeamten zusammen. Ericka war bei weitem gesprächiger. Sie wußte nicht genau, was Julie und ihren Brüdern geschehen war; sie sagte sogar, bis sie von den Kriminalbeamten darüber gehört hatte, habe sie nichts vom Mißbrauch Julies und ihrer Schwangerschaft gewußt. Sie beschrieb den am eigenen Leib erlebten sexuellen Mißbrauch und die körperlichen Mißhandlungen, gab aber zu, keine Narben und Male zu haben. Sie sagte, ihre Mutter habe sie seit ihrem zehnten Lebensjahr mißbraucht; manchmal habe ihr Vater zugesehen und ihr dann auch noch Dinge angetan, wenn ihre Mutter fertig gewesen sei.

Rodgers befragte sie schließlich zur Rolle seines Klienten bei diesen Geschehnissen, und Ericka erzählte ihm, Jim Rabie habe sich allein im September achtmal an ihr vergangen und viele Male davor - vielleicht fünfzig- oder hundertmal, seit ihrem dreizehnten Lebensjahr. Beim letztenmal habe ihr Vater angefangen, dann habe Rabie weitergemacht und danach ihre Mutter. Zum Schluß hätten alle drei auf sie defäkiert. Was Risch betraf, so könne sie sich keiner sexuellen Handlungen erinnern, außer daß er Fotos gemacht habe. Gewöhnlich habe er nur zugesehen.

Das Bemühen der Anklage, den Fall einfach zu halten, wurde zunichte gemacht, als Ericka den verblüfften Anwälten die schwarzen Rituale auszumalen begann. Sie erzählte von Orgien in den Wäldern, bei denen Säuglinge geopfert und hinter dem Haus der Ingrams begraben worden waren. Rabie und Risch seien dabeigewesen, sagte sie. Als sie in der Unterstufe der High school gewesen sei, sei sie einmal von ihnen an einen Tisch gefesselt worden. Sie sei schwanger gewesen, sagte sie, und jemand habe mit einem Kleiderbügel eine Abtreibung vorgenommen. Es sei sehr schmerzhaft gewesen. Dann sei das Kind in Stücke geschnitten und auf ihrem ganzen Körper verrieben worden. Sie sei im Lauf der Jahre bei der Opferung von etwa 20 Säuglingen dabeigewesen.

Die Verteidiger vermerkten Panik beim Gegner. Von den Vorwürfen des kultischen Mißbrauchs bei Teufelsritualen war der Presse bisher nichts bekannt, aber die Entrüstung der Öffentlichkeit, wenn sie publik werden sollten, war leicht vorstellbar, und genauso die lauten Forderungen nach Verurteilung der Täter, mit denen man die Staatsanwaltschaft unter Druck setzen würde. Vielleicht würde sich dies alles vermeiden oder wenigstens in engen Grenzen halten lassen. Vielleicht würde sich Staatsanwalt Tabor bereit finden, die Anklage gegen Rabie und Risch fallenzulassen, wenn Ingram sich in aller Stille schuldig bekannte und in Behandlung begab.

Bevor sich Tabor jedoch auf solche Absprachen einlassen würde, mußte man ihn davon überzeugen, daß Rabie und Risch wirklich zwei Unschuldige waren, die ohne ihr Zutun in einen Fall von Familienhysterie hineingezogen worden waren. Rabie forderte immer noch einen Lügendetektortest. Er wußte, daß Lügendetektoren fehlbar und vor Gericht nicht als Beweismittel zugelassen waren, doch hatte er sie selbst wiederholt bei seinen Untersuchungen eingesetzt. Außerdem kannte er Tabor und die anderen Beamten: Er an ihrer Stelle hätte schon schwer überlegen müssen, ob er das Strafverfahren gegen einen Mann aufrechterhalten wollte, der sich freiwillig einem Lügendetektortest unterzogen und ihn bestanden hatte.

Am frühen Morgen des 3. Februar wurde Rabie in Handschellen aus seiner Zelle im Mason-County-Gefängnis abgeholt. Man fuhr ihn mit einem Einsatzwagen zur Polizeidienststelle in Olympia, wo Maynard Midthun, ein Beamter, den Rabie kannte, den Lügendetektortest durchführen sollte. Er dauerte bis in den Nachmittag. Mehrere Ermittlungsbeamte verfolgten die Prozedur über einen Bildschirm in einem Nebenraum. Keiner konnte vergessen, daß Rabie ein ehemaliger Kollege war und oft an ihrer Stelle gesessen hatte. Wieder war es ein Gefühl, als sei die Welt auf den Kopf gestellt, als müßte sich die ganze Situation gleich als ein Riesenmißverständnis oder ein dummer Streich von absurden Dimensionen entpuppen. Es war dieser Beigeschmack von schlechter Komödie, der den Fall Ingram so schauerlich machte und alle Beteiligten - die Ermittlungsbeamten, die Verdächtigen und die Opfer - immer tiefer in den Sumpf des Makabren zogen.

»Wir werden heute also folgendes tun«, erklärte Midthun Rabie. »Erst reden wir über Sie ... Dann sprechen wir über den Fall. Danach arbeiten wir einige Fragen aus, bei denen wir uns einig sind, daß es begründete Fragen sind, die den Fall klären können.« Danach würde Rabie an den Detektor angeschlossen werden und sich dem Test unterziehen. »Für mich ist das ein Arbeitstag wie jeder andere«, sagte Midthun. »Es ist Ihr Test. Für Sie ist es vielleicht der wichtigste Tag Ihres Lebens.«

»Könnte sein«, stimmte Rabie zu. Er war nervös, aber zuversichtlich.

Midthun fragte Rabie, ob ihm irgend etwas Unbehagen bereite; Rabie antwortete, er habe Zahnschmerzen und, seit er im Gefängnis sei, ständig Rückenschmerzen. Er habe eine Schmerztablette genommen und am Vorabend ein Verdauungsmittel, jedoch nichts, was den Test irgendwie beeinflussen könne. Zweck dieses Teils der Untersuchung war, der Testperson die Befangenheit zu nehmen; darum bat Midthun Rabie jetzt, ihm etwas über sein Leben, im besonderen die Jahre seiner Entwicklung zu erzählen.

»Ich bin auf einer Farm aufgewachsen«, erzählte Rabie - auf einer Farm mit fünfzig Morgen Land im Yakima Tal. Dort baute Rabies Vater Zuckerrüben, Mais und Hopfen an. An seiner Herkunft gab es nichts Bemerkenswertes, außer daß ein Großvater wegen des Diebstahls eines Schafes gehängt worden war. »Ich war der Älteste und hatte eine Schwester, die elf Monate jünger war als ich. Als ich fünf war und sie vier, hatten wir einen schweren Autounfall. Mein Vater saß am Steuer. Meine Schwester kam dabei ums Leben. Meine Mutter war seitdem behindert. Ich hatte ein gebrochenes Bein, eine Gehirnerschütterung und ein paar Kopfverletzungen.« Der Gipsverband behinderte das Wachstum des verletzten Beins, so daß es drei Zentimeter kürzer blieb als das andere. In den folgenden fünf Jahren war Rabie das einzige Kind, dann adoptierten die Eltern ein dreizehn Monate altes Mädchen.

Es war eine einsame Kindheit. Die Farm war zwei Meilen außerhalb des Orts, und außer der täglichen Arbeit und den Schulaufgaben gab es wenig zu tun. »Ich war immer dick und sehr unsicher und hatte nie richtige Freundinnen oder so etwas«, erinnerte er sich. »Ich bin immer in die Bücherei gegangen. Für mich war das das Beste, was ich tun konnte, und ich habe ja schon gesagt, daß ich kaum Freunde hatte.« Mit fünfzehn wurde er einmal verhaftet, weil er ein Auto ohne Führerschein gefahren hatte. Sonst war er nie mit dem Gesetz in Konflikt gekommen.

»Ich glaube schon, daß ich eine schöne Kindheit hatte«, sagte Rabie etwas defensiv. Er gab zu, daß er sich mit seinem leicht reizbaren Vater, der den Sohn mehrmals geschlagen hatte, eigentlich nie verstand. In dem Sommer, als Jim die High school abschloß, überwarfen sie sich. Jim hatte sich über das ungehobelte Benehmen seines Vaters bei Tisch beschwert. »Er sagte: ›Wenn dir meine Art nicht paßt, kannst du ja ausziehen‹«, erinnerte sich Rabie. Und das tat er, da er sowieso aufs College wollte.

Die nächsten dreieinhalb Jahre studierte Jim Wirtschaftswissenschaften und versuchte sich seinen Unterhalt nebenbei zu verdienen. Schließlich gab er sein Studium jedoch auf und wurde Sightseeing-Busfahrer in Seattle. Er fand den Job sehr befriedigend. Mit 23 heiratete er in erster Ehe eine Lehrerin. Inzwischen hatte sein Vater die Farm verkauft und einen Gemischtwarenladen aufgemacht, der sich jedoch als Desaster entpuppte. Sein Vater war einfach kein Kaufmann. »Meine Mutter hat seelisch schwer darunter gelitten. Sie konnte es nicht aushalten«, sagte Rabie. »Da habe ich den Laden übernommen. Dad hat aufgehört, und ich habe fünf Jahre lang praktisch für nichts geschuftet.« Jim hatte vom Wurstschneiden bis zur Buchhaltung alles selbst gemacht. Er mußte täglich pendeln, eine Strecke von insgesamt neunzig Meilen. »Daran ist wahrscheinlich auch meine erste Ehe gescheitert«, sagte er. »Ich war nie zu Hause.«

In dieser Zeit, als er den Laden betrieb, hätte er sich beinahe durch Stromschlag selbst umgebracht. »Ich habe an einer der Kompressoreinheiten gearbeitet«, erzählte er. Als er sich im Liegen umdrehte, geriet er auf eine frei liegende 220-Volt-Leitung.

Er konnte sich nicht wegbewegen; er konnte weder atmen noch rufen. Er bekam Konvulsionen. Er wußte noch, daß er gehofft hatte, die Angestellten würden daran denken, den Strom abzuschalten, ehe sie ihn berührten. Dann plötzlich »war es, als würde mich eine Hand aufheben, und ich wurde bewußtlos«. Seiner Meinung nach war es die Hand Gottes gewesen. »Ich bin kein Betbruder, überhaupt nicht«, sagte er, aber er habe das Gefühl gehabt, verschont worden zu sein, obwohl er nicht wußte warum.

Nach diesem Vorfall verkaufte Jim den Laden und bewarb sich um eine Stelle im Polizeidienst. »Ich hatte immer gedacht, für einen Polizisten bin ich zu klein.« Aber er war gerade groß genug. Ganz unerwartet hatte er die Arbeit gefunden, die er als seine Berufung betrachtete - Hüter des Gesetzes.

1977 ließ er sich von seiner ersten Frau scheiden und lernte Ruth kennen. Sie hatten seiner Meinung nach eine solide Beziehung. Er beschrieb sein Leben als glücklich und erfüllt - bis er in den Fall Ingram verwickelt wurde.

»Sie haben das Musterbild gezeigt«, sagte Midthun. »Ich möchte Sie jetzt provozieren, weil ich auf der Suche nach der menschlichen Seite des Jim Rabie bin, und ich werde Ihnen auch sagen, warum. Ein sehr wichtiger Teil dieses Tests ist die Frage: ›Wer ist Jim Rabie?‹ Sie wird vielleicht sogar die Hälfte unseres Gesprächs vor der Aufzeichnung der Diagramme einnehmen. In der anderen Hälfte geht es dann um den Fall. Wir werden dabei über einige sehr schwerwiegende Behauptungen sprechen, über Dinge, die nur jemand fertigbringt, der, sagen wir, selber ein Opfer war.«

Damit, erklärte Midthun, meine er jemand, dem es schwerfällt, seine Wut zu beherrschen, und der seit seiner Kindheit andere mißhandelt hat. Rabie kenne die Symptome dank seiner Polizeiausbildung, räumte Midthun ein. Er bezog sich auf die allgemeine Annahme, daß Menschen, die als Kinder Opfer von Mißbrauch waren, als Erwachsene oft selbst zu Tätern werden. »Ich sage das nur, um sicherzugehen, daß Sie ein wahrheitsgetreues Bild zeichnen«, sagte Midthun. »Also, ich möchte die Wahrheit hören, okay? Dieses

Musterkind war vielleicht ein Musterkind - sehr klug, sehr gute Noten, konnte seine Wut gut beherrschen -, aber wir haben alle unsere Schwächen. Raus mit der Sprache, wo sitzt der Dreck, Jim?«

»Ich hab mal dran gedacht, eine Therapie speziell für den Umgang mit Wut zu machen«, gab Rabie zu. »In meinem täglichen Leben habe ich keine Probleme, mich zu beherrschen. Aber zu denen, die mir sehr nahestehen, kann ich sehr wütend werden - verbal, nicht körperlich.«

»Ist die Wut jemals mit bösem Willen gepaart?« fragte Midthun. »Haben Sie festgestellt, daß Sie rachsüchtig sind?«

»Wenn ich provoziert werde und wirklich wütend bin, kann ich rachsüchtig sein, ja«, gab Rabie zu.

»Waren Sie selbst einmal Opfer von Mißhandlungen?«

»Körperlich bin ich nie mißhandelt worden, aber ich glaube, daß ich so ein bißchen Opfer seelischen Mißbrauchs durch meinen Vater war.«

Als Midthun ihn fragte, ob er jemals in eine Schlägerei verwickelt gewesen sei, erzählte Rabie, daß ihm einmal in der High school ein Schulkamerad die Nase blutig geschlagen habe. »Ich habe ihn nur gepackt, weil ich nicht gut boxen konnte; er kam ein paar Tage später an und hat sich bei mir entschuldigt, und seitdem sind wir ziemlich gute Freunde.«

»Was Sie mir gerade erzählt haben, entspricht der Lehrbuchbeschreibung eines normalen Menschen«, sagte Midthun. »Ist es wahr?«

»Ja, so ist es gewesen.«

»Jemand, der etwas auslebt und die Schuld nicht dort sucht, wo sie tatsächlich sitzt - nämlich bei ihm selbst -, der schiebt die Schuld für seine Probleme auf andere«, bemerkte Midthun. »Ich meine, der würde sich rächen. Das sind dann die Menschen, die noch Jahre nach dieser Schlägerei voller Groll sind und immer noch nach einer Möglichkeit suchen, es dem anderen heimzuzahlen. Sie erzählen mir, daß dieser Bursche ein Freund geworden ist ... Ist es nicht einleuchtend, daß nur ein Mensch, dem es nichts ausmacht, andere zu verletzen, Verbrechen begehen kann, wie man sie Ihnen vorwirft?«

»Doch, ich glaube schon«, sagte Rabie. »So habe ich das bisher noch gar nicht betrachtet.«

»Haben Sie in Ihrer Entwicklung einmal sexuelle Phantasien ausagiert?« fragte Midthun. »Ich spreche jetzt von sexuell abartigem Verhalten ... Damit meine ich nicht, daß Sie sich vielleicht mit dreizehn heimlich den ›Playboy‹ gekauft haben.«

Rabie erzählte, daß er häufig onaniert habe; im übrigen beschränkten sich seine sexuellen Erfahrungen auf fünf Frauen. Er sagte, einmal habe ihn eine Prostituierte gereizt, aber da sei er gerade pleite gewesen.

Dies alles hörte sich so normal an - schlicht, beinahe viktorianisch gesittet. »Die Person, die mir da gerade beschrieben wurde, hat mit diesen abscheulichen Taten überhaupt nichts zu tun«, sagte Midthun. Was Rabie glaube, weshalb man ihn dennoch dieser Verbrechen angeklagt hatte?

»Weil Brian mich unheimlich auf dem Kieker hat.«

»Brian?«

»Schoening. Er hat mich da reingezogen. Paul hat nur einen gesucht, dem er die Sache anhängen konnte«, erklärte Rabie seine Sicht der Dinge. Er hatte sich die Polizeiberichte und Protokolle einiger Vernehmungen angesehen und wies nun darauf hin, daß Julie anfänglich ihren Vater, einen Onkel und einen Freund des Vaters belastet hatte. »Als sie gefragt worden ist, ob es den Freund jetzt auch noch gäbe, hat sie ›wahrscheinlich‹ gesagt; das würde mich aber automatisch ausschließen, weil sie ja weiß, daß es mich ›noch gibt‹; und Ray Risch, meinen besten Freund, würde es auch ausschließen, weil sie vor weniger als einem Monat noch bei ihm im Auto mitgefahren ist.«

Bei den ersten Vernehmungen, als Paul Namen zu nennen begann, hatte er immer einen großen Mann vor Augen gehabt. Alle anderen Männer, die er genannt hatte, waren über einen Meter achtzig groß; aber aus irgendeinem Grund war Schoening bei den

Vernehmungen immer wieder auf Rabie zu sprechen gekommen. Als Julie dann die Fotos vorgelegt worden waren, hatte sie von den darauf Abgebildeten einzig die Namen von Rabie und Risch gekannt.

»Ich hab den Eindruck, es macht Paul ein höllisches Vergnügen, hier auf der Dienststelle mit diesem Fall, der ganz schnell hätte abgeschlossen werden können, so eine Riesenverwirrung zu stiften«, sagte Rabie. »Ich hatte kaum Kontakt mit den Mädchen und den anderen Kindern. Ich könnte nicht mal sagen, wie Ericka genau aussieht.«

Warum sich Rabie dann so unklar ausgedrückt habe, als er zum erstenmal über seine Rolle in dem Fall befragt worden war? Er behauptete, die Ermittlungsbeamten hätten niemals etwas über das Ausmaß der Anschuldigungen verlauten lassen; er habe gedacht, es ginge um sexuelle Belästigung, so etwas wie unsittliche Berührungen, die sich vielleicht ganz unabsichtlich oder in der Folge von Alkoholkonsum ergeben hatten. »Mir wurde etwas von einem Fall von Belästigung erzählt, der in den siebziger Jahren stattgefunden haben soll, aber was Genaues haben sie nicht darüber gesagt; sie haben von einem Foto geredet und von Nacktheit, aber was ich genau getan haben soll, davon haben sie nichts gesagt ... klar, daß ich anfange, an meinem Gedächtnis zu zweifeln, wenn mir eine ganze Meute erzählt, daß ich dieses und jenes getan habe und daß es Fotos davon gibt.« Seit ihm die Natur der Vorwürfe bekannt war und der Zeitraum, auf den sie sich bezogen, glaubte er nicht mehr daran, daß er die Geschehnisse einfach verdrängt haben konnte.

An dieser Stelle begann Midthun die vier Fragen vorzubereiten, die das Kernstück des Tests bilden sollten. Er besprach noch einmal Teile der Beschuldigungen Erickas und Julies, die sich offensichtlich nicht auf zufällige Berührungen oder gelegentliche Belästigungen bezogen, sondern auf brutalen, chronischen Mißbrauch. Er beabsichtige, zu jedem der beiden Mädchen eine Frage zu stellen, um zu bestimmen, ob Rabie jemals sexuellen Kontakt mit ihnen hatte. Weiter wollte er danach fragen, ob Rabie die Ingram-

Kinder jemals bedroht hatte. »Für den Test lassen wir Paul und Sandy mal beiseite, sie sind ja Erwachsene«, sagte Midthun; Rabie sei ja nicht Verbrechen beschuldigt, die sich gegen die Eltern gerichtet hätten. Eine letzte Frage, die, wie Midthun sagte, die Zuverlässigkeit des Tests erhöhen würde, werde sein, ob Rabie beabsichtige, ehrlich zu antworten. Midthun legte dann eine Toilettenpause ein, und als er zurückkam, schloß er Rabie an das Gerät an.

Der Lügendetektor ist ein primitives und zugleich empfindliches Instrument. Er wird seit 1924 von der Polizei eingesetzt und hat sich seitdem kaum verändert. Midthun legte zwei gerippte Gummischläuche um Rabies Rumpf, den einen in Höhe der oberen Brustpartie, den anderen etwas oberhalb des Magens, etwa in Höhe des Zwerchfells. Diese pneumatischen Schläuche führen zu einem Blasebalg, der die Ausdehnung der Lungen bei jedem Atemzug mißt. Eine weitere Manschette, wie sie zur Blutdruckmessung verwendet wird, befestigte Midthun an Rabies Oberarm und pumpte sie auf mehr als achtzig Pfund Druck auf - etwas höher als normal, um Rabies leichtem Übergewicht Rechnung zu tragen. Zuletzt befestigte er mit Klettband kleine Metallplatten an Rabies Zeige- und Ringfinger. Diese Platten messen die galvanische Reaktion der Haut, die im wesentlichen die Reaktion der Schweißdrüsen auf die nicht wahrnehmbare Strommenge ist, die durch die Plättchen fließt. Aus dem Kontakt von Feuchtigkeit und elektrischem Strom würde sich eine meßbare Reaktion ergeben.

Die Meßwerte werden in einem beweglichen Diagramm aufgezeichnet. Normale Atmung schlägt sich in einer leicht gewellten Linie nieder. Für den Blutdruck steht eine Reihe spitzer Zacken, die die Kontraktionen des Herzens wiedergeben. Die Hautreaktion spiegelt sich in einer schmaleren Wellenlinie. Es gibt für jede dieser gemessenen Reaktionen eine im Volksmund übliche Redewendung: Man sagt zum Beispiel: »Ich hielt den Atem an« oder »Mir schlug das Herz bis zum Hals« oder »Mir brach der kalte Schweiß aus«. Genau diese Streßreaktionen zeichnet der Detektor auf.

Die Hautreaktionskurve zeigt von den drei Werten die deutlichsten Ausschläge, wobei es manchmal wilde Fahrer über das ganze Blatt gibt, die wie wütendes Gekritzel aussehen; die Atmung jedoch gilt als aufschlußreichster Indikator. Es gibt Leute, die versuchen, den Detektor zu täuschen, indem sie die Luft anhalten oder Drogen nehmen, die ihre Reaktionen dämpfen. Wie Studien gezeigt haben, kann man es tatsächlich trainieren, den Detektor durch kaum wahrnehmbare Handlungen zu täuschen, indem man zum Beispiel die Zehen rollt oder sich auf die Zunge beißt. Schon Husten, Gähnen oder eine einfache Gewichtsverlagerung auf dem Stuhl beeinflussen die Meßwerte; deshalb wird die Testperson auch ständig genau beobachtet und jedes Schlucken oder tiefes Atemholen auf dem Diagramm vermerkt. Der Schreck beim Klingeln eines Telefons erscheint auf dem Diagramm fast wie ein Erdbeben.

Was aufgezeichnet wird, ist natürlich nicht die Lüge, sondern die innere Unruhe.

Das Gerät basiert auf der Theorie, daß Lügen immer mit einem inneren Konflikt verbunden sind.

Das trifft dennoch nicht für jeden zu; Soziopathen, die nicht am normalen schlechten Gewissen leiden, können lügen, ohne daß der Detektor meßbaren Streß verzeichnet. Und bei Menschen, die sich in einem echten Wahn befinden, wird das Gerät reagieren, als sprächen sie die Wahrheit, auch wenn das, was sie sagen, überhaupt nicht möglich ist. Einige Studien haben gezeigt, daß der Lügendetektor, wenn er bei Untersuchungen der Kriminalpolizei verwendet wird, nur zu 64 bis 71 Prozent zuverlässig ist. Am häufigsten kommt es vor, daß Unschuldige fälschlich als schuldig registriert werden, nicht umgekehrt. Aus allen diesen Gründen ist der Lügendetektor im allgemeinen zur gerichtlichen Beweiserhebung nicht zugelassen, und seine Verwendung durch Privatpersonen unterliegt Beschränkungen.

Viele Polizeibeamte glauben jedoch, daß der Lügendetektor in der Hand einer erfahrenen Bedienungsperson nahezu unfehlbar ist. Auch Jim Rabie glaubte das, als er noch bei der Polizei war.

Midthun führte das Beispiel zweier Männer an, die eines Bankraubs beschuldigt waren. Der eine ist schuldig, der andere unschuldig. Jeder von beiden wurde von einem Augenzeugen identifiziert. Jeder bestreitet überzeugend seine Beteiligung an dem Verbrechen. »Wir wissen nicht, ob sie die Wahrheit sagen«, sagte Midthun. Es besteht jedoch zwischen den beiden Verdächtigen ein Unterschied. »Der Mann, der es getan hat«, erklärte Midthun, »ist deutlichen physiologischen Veränderungen unterworfen, die eintreten, wenn er in diese Bank hineingeht und die Waffe zieht und sie der Kassiererin unter die Nase hält ... Es ist so, als hätte in seinem Kopf jemand eine Videokamera eingeschaltet. Die Worte, die gesprochen, die Handlungen, die ausgeführt, und die Gefühle, die durchlebt wurden, sind für immer aufgezeichnet - es ist alles da, wie gefilmt.« Der Unschuldige hat dies alles natürlich nicht erlebt. In seinem Kopf gibt es kein Videoband. Drei Jahre nach dem Bankraub wird mit beiden Männern ein Lügendetektortest gemacht. Der Unschuldige bestreitet, die Bank ausgeraubt zu haben. »Was ich auf dem Diagramm sehe, ist ganz gewöhnliche nervöse Spannung, und das bleibt während des ganzen Tests so. Keine Frage hat für ihn mehr Bedeutung als eine andere; alle sind gleich. Ihm fehlt das Bezugssystem. Er hat diese Worte niemals gesprochen, diese Handlungen niemals ausgeführt.« Macht der Schuldige jedoch denselben Test, »schaltet sich an diesem Punkt die Videokamera ein. Drei Jahre lang war sie ausgeschaltet, es sei denn, er wollte sich in der Rückschau daran erfreuen, was für eine tolle Sache das war und wie gerissen von ihm, sich nicht schnappen zu lassen. Aber wenn er dann den Detektortest macht, kann er nicht ausschalten. Er kriegt das verdammte Ding einfach nicht aus ... Ich frage also: ›Haben Sie den Bankraub verübt?‹ Das Videoband läuft, und er sieht sich, wie er die Bank betritt, wie er der Kassiererin die Pistole vors Gesicht hält und sie vollkommen die Fassung verliert. Er wird das nie vergessen ... Es gibt einen Adrenalinstoß. Er schafft den Test nicht.«

Aufgrund seiner eigenen Erfahrung im Umgang mit Lügendetektoren wußte Rabie vielleicht, daß ein verheimlichtes schlechtes

Gewissen über vergangene Taten irreführende Reaktionen auslösen kann; so kann sich zum Beispiel bei dem fälschlich des Bankraubs angeklagten Mann hochgradige Nervosität zeigen, wenn er früher einmal etwas Ähnliches getan hat. Deswegen beschäftigt sich der Testleiter vorher mehrere Stunden mit der Testperson, um eventuelle Konfliktbereiche festzustellen. Das ist auch der Grund, weshalb so spezifisch wie möglich gefragt werden muß. Wie dem auch sei, als Rabie an das Gerät angeschlossen wurde, verspürte er plötzlich das Bedürfnis, sein Gewissen zu erleichtern. Es stellte sich heraus, daß sein Sexualleben doch nicht so fleckenlos gewesen war. Er gestand, ein paar Unbesonnenheiten begangen zu haben, die schwerwiegendste im Alter von dreizehn Jahren, als er mit einem vierjährigen Mädchen gespielt hatte. »Ich kann mich nicht mehr an die genauen Umstände erinnern«, sagte Rabie, nach Worten suchend, »aber am Schluß - ich weiß, daß ich meinen Penis zwischen ihren Beinen hatte - ich bin nicht in sie eingedrungen, aber zwischen ihren Beinen.«

»Ich würde sagen, das fällt unter die Kategorie Erfahrung sammeln«, meinte Midthun großzügig. »Interessieren würde mich die Geschichte, wenn Sie sich später einen Nachschlag geholt hätten, dann hätten wir nämlich den Ansatz zu einem Muster, richtig? Einmal kann man noch kein Muster nennen. Der echte Pädophile, der solche Scheußlichkeiten verüben würde, wie wir von den Ingrams gehört haben, handelt nach einem Muster, das durch widernatürliche Verhaltensweisen gekennzeichnet ist.«

Um eine bewußt ausgesprochene Lüge als Richtwert für die Messungen zu haben, ließ Midthun Rabie die Ziffer sieben auf ein Papier schreiben. Er befahl ihm dann, auf die Frage, ob er die Zahlen vier, fünf und sechs geschrieben habe, mit Nein, also ehrlich zu antworten; auch bei sieben sollte er nein sagen, also lügen; ebenso nein bei acht und neun. Midthun hatte damit, was er das »perfekte Bild einer Lüge« nannte, »wie sie der Bankräuber erzählt, umgeben von vielen nervösen aufrichtigen Antworten, wie die aus dem Mund des Unschuldigen«. An Rabies Hautreaktion war kaum etwas zu erkennen, als er mit der Sieben log, aber die Linie für den Herzschlag machte einen Sprung über das ganze Blatt. Midthun mußte den Stift für das Blatt neu fixieren.

Er begann nun mit dem Test, wobei er belanglose Fragen mit den vier Schlüsselfragen mischte, durch die festgestellt werden sollte, ob Rabie schuldig oder unschuldig war.

»Heißen Sie mit Vornamen James?«

»Ja«, sagte Rabie.

»Sind Sie im Mai geboren?«

»Ja.«

»Beabsichtigen Sie, auf die Fragen über sexuellen Kontakt mit den Ingram-Kindern ehrlich zu antworten?« Das war Midthuns erste Schlüsselfrage.

»Ja!« sagte Rabie laut.

»Ist heute Freitag?«

»Ja.«

»Haben Sie mit Julie jemals sexuellen Kontakt gehabt?« Die zweite Schlüsselfrage.

»Nein.«

»Haben Sie im Alter zwischen zwölf und dreißig jemals an widernatürlichen sexuellen Handlungen teilgenommen, wenn man einmal von den Dingen absieht, die Sie mir vorhin erzählt haben.«

»Nein.«

»Sehen Sie manchmal fern?«

»Ja.«

»Haben Sie sexuelle Kontakte mit Ericka gehabt?« Die dritte Schlüsselfrage.

»Nein.«

»Haben Sie je eines der Ingram-Kinder bedroht?« Die vierte Schlüsselfrage.

»Nein.«

»Haben Sie vor Ihrem dreißigsten Lebensjahr jemals einen Menschen absichtlich verletzt?«

»Nein.«

Midthun führte den Test dreimal durch, um bei Rabies Antworten sicherzugehen. Bei jeder der vier Schlüsselfragen zeigte der Detektor an, daß Rabie gelogen habe.

11

Am Morgen des 2. Februar erwartete Detective Brian Schoening am Seattle-Tacoma International Airport Dr. Richard Ofshe, einen Sozialpsychologen von der Universität Berkeley. Ofshe war der Staatsanwaltschaft als eine Autorität auf dem Gebiet religiöser Kulte und geistiger Fremdsteuerung empfohlen worden. Mit seinen dunklen Eulenaugen und einem üppigen grauweißen Bart, der ihm etwas zeushaft Gebieterisches verleiht, gleicht Ofshe eindeutig dem gängigen Bild des distinguierten Professors. Blitzgescheit, arrogant, weitschweifig, präzise, scharfblickend, mimosenhaft und nicht von falscher Bescheidenheit geplagt - der siebenundvierzigjährige Ofshe besitzt alle Mängel und Tugenden des akademischen Genies und außerdem einen Sinn für gutes Essen, schnelle Autos und hitzige Kontroversen. Zu seinen Referenzen gehört ein Pulitzerpreis, den er 1979 neben einem zweiten Preisträger für seinen Forschungsbericht über den Synanon-Kult in Südkalifornien erhielt. Er hatte umfassend darüber geschrieben, wie verschiedene religiöse Kultgemeinschaften in den USA sich die Techniken der geistigen Fremdsteuerung, die im kommunistischen China, in der Sowjetunion und Nordkorea entwickelt worden waren, zu eigen gemacht hatten. Infolge seiner Recherchen war er in mehrere Gerichtsverfahren mit der Vereinigungskirche, der Scientology-Kirche und EST, um nur einige zu nennen, verwickelt. Seine Kritiker nannten ihn einen Antikult-Extremisten; sie waren der Meinung, seine Kampagne gegen Kulte könnte sich ebenso leicht gegen etablierte Religionsgemeinschaften wenden lassen. Aber wenige waren erpicht darauf, es mit Richard Ofshe direkt aufzunehmen; sein Gusto an intellektuellen Gefechten war so ausgeprägt wie sein Eigensinn.

Gary Tabor hatte einen Experten gesucht, der das, wie es schien, fremdgesteuerte Verhalten praktisch aller Beteiligten, Verdächtiger wie Opfer, im Fall Ingram erklären konnte. Er hatte Ofshe angerufen und gefragt, ob er Erfahrungen mit satanischen Kultgemeinschaften habe. Ofshe hatte ihm offen gesagt, daß im Grunde niemand behaupten könne, auf diesem Gebiet ein Experte zu sein, da alle einschlägigen Behauptungen bisher größtenteils unbelegt geblieben seien. Hier handle es sich um eine reale Sache, hatte Tabor ihm versichert. Dann interessiert es mich, hatte Ofshe geantwortet.

Auf der Fahrt nach Olympia brachte Schoening den Professor über den Fall aufs laufende. Praktisch keine der Aussagen, gleich von welcher Seite, lasse sich verifizieren. Sämtliche Aussagen lägen miteinander im Widerspruch. Die Leute sprächen nicht einmal auf normale Weise, beschwerte sich Schoening. Ofshe fragte, was er damit meine, und Schoening berichtete ihm von Ingrams Geständnissen in der dritten Person, in denen Ingram sich von außen betrachtete, als wären Ingram, der Zuschauer, und Ingram, der Handelnde, zwei verschiedenen Personen. Er erzählte von den »Dann muß es wohl« und »Dann wird es wohl«, die Ingrams Ausdrucksweise kennzeichneten. Und was die Töchter angehe, so sprächen sie sowieso nur wenig, wenn überhaupt.

Das große Problem für alle sei Pauls fortgesetzte Unfähigkeit, sich klar zu erinnern. Das nun kam Ofshe bekannt vor. Neben seiner Arbeit mit religiösen Kulten galt sein Interesse Vernehmungen unter polizeilichem Zwang. In diesem Moment hatte er einen Aufsatz beim ›Cultic Studies Journal‹ in Druck, bei dem es um Unschuldige ging, die schließlich selbst an ihre Schuld glaubten und gestanden. In jedem Fall, mit dem Ofshe sich befaßt hatte, war es zu dem Geständnis gekommen, nachdem die Polizei es geschafft hatte, den Verdächtigen davon zu überzeugen, daß das gegen ihn vorliegende Beweismaterial überwältigend sei und es für seine Unfähigkeit, sich des Verbrechens zu erinnern, eine einleuchtende Erklärung gebe: zum Beispiel, daß er die Erinnerung ausgeblendet habe oder in eine Art Amnesie geflüchtet sei.

Im Fall Ingram, berichtete man Ofshe, könne sich der Verdächtige nicht daran erinnern, daß er seine Kinder im Lauf von siebzehn Jahren immer wieder vergewaltigt habe, weil er die Erinnerung jedesmal verdrängt habe, sobald der Mißbrauch geschehen sei. Selbst der Anklage war bei dieser Theorie nicht wohl, und so war als Alternative zu ihr der Gedanke an geistige Fremdsteuerung aufgekommen. Vielleicht hatte der Kult den normalen Prozeß der Erinnerungsbildung irgendwie durch Drogen oder chronischen Mißbrauch beeinflußt. Vielleicht konnte der angeblich brillante Dr. Ofshe das Programm aufbrechen, das die Schaltungen in den Gehirnen fast aller Mitglieder der Familie Ingram durcheinandergebracht hatte.

Als erstes sprach Ofshe im Beisein von Schoening und Vukich mit Paul Ingram. Er war beeindruckt von Ingrams eifriger Hilfsbereitschaft und dem starken Wunsch, seinen wirren Geisteszustand zu begreifen. Doch als Ofshe sich von Ingram den Hergang der Dinge schildern lassen wollte, erkannte er, daß hier ganz offensichtlich etwas nicht stimmte. Das menschliche Gedächtnis konnte nicht auf die Weise funktionieren, wie Ingram es beschrieb. Entweder log der Mann, oder er war im Wahn. Als Ofshe ihn aufforderte, alltägliche Episoden aus seinem Leben zu schildern, zeigte Ingram ein absolut normales Erinnerungsvermögen. Woher stammten dann aber diese anderen Erinnerungen? Ingram beschrieb die Art und Weise, wie er ein Bild empfing und darüber betete. Er erzählte Ofshe, er übe sich in einer Entspannungstechnik, von der er in einer Zeitschrift gelesen habe und bei der er sich vorstelle, sich in einem warmen, weißen Nebel zu befinden. Nach ein paar Minuten, sagte er, tauchten dann weitere Bilder auf. Er sei überzeugt, es handle sich um reale Erinnerungen, denn Pastor Bratun habe ihm versichert, daß Gott ihm nur die Wahrheit sende. Nach einer Weile schreibe er die Erinnerungen nieder. Ofshe fragte sich, ob

Ingram nicht vielleicht Tagträume als Erinnerungen aufschrieb. Er beschloß ganz spontan, ein, wie er später sagte, »kleines Experiment« zu wagen, um festzustellen, ob Ingram log oder selbst glaubte, das, was er erzählte, sei authentisch.

»Ich habe mich mit einem Ihrer Söhne und einer Ihrer Töchter unterhalten, und sie haben mir etwas erzählt, das geschehen ist«, sagte Ofshe zu Ingram und zwinkerte Schoening und Vukich heimlich zu. Die beiden Beamten starrten ihn verdattert an; er hatte bisher noch gar kein anderes Mitglied der Familie Ingram kennengelernt. »Es ging da um einen Zwischenfall, bei dem Sie die beiden zum Geschlechtsverkehr miteinander zwangen, während Sie zusahen. Erinnern Sie sich daran?«

Nein, daran erinnerte sich Ingram nicht. Tatsächlich hatten die Beamten ihm bei der ersten Vernehmungsrunde, als er eine Anzahl von Verbrechen gestanden hatte, ein ähnliches Bild vor Augen gehalten, und er hatte sich auch da nicht erinnert. Aber davon ließ sich Ofshe nicht beirren. »Das ist wirklich geschehen«, behauptete er. »Ihre Kinder waren dabei - sie erinnern sich beide daran. Wie kommt es, daß Sie sich nicht erinnern können?«

Ingram wollte wissen, wo es denn geschehen sei.

»In eurem neuen Haus«, sagte Schoening, das Spiel mitmachend.

Ingram schloß die Augen und preßte seinen Kopf in die Hände. Diese Haltung war den Beamten wohlbekannt. Mehrere Minuten verstrichen.

»Ich glaube, ich kann Ericka und Paul Ross sehen«, sagte Ingram.

Ofshe forderte ihn auf, nicht mehr zu sagen. »Gehen Sie in Ihre Zelle und beten Sie«, sagte er.

Als Ingram gegangen war, fielen die Beamten erregt über Ofshe her. Was er damit bezwecke? Ofshe erklärte, er wolle lediglich die Zuverlässigkeit von Ingrams Erinnerungen prüfen. Warum er dann nicht eine Szene gewählt habe, fragten sie, die etwas weiter außerhalb des Bereichs des Möglichen liege? Keinen der Ermittlungsbeamten hätte es gewundert, wenn Ingram seine sechs Kinder zum Geschlechtsverkehr untereinander animiert hätte - das wäre nicht unerhörter oder abscheulicher gewesen als die Geschichten, die sie bereits gehört hatten.

Später am Nachmittag traf Ofshe im Amtssitz des Sheriffs im Beisein von Detective Loreli Thompson, Gary Tabor und Julies Vertrauensfrau vom Frauenhaus mit Julie zusammen. Julie drehte ihren Stuhl zur Wand und kommunizierte in erster Linie durch Kopfbewegungen.

Trotz dieses wenig einladenden Arrangements glaubte Ofshe bei Julie etwas Spielerisches zu entdecken.

Er hoffte, sich dies zunutze machen zu können, um sie aus der Reserve zu locken. Zum erstenmal produzierte Julie ihre eigenen Erinnerungen an Kultzeremonien. Sie schrieb eine kurze Schilderung von Menschen in langen Gewändern und einer Puppe, die von einem Baum herabhing, nieder. Ofshe fragte, ob Mitglieder des Kults zu ihr gesagt hätten, daß sie magische Kräfte besäßen. »Nein, das nicht«, antwortete Julie. Ob einmal jemand zu ihr gesagt habe, daß der Kult immer wisse, was sie gerade tue? Darauf gab sie keine Antwort. Ob das eine Frage sei, die sie nicht beantworten wolle? Julie nickte, ohne den Kopf zu drehen. »Das heißt also, daß es wahr ist«, sagte Ofshe. Er bat Julie aufzuschreiben, wie diese Leute es fertigbrächten, sie zu bespitzeln. Julie schrieb: »Sie haben gesagt, ein mächtiger Mann spricht mit ihnen und sagt ihnen alles, was ich tue oder sage. Der mächtige Mann spricht durch andere Leute zu ihnen.« Ob dieser mächtige Mann der Teufel sei? Julie zuckte die Achseln.

Habe sie einmal miterlebt, wie Tieren schlimme Dinge angetan wurden? Sie schüttelte verneinend den Kopf. Oder kleinen Kindern? Nein. Puppen? Ja, bedeutete Julie mit einer Kopfbewegung und schrieb: »Sie haben Puppen voll Blut an den Bäumen aufgehängt und gesagt, die weiße Frau würde sie töten und würde einen selbst töten, wenn man was verrät.« Sie konnte nicht sagen, wer die weiße Frau war, aber sie schrieb, die Frau trage »ein langes weißes

Kleid wie ein Kostüm«. Sie sprach davon, daß sie als Kind viel zur Kirche gegangen sei und es »ganz gern« gemocht habe. Sie glaube an den Teufel, wisse aber nicht, warum. Sie beschrieb sich selbst als eine seltsame und nervöse Person.

Ofshe bat sie, die Namen anderer Kinder in der Kultgemeinschaft aufzuschreiben. Sie schrieb: »Ericka, Chad, Paul« und dazu die Namen dreier anderer Kinder, von denen bisher nie die Rede gewesen war. Dann schrieb sie die Erwachsenen auf und nannte auch hier neue Namen. Zum erstenmal begann die Gruppe, die die Kultgemeinschaft bildete, Gestalt anzunehmen. Für die Beamten war es ein äußerst lohnendes Gespräch. Es erstaunte sie, was Ofshe alles aus Julie hatte herausholen können.

Der Gegensatz zwischen den Schwestern fiel Ofshe stark auf, als er am folgenden Tag Ericka kennenlernte. Julie kleidete sich nachlässig - beinahe schlampig -, während Ericka stark geschminkt war und ihr Haar zu einer Riesentolle toupiert trug. Anstatt vor dem Rampenlicht zurückzuschrecken, schien Ericka erpicht darauf, im Mittelpunkt zu stehen. Die Schwestern schienen nichts gemeinsam zu haben außer ihre Gegensätzlichkeit: Julie so schüchtern, Ericka so forsch; Julie so reizlos und naiv, Ericka so attraktiv und gescheit.

Bisher hatten sich die Vernehmungen der Mädchen auf verübte Verbrechen konzentriert. Ofshe wählte eine andere Strategie. Er sagte zu Ericka, er sei wie ein Anthropologe, der soeben in ihrem Heimatort eingetroffen sei und nun alles über ihr Leben im Kult erfahren wolle. Erzählen Sie mir, wie sich die Versammlungen abgespielt haben, wie sie sich in ihr Alltagsleben eingefügt haben, sagte er. Einen ähnlichen Ansatz hatte er bei der Vernehmung von Mitgliedern anderer Kulte gebraucht. In solchen Organisationen gibt es eine hierarchische Ordnung; es gibt feste Sitten und Gebräuche, es gibt Tabus, Maximen, Legenden, Dogmen, es gibt eine Gruppengeschichte - mit anderen Worten, es gibt eine Gesellschaft.

Ihrer eigenen Schätzung zufolge hatte Ericka im Lauf ihres Lebens an 800 Ritualzusammenkünften teilgenommen und fünfundzwanzigmal miterlebt, wie Säuglinge geopfert worden waren. Was genau bei diesen Ritualen ablaufe, wollte Ofshe wissen. »Sie singen in Sprechgesängen«, antwortete sie. Wie der Text laute? Das wisse sie nicht mehr. Saßen oder standen sie dabei? fragte er. Auch daran könne sie sich nicht erinnern. Wer waren die anderen Leute und was für Menschen waren sie? Es sei zu belastend, darüber zu sprechen. Ehe Ofshe das Gespräch beendete, fragte er, ob ihr Vater sie und einen ihrer Brüder je zum Geschlechtsverkehr gezwungen und dabei zugesehen habe. Ericka antwortete, so etwas sei nie vorgekommen.

Am selben Tag suchte Ofshe Ingram erneut im Gefängnis auf. Ingram behauptete, er habe jetzt einige klare Erinnerungen an eine Szene, in der Ericka und Paul Ross Geschlechtsverkehr miteinander gehabt hätten. Er habe sich Aufzeichnungen gemacht. Wieder bat ihn Ofshe, nicht mehr zu sagen, sondern in seine Zelle zurückzukehren und zu beten, die Szene zu visualisieren und alles für ihn niederzuschreiben.

Ofshe traf sich auch mit Sandy. Sie berichtete ihm, einige ihrer Erinnerungen kehrten jetzt, dank den Gesprächen mit Pastor Bratun langsam wieder. Sie sei außerdem bei einem Psychiater und einem Psychologen gewesen.

»Wie hilft Ihnen Pastor Bratun?« fragte Ofshe.

»Man könnte sagen, er bohrt«, antwortete Sandy. »Als wir anfingen, hat er mir allerdings zuerst eine Szene geschildert.«

»Eine, die Paul ihm beschrieben hatte?« fragte Ofshe.

Sandy bestätigte, daß die meisten ihrer Sitzungen so begännen.

Ofshe fragte, ob Sandy vor ihrem Mann Angst habe.

»Nein«, antwortete sie. »Ich erinnere mich in meiner normalen Erinnerung, daß er mich manchmal angebrüllt hat, aber es war nie etwas Unnatürliches. Ich weiß aus meiner normalen Erinnerung, daß er mich einmal geschlagen hat, aber ich erinnere mich an nichts, woran ich gemerkt hätte, daß etwas nicht in Ordnung war.«

»Woher haben Sie denn diese Vorstellung, daß es eine normale und eine andere Erinnerung gibt?« fragte Ofshe.

»Es gibt Dinge, an die ich mich erinnere, Geburtstagsfeiern zum Beispiel und wie alt die Kinder in dem betreffenden Jahr waren«, erklärte Sandy. »Und dann gibt es Dinge, an die ich mich jetzt erst wieder erinnert habe. Sie sind anders als meine anderen Erinnerungen.«

Ofshe bat sie, die Erinnerungen zu beschreiben, die mit Pastor Bratuns Hilfe wach wurden. Sandy beschrieb mehrere Vergewaltigungsszenen mit Rabie und Risch und Teufelsrituale im Wald. Sie habe zugesehen, wie Paul mit der Hohenpriesterin Geschlechtsverkehr gehabt habe. »Ich erinnere mich, daß ich an einen Baum gebunden war«, sagte sie. »Es war Wasser und Feuer da. Einmal hat Jim die Kinder bei den Füßen genommen und ins Wasser getaucht. Ich sollte ein weißes Gewand anziehen ... Ray steht da und hält alle Gewänder, und als ich die Szene das erstemal sah, hab ich mich gefühlt wie bei einer Initiation.«

»›Sehen‹ Sie die Szene oder erinnern Sie sich an sie?«

»Nein, ich sehe sie«, sagte Sandy. »Und - äh - alle sprechen einen Treueid, und wir sind alle draußen im Freien, und auf dem Tisch liegt ein Buch und - äh - Jim hält mich bei der Schulter, und seine Nägel sind alle schwarz lackiert, und sie sind sehr lang und graben sich in meine Schulter, und dieses Buch blutete -« ihre Stimme brach, und sie begann zu schluchzen, »und Paul und die Hohepriesterin und Jim berühren es, und das Blut strömt über Jims ganzen Körper und fließt seinen Arm hinauf und über seinen Kopf und dann fließt es über mich.«

»Das Blut fließt also bergauf?«

Sandy lachte verzweifelt. »Jim sagt, ich sei bereit, und sie legen mich auf den Tisch. Um meinen Hals, meine Arme, meine Beine und meine Fußgelenke sind Lederriemen, und die Hohepriesterin schneidet mit einem Messer meine Kleider auf.«

Sandy hatte zu zittern angefangen. Jeder, der sie in diesem Zustand gesehen hätte, wäre erschrocken gewesen über ihren wackelnden Kopf, ihre rollenden Augen und ihre hohe, zitternde Stimme. Ihr Gesicht verzerrte sich auf seltsame Weise. Für Sax

Rodgers war das Gespräch mit ihr eines der erschütterndsten Erlebnisse seines Lebens. Selbst Loreli Thompson war angesichts des unheimlichen Bilds, das Sandy bot, etwas aus der Fassung geraten.

Ofshe brachte sie wieder zu Sinnen, indem er sie bat, normale Erinnerungen, wie zum Beispiel die gemeinsamen Urlaube der Familie zu schildern. Sie beruhigte sich augenblicklich. Sie erzählte von Reisen zum Deer Lake in Ost-Washington, daß man vorher Andrea abgeholt hatte, von anderen Ferien, als die Kinder noch klein gewesen und sie alle zusammen beim Campen gewesen waren und lange Wanderungen gemacht hatten. »Es gab da einen kleinen Laden und Paddelboote, und die Kinder konnten vom Steg aus angeln und schwimmen.«

»Erinnern Sie sich an diese Dinge?« fragte Ofshe.

»Ja.«

»Können Sie sich an sie erinnern, ohne sie zu ›sehen‹?«

»Ja.«

»Können Sie sich an diese anderen Szenen erinnern, ohne sie zu ›sehen‹?«

»Ich weiß nicht. Ich sehe sie eben einfach«, sagte Sandy. »Ich fühle, wie sie mich anfassen und festhalten. Ich kann die Gerüche riechen.«

»Es ist also real für Sie.«

Sandy bejahte: Es sei sehr real.

»Würde es Sie überraschen, wenn ich Ihnen sagte, daß ich glaube, daß überhaupt nichts geschehen ist?« fragte Ofshe.

»Tja, darüber haben wir gesprochen«, bekannte Sandy. »Ich habe das sogar selbst schon gedacht - ich meine, daß das alles nur ein Riesenschwindel ist.«

»Das sind nicht die Worte, die ich gebrauchen würde«, sagte Ofshe vorsichtig. »Wenn ich Ihnen sagte, daß dies alles meiner Meinung nach versehentlich zustande gekommen ist, würde Sie das überraschen?«

»Alles, was geschehen ist«, antwortete Sandy, »war ja sehr überraschend und sehr seltsam, aber ich würde mich doch fragen, wieso ich spüren kann, wie sie mich anfassen und festhalten, und wieso ich sie riechen und fühlen und hören kann.«

»Haben Sie böse Träume dieser Art?«

»Nein«, antwortete Sandy. »Es muß eine andere Erklärung geben - sonst können Sie mich gleich in eine Anstalt sperren. Und ich glaube nicht, daß ich verrückt bin.«

Zur allgemeinen Überraschung war Paul Ross für kurze Zeit nach Olympia zurückgekehrt, und es gelang Ofshe, auch mit ihm zu sprechen. Wie den Kriminalbeamten fiel Ofshe die Ausstrahlung von Gefährlichkeit auf, die den jungen Mann umgab. Paul Ross erzählte die gleiche Geschichte wie vorher, daß seine Mutter ans Bett gefesselt gewesen sei, während Rabie sie vergewaltigt habe, und daß sein Vater ihn geschlagen habe. Er schilderte seinen Vater als eine »Dr. Jekyll und Mr. Hyde«-Persönlichkeit. Seine Mutter andererseits sei ihm immer als die liebevolle und fürsorgliche Mom erschienen, doch nach dem, was seine Schwestern über sie gesagt hätten, könne er nur vermuten, daß auch sie mit dem Mißbrauch zu tun hatte. Er nahm an, auch sie besitze eine gespaltene Persönlichkeit.

Paul Ross sagte, er wisse nichts von den Teufelsritualen, denen sich seine Angehörigen angeblich hingegeben hatten; er wisse nur das, was er in der Zeitung darüber gelesen habe. Dennoch wußte er eine ganze Menge über Dämonologie, ein Thema, mit dem er sich seit zehn Jahren beschäftigte. Er hatte Aleister Crowley gelesen, ›Das ägyptische Totenbuch‹, und viele der wichtigsten Bücher über Hexenzauber, Satanismus, Zauberei und Voodoo. Ofshe, der Lehrer, war frustriert darüber, daß dieser zornige, aber dennoch lernbegierige junge Mann in einem Lagerhaus arbeitete. Er empfahl Paul Ross bei mehreren Gelegenheiten, sich an einem College zu bewerben, und erbot sich sogar, ihn zu beraten.

»Ich möchte gern darauf zu sprechen kommen, ob Ihnen etwas angetan wurde«, sagte Ofshe vorsichtig, »und ob Sie jemals bei Gruppensitzungen dabei waren, die rituelle Aspekte hatten.«

»Erstens weiß ich nichts«, antwortete Paul Ross. »Und zweitens erinnere ich mich an nichts.«

Als Ofshe ihn bat, das zu erklären, sagte der junge Mann, er habe an die Zeit vor seinem achten Lebensjahr keinerlei klare Erinnerungen, allerdings sei ihm nach den Gesprächen mit den Kriminalbeamten wieder eingefallen, daß er früher häufig die Treppe hinuntergefallen sei. »Entweder war ich ein echter Tolpatsch, oder irgend jemand hat mich kräftig gestoßen. Ich erinnere mich, daß ich einmal mit kahlrasiertem Hinterkopf im Krankenhaus aufgewacht bin. Eigentlich müßte ich mich doch daran erinnern können, wie ich da die Treppe runtergefallen bin.«

Dieser Unfall hatte sich zugetragen, als er vier oder fünf Jahre alt war. Er hatte davon noch eine Narbe. Auf die Frage, ob er in seiner Kindheit bei Teufelsritualen dabeigewesen sei, sagte Paul Ross: »Da könnte ich weder ja noch nein sagen. Ich erinnere mich an nichts.«

Ofshe fand wie alle anderen, die mit dem Fall zu tun hatten, Paul Ross' Geschichte verwirrend. Sie war einerseits voller Andeutungen, andererseits völlig unbestimmt. Hatte nun Mißbrauch stattgefunden oder nicht?

Der junge Mann glaubte, ja, konnte sich aber nicht erinnern; und auch an irgendwelche Rituale hatte er keine Erinnerung. Das einzige, was ihm klar im Gedächtnis war, war Rabies Überfall auf Sandy. Und dennoch, sagte sich Ofshe, wenn dieser Teil von Paul Ross' Geschichte wahr war, dann konnte auch alles andere, woran sich die Familienmitglieder erinnerten - selbst die unglaublichsten Ritualszenen -, wahr sein.

Als Ofshe das nächstemal mit Ericka sprach, sagte diese, sie glaube, ihre Mutter gehöre immer noch zur Kultgemeinschaft. Sie berichtete, daß Sandy sie kürzlich im Haus von Pastor Ron Long besucht habe und ihr den »Todeskuß« des Kults gegeben habe. Ofshe bat sie, diesen zu beschreiben. Wodurch unterscheide er sich von einem gewöhnlichen Kuß? Das konnte Ericka nicht sagen. Als Ofshe später den Pastor und seine Frau fragte, ob sie gesehen hätten, daß Sandy Ericka küßte, beschrieben sie ein gewöhnliches Küßchen auf die Wange.

Ofshe suchte Paul Ingram ein drittes Mal auf. Schoening erkannte den Ausdruck auf Ingrams Gesicht, als dieser in den Vernehmungsraum kam. Er strahlte. Ingram war stets stolz auf sich, wenn er eine neue Erinnerung hervorgebracht hatte. Er reichte Ofshe ein dreiseitiges schriftliches Geständnis. Ofshe las es durch. »Bei Tag: Wahrscheinlich Samstag- oder Sonntagnachmittag« begann das Geständnis, sehr ähnlich einem Filmdrehbuch.

In Erickas Zimmer in der Fir Tree Road. Stockbetten. Ericka und Julie teilen sich das Zimmer. Ich bitte oder befehle Paul jr. und Ericka, nach oben zu kommen, und dann gehen wir in Erickas Zimmer. Ich mache die Tür zu und sage ihnen, daß wir jetzt etwas spielen (ein Spiel?).

Ich sage ihnen, sie sollen sich ausziehen. Ericka sagt: »Aber Dad!« Ich sage: »Zieh dich aus und widersprich nicht.« Ich habe einen Ton oder eine Art an mir, daß sie nicht protestieren, sondern sich ausziehen. Ich versperre wahrscheinlich die Tür, damit sie nicht rauskönnen.

Ericka ist ungefähr zwölf oder dreizehn. Körperlich recht gut entwickelt. Paul ist zwölf bis vierzehn. Beide haben schon etwas Schamhaar.

Ich sage Ericka, sie soll sich hinknien und Pauls Genitale streicheln. Als er eine Erektion bekommt, sage ich ihr, sie soll seinen Penis in ihren Mund stecken und ihn oral stimulieren. Ich sage ihr auch, daß sie weiter mit ihren Fingern arbeiten soll. Ich lasse sie mit ihrer Zunge seinen Penis berühren. Als Paul einen Orgasmus bekommt, sage ich Ericka, sie soll seinen Penis im Mund behalten und die Stimulierung fortsetzen. Ich sage ihr, sie soll das Sperma hinunterschlucken, aber sie läuft ins Bad und spuckt. Ich befehle ihr, wieder ins Zimmer zu kommen, und sage ihr, daß Sperma Protein ist und ihr nicht schadet.

Ich sage Ericka, sie soll sich auf den Rücken legen. Ich befehle Paul, sich über sie zu knien und ihre Scheide sachte mit den Fingern zu reiben. Ich sage ihm auch, daß er ihre Brüste berühren und streicheln soll. Als er eine volle Erektion hat, sage ich ihm, er soll in Ericka eindringen und den Akt vollziehen. Sobald sie fertig sind, sage ich Ericka, sie soll sich saubermachen und dann ins Zimmer zurückkommen.

Ich kleide mich aus und sage Ericka, sie soll oralen Geschlechtsverkehr mit mir ausüben. Sie tut, was ich ihr sage. Sie stimuliert mich mit ihren Fingern, ihrer Zunge und ihrem Mund, bis es mir kommt. Ich sage ihr, sie soll das Sperma in ihrem Mund auffangen, und sie kann es dann entweder verschlucken oder ausspucken. Ich glaube, sie spuckt es im Bad aus.

Ich befehle ihr, sich auf den Boden zu legen. Ich streichle ihre Scheide und ihre Brüste und berühre ihre Vagina wahrscheinlich mit dem Mund. Ich dringe in sie ein. Paul sieht bei dem allen zu. Wenn sie keinen Orgasmus gehabt hätte, hätte ich sie mit den Fingern stimuliert, bis sie einen bekommen hätte.

Es kann sein, daß ich den Kindern gesagt habe, sie müßten den Sexualakt lernen und lernen, wie man es richtig macht. Daß es wichtig ist, daß es für jeden ein angenehmes Erlebnis ist.

Es kann sein, daß ich mit Paul analen Verkehr habe; nicht richtig klar. Ich habe bei anderen Gelegenheiten analen und oralen Verkehr mit ihm gehabt.

Wir ziehen uns alle wieder an. Ich frage: »Das hat euch doch beiden gefallen, nicht wahr?« Sie sehen mir beide nicht in die Augen und sagen beide kein Wort. Ich sage: »Es ist besser, ihr genießt es. Wir brauchen einander, es gibt keinen Grund, sich dagegen zu wehren.«

Paul geht nach unten, ich gehe in mein Schlafzimmer, vielleicht um mich zu säubern, Ericka bleibt in ihrem Zimmer. Ich gehe nach unten. Sandy und die anderen Kinder sind da unten. Ich gehe zu Sandy in die Küche und küsse sie, als wäre nichts geschehen. Über das, was passiert ist, verliert keiner ein Wort. Ich glaube nicht, daß Sandy weiß, was los war.

Ich bin nicht sicher, wie oft solche Dinge vorkamen. Ich glaube, daß ich ihnen sage, sie sollen sanft miteinander umgehen.

Ich glaube, wenn ich Paul und Ericka gesagt habe, daß sie nach oben kommen sollen, dann haben die anderen oben, die mich und Paul und Ericka gehört haben, gewußt, was los war, und daß sie uns nicht stören dürfen.

Die Fähigkeit, Paul und Ericka zu beherrschen, kommt vielleicht nicht von mir allein. Es scheint eine echte Furcht vor Jim oder einer anderen Person zu bestehen. Es kann sein, daß jemand mir befohlen hat, das mit den Kindern zu tun. Das ist ein Gefühl von mir.

Hier nun war ein detailliertes, klares Geständnis, komplett mit Dialog, in dem eine Szene geschildert wurde, die sich nie abgespielt hatte. Ofshes »kleines Experiment« hatte zunächst einmal gezeigt, wie stark der Druck sein mußte, der Ingram veranlassen konnte, seine - Ofshes - Forderungen nach einer Erinnerung zu erfüllen; es bedurfte, wie demonstriert, nur eines äußerst geringen Drucks. Als nächstes galt es herauszufinden, ob Ingram nun zugeben würde, daß es sich um ein falsches Geständnis handelte. Doch da war Paul Ingram nicht zu erschüttern. »Es ist für mich genauso real wie alles andere«, behauptete er immer wieder.

Ofshe zweifelte jetzt ernstlich daran, daß Ingram sich überhaupt irgendeines Vergehens schuldig gemacht hatte, und fragte sich, ob er nicht einfach ein stark suggestibler Mensch sei, mit einer Tendenz, zwischen Trance und Wirklichkeit hin und her zu gleiten, und einer offenkundigen und nicht ganz ungefährlichen Beflissenheit, Autoritätspersonen gefällig zu sein. Er verdächtigte Ericka, eine chronische Lügnerin zu sein. Während der gesamten Ermittlungen war Julie in ihren Anschuldigungen stets Erickas Führung gefolgt. Ofshe bezweifelte, daß die Schwestern beabsichtigt hatten, mit ihren Vorwürfen vor Gericht zu gehen. Aber nachdem einmal Anzeige erstattet worden war, hatten sie, meinte er, die Widersprüchlichkeiten in ihren ursprünglichen Anschuldigungen mit noch phantastischeren Behauptungen zu übertünchen versucht. Das ganze Desaster war seiner Meinung nach eine Art Massenwahnsinn - vor allem für Volkskundler geeignet, wären dabei nicht die Leben Unschuldiger ruiniert worden. Als Ofshe aus Olympia abreiste, war er überzeugt, daß hier ein neues Salem in der Entstehung war. Die Hexenprozesse, glaubte er, würden binnen kurzem beginnen.

12

Chris hört seinem älteren Bruder Jim zu, der erzählt, wie Chris mit fünf Jahren einmal in einem Einkaufszentrum verlorenging. »Es war 1981 oder 1982. Ich erinnere mich, daß Chris fünf war. Wir waren zum Einkaufen ins University City Einkaufszentrum in Spokane gefahren. Nachdem wir zunächst in Panik geraten waren, fanden wir Chris wieder, als er von einem großen, älteren Mann (ich glaube, er hatte ein Flanellhemd an) durch die Halle geführt wurde. Chris weinte und hielt den Mann an der Hand. Der Mann erklärte, er habe Chris wenige Minuten zuvor in Tränen aufgelöst umherirrend gefunden und habe ihm jetzt helfen wollen, seine Eltern zu finden.«

Diese Szene entstammt einem Experiment, das Elizabeth F. Loftus, Professorin für Psychologie an der Universität von Washington in Seattle durchführte. Es war Teil einer Studie, mit deren Hilfe man feststellen wollte, ob gefälschte Erinnerungen eingepflanzt und mit derselben Gewißheit geglaubt werden können wie wahre. Chris, der vierzehn Jahre alt ist, erinnert sich nicht daran, in einem Einkaufszentrum verlorengegangen zu sein, doch als ihm diese Geschichte von einem Menschen erzählt wird, den er als Autoritätsperson betrachtet - von seinem älteren Bruder -, löst sein gewöhnlicher Widerstand gegen Beeinflussung sich auf. Nur zwei Tage später, als man Chris auffordert, sich daran zu erinnern, wie es war, als er verlorenging, hat er dieses Ereignis, das nie stattgefunden hat, bereits mit Gefühlen ausgestattet. »An dem Tag hatte ich solche Angst, daß ich meine Eltern nie wiedersehen würde. Ich habe gewußt, daß ich in großen Schwierigkeiten steckte.« Am folgenden Tag erinnert er sich, daß seine Mutter ihm danach sagte, so etwas nie wieder zu tun. Am vierten Tag erinnert er sich an das Flanellhemd des alten Mannes. Am fünften Tag kann er bereits die Geschäfte in dem Einkaufszentrum vor sich sehen. Er kann sich sogar an Fragmente eines Gesprächs mit dem alten Mann erinnern. Als Chris schließlich von seinem älteren Bruder darüber aufgeklärt wird, daß die Erinnerung an »den Tag, als ich im Einkaufszentrum verlorenging« gefälscht ist, kann er es kaum fassen: »Wirklich? Ich dachte, ich könnte mich daran erinnern, wie ich mich verirrt habe ... und nach euch gesucht habe. Daran erinnere ich mich wirklich. Und wie ich dann geweint habe und Mom zu mir kam und gesagt hat: ›Wo hast du denn gesteckt? Tu das ja nie wieder.‹«

Dr. George Ganaway, der viel über die Wirkung der Hypnose auf das Gedächtnis geschrieben hat, führte, durch die Forschungsarbeit von Loftus angeregt, ein verwandtes Experiment durch. Er bat eine sehr suggestible Person, ihm zu erlauben, ihr, während sie in Trance sei, etwas zu suggerieren. Er suggerierte ihr, zwischen dem Zeitpunkt, als sie das Einkaufszentrum verließ, und dem Moment, als sie zu Hause eintraf, klaffe eine Lücke von fünf Stunden. Ob sie über diese Zeit Rechenschaft ablegen könne. Die Versuchsperson begann eine Geschichte zu erzählen, derzufolge sie an einer Ranch vorbeigefahren war und angehalten hatte, um bei einer Kuh Geburtshilfe zu leisten. Ganaway, der zugibt, etwas Exotischeres erwartet zu haben, schmückte die Geschichte aus, indem er sagte, von oben habe ein helles Licht herabgestrahlt. Augenblicklich erinnerte sich die Frau, ein gewaltiges Geräusch gehört und beim Aufblicken ein UFO gesehen zu haben. Sie und das neugeborene Kälbchen seien von Außerirdischen entführt worden.

»Haben sie an Ihnen Experimente unternommen?« fragte Ganaway.

»Nein.«

»Bemühen Sie sich mehr«, meinte er.

»O doch«, erinnerte sie sich plötzlich und schilderte ihm dann ein kompliziertes Entführungsdrama, das in eine frühere Zeit ihres Lebens zurückführte, in der sie ebenfalls entführt worden sei. Dann erinnerte sie sich eines Erlebnisses, bei dem sie dem Tode nahe gewesen war, und regredierte immer weiter, bis sie schließlich in ein früheres Leben im England des achtzehnten Jahrhunderts zurückkehrte, in dem sie auf einem Schloß gewohnt hatte. All dies entwickelte sich aus der Suggestion, es gäbe in ihrem Tagesablauf eine zeitliche Lücke, über die sie Rechenschaft ablegen müsse.

Als die Versuchsperson aus der Trance erwachte, fragte Ganaway, woran sie sich erinnerte. Sie erinnerte sich nur, einem Kälbchen ans Licht der Welt geholfen zu haben, wußte aber, daß das nicht stimmte. Sie war bestürzt, als er ihr eine Videoaufnahme ihres Berichts zeigte, doch bei näherer Überlegung konnte sie die Tageserlebnisse beschreiben, die das Rohmaterial für diese Phantasien geliefert hatten. Zum Beispiel hatte die Frau in der Trance gesagt, die Außerirdischen hätten eine Gewebeprobe entnommen, und danach sei eine Narbe in Form eines Kleeblatts zurückgeblieben. Tatsächlich hatte sie am Tag vorher ein Kleeblatt als Geschenk verpackt. Die britische Adlige des achtzehnten Jahrhunderts hatte sich beschwert, daß sie dauernd »nähen, nähen, nähen« müsse; die Versuchsperson hatte gerade ein Kleid für ihre Tochter fertiggenäht.

Noch eigenartiger als diese fabulierten Erinnerungen war die Tatsache, daß die Versuchsperson im Lauf des folgenden Jahres immer wieder Flashbacks der Bilder bekam, die sie in der Trance heraufbeschworen hatte. Mehrere Tage nach dem Experiment beispielsweise fuhr sie an einer Plakattafel mit einer Werbung für Bugle Boy Jeans vorbei und sah sich plötzlich in einem Raumschiff von Außerirdischen. Diese Flashbacks traten auf, obwohl sie wußte, daß die Bilder Phantasien und bei einem Experiment produziert worden waren; sie hielten sich mit der Hartnäckigkeit wahrer Begebenheiten in ihrem Gedächtnis.

Andere Versuche haben gezeigt, wie unzuverlässig Erinnerungen an so triviale Dinge wie die Frage sind, wen jemand bei der letzten

Wahl gewählt hat oder wo er sich gerade befand, als das Raumschiff Challenger explodierte. Nach dem Angriff eines Heckenschützen auf den Spielplatz einer Grundschule produzierten Kinder, die an dem Tag gar nicht in der Schule gewesen waren, Erinnerungen daran, das Ereignis gesehen zu haben. Loftus beruft sich auf eine Regierungsstudie, in deren Rahmen 590 Personen befragt wurden, von denen bekannt war, daß sie einen Autounfall erlebt und dabei Verletzungen erlitten hatten. Etwa vierzehn Prozent konnten sich schon ein Jahr später nicht mehr an das Geschehnis erinnern. Ein weiteres Beispiel: 1500 Personen, die im vergangenen Jahr aus einem Krankenhaus entlassen worden waren, wurden nach ihren Erfahrungen dort befragt; mehr als ein Viertel erinnerte sich nicht, überhaupt im Krankenhaus gewesen zu sein.

Die Forschungsarbeit, die Loftus und andere über Gedächtnis und Erinnerung geleistet haben, bedroht viele der tiefverwurzelten Glaubenssätze der Psychologie - vor allem den Begriff der Verdrängung, »den Eckstein«, wie Freud 1914 schrieb, »auf dem das ganze Gebäude der Psychoanalyse fußt«. Die Theorie besagt, daß die Verdrängung, genau wie die Verleugnung - die schmerzhafte Gedanken, die Teil der Gegenwart sind, beiseite schiebt -, schmerzliche oder konfliktbeladene Erinnerungen vergangener Ereignisse an der Bewußtwerdung hindert. Diese verdrängten Erinnerungen, Gefühle, Wünsche oder Strebungen lauern im Unbewußten und können einen Menschen zu irrationalen und scheinbar sinnlosen Handlungen veranlassen. Wenn beispielsweise ein Kind seinem Vater böse ist, dieses Gefühl jedoch verdrängt hat, kann es sein, daß es seine Wut in einem Gesetzesverstoß zum Ausdruck bringt. So hatte beispielsweise Chad Ingram, als er mit siebzehn Jahren beim höchst ungeschickten Versuch, Weihnachtssüßigkeiten zu stehlen, ertappt und in Handschellen abgeführt wurde, »den stolzesten Moment meines Lebens«. Ziel der Psychoanalyse ist es, verdrängtes Material wieder ins Blickfeld des Bewußtseins zu bringen, wo es identifiziert und entschärft werden kann.

Der Verdrängungstheorie zufolge ist zu erwarten, daß Patienten in der Therapie Erinnerungen an Kindheitstraumen auffinden, auch wenn derartige Erinnerungen gelegentlich einfach so ins Bewußtsein aufsteigen können, weil sie durch irgendeinen äußeren Anlaß ausgelöst werden. Eine Frau namens Eileen Franklin spielte im Jahr 1989 in San Mateo in Kalifornien mit ihrer fünfjährigen Tochter, als ihr plötzlich der Gesichtsausdruck einer Freundin aus ihrer Kindheit einfiel, die zwanzig Jahre zuvor ermordet worden war. In der Therapie kehrten weitere Erinnerungsfetzen zurück. Sie erinnerte sich, gesehen zu haben, daß ihr Vater diese Freundin in einem VW-Bus sexuell mißhandelt und dann den Kopf mit einem Stein zertrümmert hatte. Das zumindest sagte sie im Zeugenstand aus. Zuvor hatte Eileen Franklin ihrem Bruder und ihrer Mutter erzählt, die Erinnerung sei ihr in der Hypnose gekommen. Der Staat Kalifornien läßt mittels Hypnose verdichtete Erinnerungen vor Gericht nicht zu. Als sie schließlich vor Gericht ging, hatte sie ihren Bericht mehrmals geändert. Sie sagte, sie habe das Bild in einem Traum wiedergefunden, dann, daß es ihr in der Therapie gekommen sei; und schließlich, daß es ihr in Form eines Flashbacks gekommen sei, als sie ihre Tochter angesehen hatte. Diese Aussage machte sie später vor den Geschworenen. Vor allem aufgrund von Franklins Beschreibung der wiederaufgefundenen Erinnerung wurde ihr Vater wegen Mordes verurteilt.* Er sitzt derzeit eine lebenslängliche Zuchthausstrafe in San Quentin ab.

Ähnlich der Fall Frank Fitzpatricks, eines achtunddreißigjährigen Versicherungsberaters aus Rhode Island, der plötzlich an tiefem seelischem Schmerz litt und den Grund dafür nicht begreifen konnte. Als er sich auf sein Bett legte, erinnerte er sich an das Geräusch schweren Atems. »Da wurde mir klar, daß ich von jemand, den ich geliebt hatte, sexuell mißbraucht worden war«, berichtete Fitzpatrick später der ›New York Times‹. Schließlich konnte er dem Täter auch einen Namen geben: Pater James Potter, drei Jahrzehnte zuvor sein Priester in North Attleboro, Massachu-

*Einen aufschlußreichen Bericht über diesen faszinierenden Fall bietet ›Once Upon a Time‹ von Harry N. MacLean, 1993

setts. »Erinnern Sie sich an Pater Potter?« fragte Fitzpatrick in einer Anzeige, die er 1989 auf der Suche nach weiteren Opfern in verschiedenen Zeitungen plazierte. Darauf meldeten sich mehr als hundert Personen. Die meisten hatten den Mißbrauch niemals vergessen; einer kleinen Zahl anderer wurde, als sie im Radio oder Fernsehen von dem Fall hörten, plötzlich bewußt, daß es auch ihnen widerfahren war.*

Das öffentliche Bewußtsein für wiederaufgefundene Erinnerungen an erlittenen Mißbrauch wuchs mit den Enthüllungen Roseanne Arnolds im Jahr 1991, die behauptete, sie erinnere sich, vom Säuglingsalter bis zu ihrem siebenten Lebensjahr von ihrer Mutter mißbraucht worden zu sein. Im selben Jahr berichtete Marilyn Van Derbur, eine ehemalige Miss America, sie habe die Erinnerungen an den Mißbrauch, den ihr Vater an ihr begangen habe, als sie ein Kind war, bis zu ihrem 24. Lebensjahr verdrängt.

Loreli Thompson hat selbst nie die Erfahrung gemacht, daß ihr verdrängte Erinnerungen plötzlich bewußt wurden, aber sie erhält ständig Anrufe von Leuten, vor allem Frauen, die sich daran erinnern, mißbraucht worden zu sein, und wissen wollen, ob sie den Täter verklagen können. In den meisten Fällen ist die Verjährungsfrist abgelaufen, doch in mehreren Staaten, unter ihnen Washington, ist durch Gesetzesänderungen die Verjährungsfrist für Zivilklagen verlängert worden. Klagen können innerhalb von drei Jahren nach dem Datum, an dem der Mißbrauch erinnert wurde, angestrengt werden, ganz gleich, wann der Mißbrauch verübt wurde. In vielen Büchern zur Überlebenshilfe, auch in ›The Courage to Heal‹, wird die Klage gegen die Täter, im allgemeinen die Eltern des Opfers, befürwortet. Die Verteidigung kann in solchen Fällen wegen der zeitlichen Distanz sehr schwierig sein: Die Bereitschaft des Staates, den Opfern eine Therapie zu bezahlen, wenn

* Erste Berichte ließen darauf schließen, daß zwanzig Prozent der Opfer von Pater Potter ihre Erinnerungen an die Geschehnisse verdrängt hatten; Dr. Stuart Grassion, ein Psychiater, der die Opfer beurteilte, sagte jedoch, die Zahl liege eher bei fünf Prozent.

diese sie nicht selbst finanzieren können, hat Kritiker zu der Behauptung veranlaßt, das sei sowohl für Therapeuten als auch Klienten ein Anreiz, Erinnerungen an Mißbrauch auszugraben, der vielleicht nie geschehen ist.* Wie dem auch sei, in jüngster Zeit hat es eine wahre Welle von Anschuldigungen gegeben, die auf wiederaufgefundenen Erinnerungen basieren. Viele dieser Erinnerungen beziehen sich auf kultischen Mißbrauch bei Teufelsritualen.

Der Begriff der Verdrängung ist in der Kultur so fest verankert, daß nur wenige seine sachliche Grundlage in Frage stellen. »Sich des Inzests und des Mißbrauchs in der Kindheit erinnern, ist der erste Schritt zur Heilung«, hieß es 1992 in einer Anzeige der ›Adult Survivors of Child Abuse‹, eines Behandlungszentrums für erwachsene Opfer von Kindesmißbrauch in Kalifornien, und diese Behauptung charakterisiert recht genau das Credo der Survivor-Bewegung. Neben einer Telefonnummer, die aus allen Teilen der USA kostenlos angerufen werden kann, enthält die Anzeige eine Liste von Symptomen verdrängter, bisher nicht aufgefundener Erinnerungen an erlittenen Mißbrauch: »Stimmungsschwankungen, Panikanfälle, Medikamentemißbrauch, Wut, Flashbacks, Depression, Hoffnungslosigkeit, Angst, Paranoia, niedrige Selbstachtung, Rückfall, Beziehungsprobleme, Angst vor Sexualität, Sexuelles Zwangsverhalten, Selbstverstümmelung, Borderline-Persönlichkeit, Reizdarm, Migräne, prämenstruelles Syndrom, posttraumatischer Streß, Bulimie, Anorexie, Alkoholismus bei Vater oder Mutter, Fettleibigkeit, multiple Persönlichkeit, Halluzinationen, religiöse Abhängigkeit, Elternschaftsprobleme und suizidale Gefühle«.

* Washington war der erste Staat, der im Rahmen des Entschädigungsprogramms für Verbrechensopfer 1991 Schadensklagen aufgrund wiederaufgefundener Erinnerungen zuließ. Seitdem ist die Zahl solcher Klagen rascher angestiegen als die aller anderen Klagen; im Durchschnitt kostet eine solche Klage 9127 Dollar; im Vergleich belaufen sich die Kosten bei sexueller Nötigung in der Familie auf 1997 Dollar und auf 1552 Dollar bei sexueller Nötigung außerhalb der Familie. Siehe die Serie ›Buried Memories, Broken Families‹ (Vergrabene Erinnerungen, zerbrochene Familien) von Stephanie Salter und Carol Ness, in ›San Francisco Examiner‹, 4.-9. April 1993.

Diese umfangreiche Liste gleicht anderen in Büchern und Workshops für ›Überlebende‹, in denen häufig betont wird, daß das Fehlen von Erinnerungen an Mißbrauch kein Zeichen dafür ist, daß der Mißbrauch nicht stattgefunden hat.

»Kinder bewältigen den Mißbrauch häufig, indem sie vergessen, daß er je stattgefunden hat«, schreiben Bass und Davis in ›The Courage to Heal‹.

Es kann sein, daß du infolgedessen keine bewußte Erinnerung an den Mißbrauch hast. Es kann sein, daß du große Teile deiner Kindheit vergessen hast. Dennoch gibt es Dinge, an die du dich erinnerst. Wenn du auf eine bestimmte Weise angefaßt wirst, ekelt es dich. Gewisse Worte oder Gesichtsausdrücke machen dir angst. Du weißt, daß du es nie gemocht hast, wenn deine Mutter dich berührt hat. Du hast in der Unterstufe der High school in deinen Kleidern geschlafen. Du mußtest mehrmals wegen vaginaler Infektionen zum Arzt.

Du glaubst vielleicht, du hättest keine Erinnerungen, aber wenn du erst einmal anfängst, über das zu sprechen, woran du dich eben doch erinnerst, tritt häufig eine Konstellation von Gefühlen, Reaktionen und Erinnerungen zutage, die sich alle miteinander zu handfesten Informationen summieren. Um zu sagen: »Ich wurde mißbraucht«, brauchst du nicht die Art von Erinnerungen, die vor einem ordentlichen Gericht standhalten würden.

Häufig geht das Wissen, daß du mißbraucht wurdest, von einem ganz feinen Gefühl aus, einer Intuition. Es ist wichtig, dieser inneren Stimme zu trauen und ihr zu folgen. Nimm an, daß deine Gefühle begründet sind. Bisher hat keine Frau, mit der wir gesprochen haben und die glaubte, möglicherweise mißbraucht worden zu sein, später entdeckt, daß das nicht stimmte. Immer läuft es in der anderen Richtung, vom Verdacht zur Bestätigung. Wenn du glaubst, du seist mißbraucht worden, und wenn dein Leben die Symptome zeigt, dann bist du auch mißbraucht worden.

Dieses Argument hat auffallende Ähnlichkeit mit dem, das Sigmund Freud in seinem Aufsatz ›Zur Ätiologie der Hysterie‹ vorbrachte, den er im Frühjahr 1896 in Wien vor dem Verein für Psychiatrie und Neurologie las. Zu Beginn seiner Praxis sah Freud eine Anzahl von Patienten, vor allem Frauen, die das neurotische Verhalten einer damals populären Diagnose, Hysterie, zeigten. Zu den körperlichen Symptomen gehörten Lähmung, Zittern, Halluzinationen, Blindheit, Taubheit, Kältegefühle, krampfartiger Brechreiz, Schluckauf und schmerzhafter Harndrang. All diese in ihrer Vielfalt verwirrenden Symptome verband die Tatsache, daß sie psychischen Ursprungs waren, obwohl sie sich als körperliche Leiden manifestierten. Ein Beispiel ist eine Patientin, deren Hand taub geworden ist. Als geistiger Begriff ist die Hand eine Einheit; aus der neurologischen Perspektive jedoch ist sie ein Komplex von Nerven, die von den Fingern durch das Handgelenk und den Arm führen. Es gibt keinen einzelnen Nerv, der die Hand beherrscht, und die Hand kann auch nicht von anderen Teilen der Anatomie abgetrennt werden. Daher muß die Ursache der Taubheit psychisch sein.

In diesem frühen Aufsatz postulierte Freud, die Hysterie sei eine Reaktion auf traumatische Ereignisse in der Kindheit, die verdrängt wurden: »... daß die hysterischen Symptome zu lösen sind, wenn wir von ihnen aus den Weg zur Erinnerung eines traumatischen Erlebnisses finden können. Wenn nun die aufgefundene Erinnerung unseren Erwartungen nicht entspricht, vielleicht ist derselbe Weg ein Stück weiterzuverfolgen, vielleicht verbirgt sich hinter der ersten traumatischen Szene die Erinnerung an eine zweite, die unseren Ansprüchen besser genügt.« Was meinte er damit? Offensichtlich hatte Freud ein Ziel im Auge, ein Kindheitserlebnis, das nicht nur stark genug war, um die, wie er es nannte »traumatische Kraft« zu liefern, die im späteren Leben die hysterischen Symptome hervorrufen würde, sondern auch universell genug, um als Erklärung des Syndroms bei jedem seiner Kranken zu dienen - des psychischen Virus, der diese neurotische Störung auslöste.

Freud sah die Erinnerung als eine Kette von Assoziationen; jedes Symptom war an eine bestimmte Kette geknüpft, die dann zu einer weiteren Kette führte. Das Symptom hysterischen Erbrechens kann beispielsweise mit einer Erinnerung an den Genuß eines faulen Apfels verknüpft sein; diese Erinnerung wiederum kann mit einem noch früheren Erlebnis verbunden sein, dem Aufsammeln von Fallobst in einem Garten, wobei die Patientin zufällig auf einen verwesenden Tierkadaver stieß. Dieses Erlebnis führt nun zu einer anderen Kette von Erinnerungen, die mit einem anderen Symptom, zum Beispiel Kopfschmerzen, verknüpft ist. Die Aufgabe des Analytikers ist es, dem Pfad der Erinnerung durch diese konvergierenden Assoziationsketten zu folgen, bis er zu dem gelangt, was der traumatische Ursprung zu sein scheint. Endlich gelangt man, sagte Freud, »auf sexuelles Gebiet und zu einigen wenigen Erlebnissen, die zumeist in die nämliche Lebensperiode, in das Alter der Pubertät fallen«. An diesem Punkt jedoch wartet eine neue Enttäuschung auf den Analytiker; viele dieser Erlebnisse nämlich sind von »erstaunlicher Geringfügigkeit«. Als Beispiel zitierte er eine seiner Patientinnen, deren Neurose auf dem Erlebnis beruhte, daß ein Junge einmal ihre Hand gestreichelt und ein andermal sein Knie an ihr Kleid gedrückt hatte; bei einer anderen Patientin löste gar eine obszöne Scherzfrage einen Angstanfall aus. Waren sie wirklich so zarte Blümchen, daß schon ein harmloses Lüftchen sie umblies?

Nein, folgerte Freud; es mußte noch eine andere Ursache geben, die in der Erinnerungskette weiter zurücklag. »Wenn wir die Ausdauer haben, mit der Analyse bis in die frühe Kindheit vorzudringen, so weit zurück nur das Erinnerungsvermögen eines Menschen reichen kann, so veranlassen wir in allen Fällen den Kranken zur Reproduktion von Erlebnissen, die infolge ihrer Besonderheiten sowie ihrer Beziehungen zu den späteren Krankheitssymptomen als die gesuchte Ätiologie der Neurose betrachtet werden müssen.« Zur Bestürzung seiner eminenten Kollegen in Wien behauptete Freud an jenem Tag, »*zugrunde jedes Falles von Hysterie befinden sich - ein oder mehrere Erlebnisse von vorzeitiger sexueller Erfahrung*«. (Freuds Hervorhebung)

Die Einwände voraussehend, die auf seine Behauptung erfolgen würden, daß sexueller Mißbrauch in der Kindheit die Urquelle der

Neuropathologie sei, wie er damals glaubte, verteidigte sich Freud mit dem Hinweis, Zweifel an der Echtheit dieser Erinnerungen würden entkräftet durch die peinliche Scham der Kranken, wenn sie sich der Verführungsszenen in der Kindheit erinnern, und durch ihren Widerstand, sie zu glauben, wenn sie einmal reproduziert worden sind. »... sie leiden unter den heftigsten Sensationen, deren sie sich schämen und die sie zu verbergen trachten, während sie sich diese infantilen Erlebnisse ins Bewußtsein rufen, und noch, nachdem sie dieselben in so überzeugender Weise wieder durchgemacht haben, versuchen sie es, ihnen den Glauben zu versagen, indem sie betonen, daß sich hierfür nicht wie bei anderem Vergessenen ein Erinnerungsgefühl eingestellt hat.«

Für Freud war das Mißtrauen der Kranken gegen ihre eigenen Erinnerungen der schlüssige Beweis, daß sie sie nicht erfunden hatten. Ihn frappierte die Ähnlichkeit in den Details, die seine Patienten berichteten. Entweder bestand unter den Patienten eine Verschwörung, oder aber sie litten an nahezu identischen Traumata. Das naheliegende Argument, daß der Arzt selbst diese Erinnerungen seinen Patienten aufgezwungen habe, erschien Freud unwahrscheinlich: »Mir ist es noch nie gelungen, einem Kranken eine Szene, die ich erwartete, derart aufzudrängen ...«

Es gab natürlich viele Menschen, die sich ganz klar an sexuelle Erlebnisse in der Kindheit erinnerten und nicht an Hysterie litten. Wie Freud jedoch klarmachte, waren es nicht die Erinnerungen, sondern ihre Verdrängung, die das hysterische Verhalten verursachte. Die Erinnerungen sind nicht verschwunden; sie sind ins Unbewußte hinuntergestoßen worden, wo sie ihren vergiftenden Einfluß ausüben, bis sie ans Licht des Bewußtseins gezogen werden.

Freud sprach auf anrührende Weise von der Realität des Kindesmißbrauchs, was für seine Zeit ungewöhnlich war:

Alle die seltsamen Bedingungen, unter denen das ungleiche Paar sein Liebesverhältnis fortführt: der Erwachsene, der sich seinem Anteil an der ge-

genseitigen Abhängigkeit nicht entziehen kann, wie sie aus einer sexuellen Beziehung notwendig hervorgeht, der dabei doch mit aller Autorität und dem Rechte der Züchtigung ausgerüstet ist und zur ungehemmten Befriedigung seiner Launen die eine Rolle mit der anderen vertauscht; das Kind, dieser Willkür in seiner Hilflosigkeit preisgegeben, vorzeitig zu allen Empfindlichkeiten erweckt und allen Enttäuschungen ausgesetzt, häufig in der Ausübung der ihm zugewiesenen sexuellen Leistungen durch seine unvollkommene Beherrschung der natürlichen Bedürfnisse unterbrochen - alle diese grotesken und doch tragischen Mißverhältnisse prägen sich in der ferneren Entwicklung des Individuums und seiner Neurose in einer Unzahl von Dauereffekten aus, die der eingehendsten Verfolgung würdig wären.

Diese leidenschaftlichen Worte wurden von Freuds Kollegen, die glaubten, die Berichte von Hysterikern seien Lügen oder Phantasien, mit Kälte aufgenommen. Für den einflußreichen Psychiater Richard von Krafft-Ebing waren die Bemerkungen des jungen Freud ein »wissenschaftliches Märchen«. Zumal sich aus ihnen die stillschweigende Folgerung ergab, daß die Täter, die Freud in seiner kühnen Verführungstheorie anprangerte, geachtete Familienväter waren. Ja, Freud war insgeheim zu dem Schluß gekommen, daß in allen Fällen der Vater, »mein eigener nicht auszuschließen«, beschuldigt werden mußte, pervers zu sein.

Freud stieß auf demütigende Zurückweisung und nahm Schaden an seiner beruflichen Reputation. Später würde man ihn beschuldigen, seine Verführungstheorie widerrufen zu haben, um seinen Kollegen, die beinahe alle Männer waren, gefällig zu sein. Seine Bedenken hatten jedoch andere Ursprünge. Im Oktober 1896, nur wenige Monate nach dem unglückseligen Vortrag in Wien, starb sein eigener Vater. In der nachfolgenden Trauerperiode erkannte Freud, daß es absurd war, diesen heiteren Weisen als Kinderschänder einzustufen, auch wenn seine eigenen Geschwister Spuren von Hysterie zeigten. Seine Theorie lag mit seinem Realitätssinn im Kampf. Um für die weite Verbreitung der Diagnose Hysterie als

Erklärung gelten zu können, hätte der Kindesmißbrauch praktisch universell sein müssen, da nur ein Teil der Fälle neurotische Störungen hervorrief. Derart weitverbreitete Perversion gegen Kinder hielt Freud für »wenig wahrscheinlich«.

Zu seinen Skrupeln kam noch hinzu, daß einige seiner Kranken von Ereignissen berichteten, die er nicht für Erinnerungen, sondern eher für Phantasien hielt. Eine seiner Patientinnen berichtete, der Teufel persönlich habe ihr Nadeln in die Finger gestochen und auf jeden Tropfen Blut ein Bonbon gelegt. Seinen Freund Wilhelm Fließ fragte Freud in einem Brief, was er dazu sagen würde, wenn er ihm mitteilte, daß seine nagelneue Theorie der frühen Ätiologie der Hysterie bereits altbekannt und schon hundertmal veröffentlicht worden sei, wenn auch mehrere Jahrhunderte zuvor. Er spielte auf die europäischen Hexenprozesse an. Freud glaubte nicht an Hexen, und dennoch fragte er sich, warum der Teufel, der von den armen Wesen Besitz ergriff, sie unweigerlich sexuell und auf so abscheuliche Weise mißbraucht habe; warum ihre unter Folter abgelegten Geständnisse den Mitteilungen so ähnlich waren, die seine Patienten in der psychologischen Behandlung machten. Er war an eben dem Punkt angekommen, mit dem sich der Berufsstand, dessen Begründer er war, ein Jahrhundert später erneut konfrontiert sehen sollte.

Nachdem Freud die Verführungstheorie aufgegeben hatte, folgte eine Periode der Ratlosigkeit. 1920, als er seine kurze ›Selbstdarstellung‹ schrieb, ist immer noch ein reuiger, aber defensiver Ton bemerkbar. »... muß eines Irrtums gedenken, dem ich eine Weile verfallen war und der bald für meine ganze Arbeit verhängnisvoll geworden wäre«, schrieb er.

Unter dem Drängen meines damaligen technischen Verfahrens reproduzierten die meisten meiner Patienten Szenen aus ihrer Kindheit, deren Inhalt die sexuelle Verführung durch einen Erwachsenen war. Bei den weiblichen Personen war die Rolle des Verführers fast immer dem Vater zugeteilt. Ich schenkte diesen Mitteilungen Glauben und nahm also an, daß ich in diesen Erlebnissen sexueller Verführung in der Kindheit die Quellen der späteren Neurose aufgefunden hatte. Einige Fälle, in denen sich solche Beziehungen zum Vater, Oheim oder älteren Bruder bis in die Jahre sicherer Erinnerung fortgesetzt hatten, bestärkten mich in meinem Zutrauen. Wenn jemand über meine Leichtgläubigkeit mißtrauisch den Kopf schütteln wollte, so kann ich ihm nicht ganz unrecht geben, will aber vorbringen, daß es die Zeit war, wo ich meiner Kritik absichtlich Zwang antat, um unparteiisch und aufnahmefähig für die vielen Neuheiten zu bleiben, die mir täglich entgegentraten. Als ich dann doch erkennen mußte, diese Verführungsszenen seien niemals vorgefallen, seien nur Phantasien, die meine Patienten erdichtet, die ich ihnen vielleicht selbst aufgedrängt hatte, war ich eine Zeitlang ratlos. Mein Vertrauen in meine Technik wie in ihre Ergebnisse erlitt einen harten Stoß; ich hatte doch diese Szenen auf einem technischen Wege, den ich für korrekt hielt, gewonnen, und ihr Inhalt stand in unverkennbarer Beziehung zu den Symptomen, von denen meine Untersuchung ausgegangen war. Als ich mich gefaßt hatte, zog ich aus meiner Erfahrung die richtigen Schlüsse, daß die neurotischen Symptome nicht direkt an wirkliche Erlebnisse anknüpften, sondern an Wunschphantasien, und daß für die Neurose die psychische Realität mehr bedeute als materielle. Ich glaube auch heute nicht, daß ich meinen Patienten jene Verführungsphantasien aufgedrängt, »suggeriert« habe. Ich war da zum erstenmal mit dem Ödipuskomplex zusammengetroffen, der späterhin eine so überragende Bedeutung gewinnen sollte, den ich aber in solch phantastischer Verkleidung noch nicht erkannte. Auch blieb der Verführung im Kindesalter ihr Anteil an der Ätiologie, wenngleich in bescheidenerem Ausmaß, gewahrt. Die Verführer waren aber zumeist ältere Kinder gewesen. ... Nach der Aufhellung des Irrtums war der Weg zum Studium des infantilen Sexuallebens frei.

Diese folgenschwere Veränderung in Freuds Wahrnehmung bildete den Wendepunkt seines Denkens und der Geschichte der psychoanalytischen Bewegung. Es ist wichtig, bei der Lektüre seiner obigen Erklärung zu vermerken, daß er die Realität des Kindesmißbrauchs und seine - zugegebenermaßen bescheidenere - Rolle in der Psychopathologie niemals bestritten hat. In neuer Einsicht erkannte Freud, daß sich hinter den Phantasien seiner Patienten ihre eigenen kindlichen sexuellen Wünsche verbargen; daß sie nicht real verübte Verführung verdrängten, sondern ihre Wünsche nach Verführung.

Freud verglich die Funktion der Verdrängung mit der des Wächters, der zwischen dem großen Vorzimmer des Unbewußten und dem kleinen Salon, in dem das Bewußtsein wohnt, Wache steht. Der Wächter ist ein Zensor, der die Triebregungen prüft, um festzustellen, ob man sie weiter hereinlassen darf. Wenn sie sich schon bis zur Schwelle vorgedrängt hatten und vom Wächter zurückgewiesen wurden, dann sind sie für das Bewußte unzulässig; »Wir bezeichnen sie als ›verdrängt‹«, schrieb Freud. Eine solche Triebregung kann zum Beispiel das Verlangen eines jungen Mädchens nach seinem Vater sein. Der Wächter würde das gewiß mißbilligen; und obwohl das Bild in das Vorzimmer zurückgedrängt werden würde, heißt das nicht, daß es für immer verbannt ist. Jahre, ja, Jahrzehnte später, kehrt das verbotene Verlangen vielleicht zurück, diesmal jedoch in einer raffinierten und beängstigenden Maske. Aus dem Bewußtsein verbannt, ist das verbotene Verlangen zu einer unbewußten Fixierung geworden, die sich von Phantasien nährt. Es »wuchert dann sozusagen im Dunkeln und findet extreme Ausdrucksformen«, schreibt Freud 1910, »welche, wenn sie dem Neurotiker übersetzt und vorgehalten werden, ihm nicht nur fremd erscheinen müssen, sondern ihn auch durch die Vorspiegelung einer außerordentlichen und gefährlichen Triebstärke schrecken«. So erklärte Freud die seltsame Natur der Phantasien, die seine Patienten produzierten. Das beschämende Verlangen eines jungen Mädchens nach ihrem Vater wird als Verlangen des Vaters nach ihr wiedererfahren; ihre Phantasie der sexuellen Vereinigung wird umgebildet in erinnerte sexuelle Gewalt.

Eine unglückselige Konsequenz von Freuds Absage an seine Verführungstheorie war, daß die Gesellschaft allen Berichten von

Kindesmißbrauch gegenüber skeptischer wurde, nicht nur jenen gegenüber, die auf wiederaufgefundenen Erinnerungen beruhten. Dies begann sich in den siebziger Jahren zu ändern, als feministische Autorinnen sich zu Vergewaltigung und Inzest zu Wort zu melden begannen. Die Frage nach den wiederaufgefundenen Erinnerungen stellte sich nicht; im Gegenteil, es war die Hartnäckigkeit der Erinnerung, nicht ihre Verdrängung, die als das Merkmal des Kindheitstraumas gesehen wurde.

Das Phänomen der wiederaufgefundenen Erinnerung wurde durch das Zusammenspiel mehrerer Kräfte hervorgerufen. Zu ihnen gehört die im Jahr 1980 erfolgte Veröffentlichung von ›Michelle Remembers‹, eines Buchs, das nicht nur das allgemeine Interesse an den Aktivitäten von Teufelskulten weckte, sondern auch die Vorstellung von massiver Verdrängung begründete, hinter der sich ein ganzes geheimes Leben im Unbewußten verbergen konnte, das nur darauf wartete, von einem fürsorglichen, gläubigen Therapeuten ins Bewußte geholt zu werden. Der Berufsstand des Psychotherapeuten, der nicht mehr von der Psychiatrie regiert wurde, machte eine Verwässerung durch. Psychologen und Sozialarbeiter wurden wenigstens für die Praxis ausgebildet, aber nun wurden immer mehr Therapeuten unterschiedlicher Fähigkeit und Erfahrung ohne weiteres zugelassen oder - wie im Staat Washington -, ohne daß irgendwelche Referenzen verlangt wurden, gegen Bezahlung einer geringen Gebühr amtlich eingetragen. Untersheriff Neil McClanahan, der am Evergreen State College den Bakkalaureus in menschlicher Verhaltenswissenschaft gemacht hat, ist »geprüfter« Psychotherapeut; Pastor John Bratun ist nicht eingetragen, er braucht es auch nicht zu sein, es sei denn, er läßt sich für seine Dienste bezahlen. Bratun hat auf dem College nicht einmal einen Psychologiekurs belegt; er wurde als Kunstlehrer ausgebildet, und in diesem Beruf arbeitete er auch, bis er anfing, sich als Therapeut zu betätigen. Der Mangel an Referenzen ist keineswegs ungewöhnlich. In New York zum Beispiel kann jeder sich Psychotherapeut nennen. Dieser Trend hat diesen Berufszweig für Scharlatanerie anfällig gemacht.

Gleichzeitig wurde die Psychotherapie aus den eigenen Reihen unter Beschuß genommen. 1984 erschienen zwei Bücher, in denen Freuds Absage an die Verführungstheorie aufs Korn genommen wurde: Alice Millers ›Du sollst nicht merken: Der Verrat der Gesellschaft am Kind‹ und Jeffrey Moussaieff Massons ›The Assault on Truth: Freud's Suppression of the Seduction Theory‹. Diese Bücher, die zu einem Zeitpunkt erschienen, als es plötzlich schien, als sei der Kindesmißbrauch viel weiter verbreitet, als die Gesellschaft je zuzugeben bereit gewesen war, fanden ein offenes Ohr. Viele Therapeuten begannen sich zu fragen, ob Freud nicht beim erstenmal recht gehabt hatte; vielleicht lag wirklich ein Trauma - spezifisch sexuelle Gewalt in der Kindheit - den meisten neurotischen Verhaltensweisen zugrunde, wie Freud ursprünglich behauptet hatte. (Diese revisionistische Theorie faßte bei einigen Therapeuten so fest Fuß, daß sie sich nunmehr ›Traumatists‹ und nicht mehr ›Therapeuten‹ nannten.) Unter Anwendung eben der Techniken, denen Freud selbst eine Absage erteilte, insbesondere von Hypnose, begannen diese Therapeuten und andere Behandler Erinnerungen an erlittenen Mißbrauch aufzudecken, die allem Anschein nach von ihren Patienten den größten Teil ihres Lebens verdrängt worden waren. In einigen Fällen berichteten die Patienten von Mißbrauch, der sich bis in ihr Pubertäts- und Erwachsenenalter fortgesetzt hatte, ohne bewußt zur Kenntnis genommen worden zu sein. Bei vielen dieser Patienten wurde eine multiple Persönlichkeitsstörung diagnostiziert.

Bald drangen in dem Maß, wie Patienten ermutigt werden, die Täter zu konfrontieren, Anzeige zu erstatten oder Klage zu erheben, diese Therapiefunde in das Familien- und Gemeindeleben ein. »Du kannst nicht warten, bis du alle Zweifel los bist, ehe du vor deiner Familie auspackst«, mahnte Renee Fredrickson in ihrem 1992 erschienen Buch ›Repressed Memories: A Journey of Recovery from Sexual Abuse‹* »Vermeide Halbherzigkeit, wenn du von deinen verdrängten Erinnerungen sprichst. Erzähle sie nicht ein-

* ›Verdrängte Erinnerungen: Eine Reise zur Heilung von sexuellem Mißbrauch‹

fach; konstatiere sie als Wahrheit. Wenn du nach Monaten oder Jahren merkst, daß du dich in Details geirrt hast, kannst du dich immer entschuldigen und den Irrtum korrigieren.«

Ob echt oder nicht, diese wiederaufgefundenen Erinnerungen haben Tausende von Familien zerrüttet. Eine Zivilklage, die 1991 in Orange County in Kalifornien durchgefochten wurde, ist bezeichnend für Hunderte solcher Prozesse, die die Gerichte überfluten. Zwei erwachsene Töchter und eine Enkelin beschuldigten ihre alte Mutter/Großmutter, über 20 Jahre hinweg schwere Ritualverbrechen begangen zu haben. Die Töchter behaupteten, sie seien gefoltert, sexuell mißbraucht und gezwungen worden, in Höhlen und Kirchenkrypten in Südkalifornien Säuglinge zu töten. Sie erklärten, sie hätten den Mißbrauch bis zu einem Zeitpunkt vor wenigen Jahren verdrängt, als die ältere Tochter nach dem Scheitern ihrer dritten Ehe eine Therapie begonnen hatte. In der Therapie erfuhr sie, daß sie eine multiple Persönlichkeit sei, und begann sich an kultischen Mißbrauch zu erinnern, der bei Teufelsritualen an ihr begangen worden war. Bald brachte sie ihre Schwester und ihre Tochter (die zu dem Zeitpunkt, als der Prozeß begann, elf Jahre alt war) zu demselben Therapeuten in Behandlung, und die beiden begannen, sich ähnlicher Dinge zu erinnern. Schließlich wurden alle drei als multiple Persönlichkeiten diagnostiziert. Sie verlangten eine halbe Million Dollar Schmerzensgeld. Die Angeklagte, eine wohlhabende Frau, behauptete, es habe niemals ein Mißbrauch stattgefunden. Sie meinte, ihre ältere Tochter sei hinter ihrem Geld her, und ihre jüngere Tochter und ihre Enkelin wollten nur der älteren Tochter gefällig sein. Die Geschworenen kamen zu dem Schluß, die Angeklagte habe zwar ihre Töchter vernachlässigt, ihnen jedoch nicht absichtlich geschadet. Den Töchtern und der Enkelin wurde kein Schmerzensgeld zugesprochen.

Diese Klagen sind mittlerweile so zur Routine geworden, daß manche Anwälte genormte Formulare für ihre Mandanten haben, auf denen die Vorwürfe der Vergewaltigung, der Folter und des kultischen Mißbrauchs bereits spezifiziert sind.

1992 tat sich in Reaktion auf die wachsende Zahl von Klagen und Prozessen eine Anzahl beschuldigter Eltern in Philadelphia zu einer ›Stiftung Falscherinnerungs-Syndrom‹ zusammen. Bis zum Juni 1993 hatten sich mehr als viertausend Eltern gemeldet (unter ihnen auch die Roseanne Arnolds). Die Stiftung entdeckte, daß all diese Menschen vieles gemeinsam hatten. In den meisten Fällen - etwa achtzig Prozent - waren die Ehen noch intakt, und im allgemeinen war der Ehemann beschuldigt worden, wenn auch in nahezu einem Drittel der Fälle die Ehefrauen ebenfalls beschuldigt worden waren. Die Paare waren finanziell gut gestellt, mit einem durchschnittlichen Jahreseinkommen von mehr als 60 000 Dollar. Die Mehrzahl war Akademiker. Die meisten berichteten, sie hätten häufig die Mahlzeiten im Kreis der Familie eingenommen und auch gemeinsam mit den Kindern Urlaub gemacht. Mehr als die Hälfte gab an, religiös aktiv oder sehr aktiv zu sein. Bei etwa siebzehn Prozent der Beschuldigungen ging es unter anderem um kultischen Mißbrauch bei Teufelsritualen.

Die Ankläger waren erwachsene Kinder, neunzig Prozent von ihnen Töchter. Die meisten hatten ›The Courage to Heal‹ gelesen. In elf Prozent der Fälle bestätigten Geschwister die Behauptungen, während in 70 Prozent der Fälle die Geschwister die Vorwürfe nicht glaubten. Das Auffallendste war, daß nur in zwei Prozent der Familien der Ankläger ein Einzelkind war; größere Familien überwogen, mit einem Mittel von 3,62 Kindern. In elf Prozent der Familien gab es fünf Kinder - wie bei den Ingrams.In beinahe jedem Fall wurden die Behauptungen zunächst in der Therapie aufgestellt. Es ist schwer zu sagen, welche Rolle die Therapie möglicherweise im Fall Ingram gespielt hat. Julie war kurz in Therapie, ehe sie in ihrem Brief an die Lehrerin Anklage erhob. Ericka berichtete den Anwälten der Verteidigung: »Ich bin bei einer Therapeutin. Die hilft mir, mich zu erinnern.« Aber sie war nicht bereit, den Namen der Therapeutin preiszugeben. Sie erzählte auch Karla Franko, der Referentin im Sommercamp, daß sie in Therapie gegangen war, und sie suchte per Telefon auch Frankos therapeutischen Rat.

Viele Eltern, die sich fälschlich beschuldigt fühlen, sind überzeugt, daß die Beschuldigungen ihrer Kinder gegen sie durch Überredung oder unter Druck von Therapeuten oder Beratern zustande kamen, die ihre Autorität dazu benutzten, verletzlichen Klientinnen einzureden, die schwierigen Probleme, vor die das Erwachsenenleben sie stellt, könnten einer einzigen, simplen Ursache zugeschrieben werden: Mißbrauch in der Kindheit. Wie ihre Kinder sind manche dieser zornigen Eltern mit ihren Beschwerden vor Gericht gezogen - um Klagen gegen die Therapeuten ihrer Kinder anzustrengen. Es ist auch vorgekommen, daß ehemalige Klienten ihre Berichte von erinnertem Kindesmißbrauch zurückgenommen haben und nun ihren Therapeuten eine Form geistiger Beeinflussung vorwerfen. Richter und Geschworene im ganzen Land schlagen sich mit dem Begriff der Verdrängung und der Frage, ob wiederaufgefundene Erinnerungen real sind, herum.

»In Salem hing die Verurteilung davon ab, wie sich die Richter das Verhalten von Hexen vorstellten«, bemerkt Paul McHugh, Leiter der Fakultät für Psychiatrie und Verhaltenswissenschaften an der Johns Hopkins Universität. »Heute hängt die Verurteilung von der Vorstellung irgendeines Therapeuten darüber ab, wie das Gedächtnis eines Kindes für Trauma funktioniert.« McHugh behauptet, daß »die schlimmsten Traumata von Kindern nicht verdrängt, sondern nur allzu gut erinnert werden«. Er verweist auf die Erinnerungen der Kinder, die in Konzentrationslagern waren, und, in jüngerer Zeit, der Kinder von Chowchilla, Kalifornien, die in ihrem Schulbus entführt wurden und viele Stunden lang in Sand begraben waren. Sie erinnerten sich ihres traumatischen Erlebnisses in schrecklichem, sie unablässig quälendem Detail. Diese Kinder brauchten die psychiatrische Hilfe nicht, um »vergessenes Material, das verdrängt war, zutage zu fördern, sondern um von ständiger grüblerischer Beschäftigung mit dem Erlebnis Abstand zu gewinnen«, sagte McHugh.

McHugh sieht eine Parallele zwischen dem Phänomen der wiederaufgefundenen Erinnerung und einer Episode von Hysterie im

Frankreich des neunzehnten Jahrhunderts. Der ausgezeichnete Neurologe und Psychiater Jean-Marie Charcot war Freuds Lehrer am Salpêtrière-Krankenhaus in Paris. Einmal wurden in der Anstalt die Abteilungen neu geordnet, und man brachte die Hysteriker mit den Epileptikern zusammen auf einer Station unter. Die hysterischen Patienten zeigten plötzlich merkwürdige Anfälle, die epileptischen ähnlich waren, sich aber doch so weit von ihnen unterschieden, daß Charcot glaubte, eine neue Störung gefunden zu haben, die er ›Hystero-Epilepsie‹ nannte. Mit seiner gewohnten Genauigkeit begann er diese neue Störung zu studieren. »Seltsamerweise verstärkten sich die Störungen der Patienten immer mehr, sie hatten häufiger und zunehmend rätselhaftere Anfälle«, referierte McHugh. Ärzte und Pariser Intellektuelle strömten zusammen, um dieses faszinierende Phänomen in Augenschein zu nehmen. Schließlich meinte einer von Charcots Studenten, der große Arzt habe dieses Verhalten durch seine eigene Autorität herbeigeführt und durch sein Interesse gefördert. Solange der Arzt sein Verhalten den Patienten gegenüber nicht ändere, meinte der Student, würde sich ihr Zustand nicht bessern.

Wie sich zeigte, hatte der Student recht. Zwei neue Behandlungsmethoden wurden angewandt. Erstens wurden die Hysteriker von den Epileptikern isoliert, und zweitens erreichte man mit einer Kontra-Suggestion, daß sie ihren Zustand nicht mehr wie bisher als für Charcot faszinierend empfanden. Anstatt sich auf ihren Zustand zu konzentrieren, begannen die Betreuer, sich der Frage nach den Lebensbedingungen der Hysteriker und den Umständen, die sie in die Anstalt gebracht hatten, zuzuwenden. »Das war der Beginn der Psychotherapie«, schreibt McHugh in einem Aufsatz mit dem Titel ›Historical Perspectives on Recovered Memories‹.

Wie verhält sich dieses Geschehen zu den verdrängten Erinnerungen? Charcot zeigte, daß es neben der Epilepsie die Möglichkeit gab, eine Pseudo-Epilepsie zu schaffen. Hatte man eine Pseudo-Epilepsie vor sich und widmete ihren Falschmanifestationen konzentriertes Interesse, so verschlimmerten sich diese. Blieb der Patient in Gruppen mit Epilepsie und Pseudo-Epilepsie, so besserte sich der Zustand nicht. Er besserte sich jedoch, wenn diagnostisch von den echten Epileptikern unterschieden wird und dann eine vernünftige Behandlung entwickelt wird.

Heute stecken Therapeuten Patienten, die sexuell mißbraucht wurden, häufig mit solchen mit Pseudo-Erinnerungen an sexuellen Mißbrauch in ein und dieselbe »Inzest-Gruppe«. Die Patienten mit Pseudo-Erinnerungen neigen dazu, immer kompliziertere und sogar recht unwahrscheinliche Erinnerungen ihrer vom Mißbrauch getrübten Kindheit zu entwickeln. Manche Vorstellungen scheinen richtig ansteckend zu sein und verbreiten sich in der ganzen Gruppe - zum Beispiel Teufelskult-Erklärungen für elterliche Exzesse und scheußlichsten Mißbrauch einschließlich Kannibalismus. Der Zustand der Patienten bessert sich häufig nicht. Jahrelange Therapie erhält bei vielen dieser Patienten mit verdrängten Erinnerungen Zorn und Fehlinformation aufrecht. Die Lektion aus Paris lautet: Es ist lebenswichtig, in der Praxis zwischen den echten Inzestgeschädigten und denen mit falschen Erinnerungen zu unterscheiden.

1987 veröffentlichten Judith Lewis Herman und Emily Schatzow vom ›Frauenkollektiv für psychische Gesundheit‹ in Somerville, Massachusetts, eine Studie über 53 Teilnehmerinnen an einer Therapiegruppe für Inzest-›Überlebende‹, wie McHugh sie beschreibt. Sie trug den Titel ›Recovery and Verification of Memories of Childhood Sexual Trauma‹* und wird häufig von denen zitiert, die glauben, daß Mißbrauch, der mit Hilfe von Therapie erinnert wird, ebenso real ist wie niemals vergessener Mißbrauch. Ziel der Studie war es, die Verbindung zwischen traumatischen Kindheitserinnerungen und Symptomen im späteren Leben festzustellen und »wenn möglich, mit der Besorgnis, daß solche Erinnerungen auf Phantasien beruhen könnten, endgültig Schluß zu machen«. Schließlich wollten die Autorinnen noch die therapeutische Wirkung der Wiederauffindung und die Gültigkeit der Erinnerungen an frühes Trauma erforschen.

*›Wiederauffindung und Verifizierung von Erinnerungen an sexuelles Kindheitstrauma‹

Alle Patientinnen berichteten entweder, von einem Familienangehörigen sexuell mißbraucht worden zu sein, oder aber hegten den starken Verdacht, daß dies geschehen war, ohne sich jedoch erinnern zu können. Die sexuellen Erlebnisse, die die Frauen schilderten, reichten von unsittlicher Entblößung und unsittlichen Anträgen ohne körperlichen Kontakt bis zu vaginaler und analer Vergewaltigung. 70 Prozent der Frauen nannten ihre Väter oder Stiefväter als Täter. »Zu Freuds Zeiten wäre diesen Frauen zweifellos Hysterie bescheinigt worden«, behaupteten die Autorinnen. »Sie hätten ihr eigenes Leiden ohne weiteres in den Angstanfällen, dem körperlichen Ekel, der ›psychischen Empfindlichkeit‹ und Hyperaktivität, den Weinkrämpfen, den Selbstmordversuchen und den ›Verzweiflungsausbrüchen‹ erkannt, die Freud vor beinahe einem Jahrhundert bei seinen hysterischen Patienten beschrieb.« Den Frauen waren die verschiedensten Diagnosen moderner Terminologie gestellt worden; die häufigste lautete ›Dysthymie‹, eine Neigung zu trauriger Verstimmung. Ihre Biographien hatten starke Ähnlichkeit mit den Familienprofilen, die sich in der Umfrage der ›Stiftung Falscherinnerungs-Syndrom‹ herauskristallisierten.

Knapp ein Viertel der Frauen berichtete von großen Erinnerungslücken, mit anderen Worten, sie erinnerten kaum etwas aus ihrer Kindheit, waren aber im Begriff, Erinnerungen an erlittenen Mißbrauch aufzudecken, oder versuchten es. Diese Patientinnen hoben sich von den anderen ab. »Häufig beschrieben sie in bezug auf Kindheitserlebnisse beinahe totale Amnesie, berichteten aber von wiederkehrenden Bildern, die mit starker Angst einhergingen. Versuche, sexuelle Intimität herzustellen, lösten häufig Flashback-Bilder des Mißbrauchstäters und Panikzustände aus. Diese Frauen waren wie besessen von ständigen Zweifeln daran, ob ihre erlittenen Mißhandlungen nun Phantasie oder Realität seien. Einige hatten zuvor eine Behandlung mit Hypnose oder Natrium-Amytal versucht.« Wenn ihre Erinnerungen dann durchbrachen, waren sie häufig gewalttätiger, sadistischer und grotesk perverser Natur.

Die Autorinnen behaupten, daß drei Viertel der Frauen Bestätigung des erlittenen Mißbrauchs aus anderer Quelle beibringen konnten. Sie sagten nicht, ob das Viertel, welches das nicht konnte, auch das Viertel mit den großen Erinnerungslücken war - ein bedeutsames Versäumnis in Anbetracht ihrer kühnen Schlußfolgerung. Die Bestätigungen gaben der Täter selbst oder andere Familienangehörige, oder sie hatten die Form von Tagebüchern oder Fotografien. »Die Vermutung, daß die Berichte der meisten Patientinnen über sexuellen Mißbrauch in der Kindheit der Phantasie zugeschrieben werden können, scheint nicht länger haltbar zu sein«, erklärten die Autorinnen. »Es gab keine positiven Beweise dafür, daß der Bericht irgendeiner Patientin über sexuellen Mißbrauch phantasiert war. Im Licht dieses Befunds scheint es gerechtfertigt, zu den Erkenntnissen zurückzukehren, die in Freuds ursprünglicher Aussage zur Ätiologie der Hysterie angeboten wurden, und einem Untersuchungskurs zu folgen, den der Berufsstand der mit der psychischen Gesundheit Befaßten vor neunzig Jahren vorzeitig aufgegeben hat ... Massive Verdrängung schien für Patienten, die in der frühen Kindheit mißbraucht wurden und/oder Gewalt erlitten, das einzig verfügbare Abwehrmittel zu sein.«*

In der Nachfolge der Herman-Schatzow-Studie befragten John Briere (von der psychiatrischen Abteilung der medizinischen Fakul-

* Im Rahmen einer neueren Studie von Linda Meyer Williams beim ›Family Research Laboratory‹ (Familienforschungslabor) der Universität von New Hampshire wurden einhundert Frauen ausfindig gemacht, die in den Jahren 1973, 74 oder 70 bei einem großen Krankenhaus des Nordostens erlittenen Mißbrauch gemeldet hatten. Der Mißbrauch reichte vom Streicheln bis zum Geschlechtsverkehr, und das Alter der Frauen zu der Zeit, als der Mißbrauch gemeldet worden war, reichte vom Kleinkindalter bis zum zwölften Lebensjahr. 1990 und 91 wurden diese Frauen nach sexuellen Erlebnissen in der Kindheit gefragt, um die Erinnerung an den angezeigten Mißbrauch hervorzulocken. Achtunddreißig Prozent vergaßen entweder den Mißbrauch oder entschieden sich, ihn nicht anzugeben. Williams sagt jedoch nicht, welcher Prozentsatz von ihnen zur Zeit, als der Mißbrauch begangen wurde, im ›Kleinkindalter‹ war. Von denen, die zum fraglichen Zeitpunkt jünger als vier Jahre waren, konnte man nicht erwarten, daß sie sich erinnerten; es ist auch nicht wahrscheinlich, daß sehr kleine Kinder den Mißbrauch selbst gemeldet haben — vielmehr hatte vermutlich ein Elternteil oder eine Betreuungsperson, die dann die eigentliche Meldung machte, sie ins Krankenhaus gebracht.

tät der Universität Südkalifornien) und John Conte (von der ›School of Social Work‹ an der Universität von Washington) 420 Frauen und 30 Männer, die von sich behaupteten, sexuell mißbraucht worden zu sein. »Hat es in der Zeit zwischen dem ersten gewaltsam erzwungenen sexuellen Erlebnis und Ihrem achtzehnten Geburtstag je eine Zeitspanne gegeben, in der Sie sich an das erzwungene sexuelle Erlebnis nicht erinnern konnten?« fragten die Interviewer.

Nahezu 60 Prozent der Befragten antworteten mit Ja. Die Zahl gilt jetzt als Bezugsgröße bei der Messung der Zahl von Personen, die mißbraucht wurden, die Erinnerung jedoch verdrängten, im Vergleich zur Zahl jener, die mißbraucht wurden und den Mißbrauch niemals vergaßen. Es wurde jedoch kein Versuch gemacht, den Mißbrauch zu verifizieren; die Tatsache, daß die Befragten sich daran erinnerten, wurde als hinreichender Beweis dafür gewertet, daß er vorgefallen war. »Es ist wahrscheinlich, daß ein bedeutender Teil von Psychotherapie-Patienten, die sexuellen Mißbrauch in der Kindheit bestreiten, dennoch an einem Trauma durch sexuellen Mißbrauch leidet«, schlossen die Autoren. Sie meinten, die Kliniker sollten weiterhin von der Hypothese ausgehen, daß ihre Klienten mißbraucht worden seien, auch wenn keine Erinnerungen vorlägen.

Briere und Conte fanden wie Herman und Schatzow, daß der Mißbrauch, an den jene sich erinnerten, die behauptet hatten, ihn vergessen zu haben, weit gewaltsamer gewesen war als der, der nie vergessen worden war. Aber wären denn gewaltsamere Erlebnisse nicht auch weniger leicht zu vergessen? Die Theorie, mit der viele dieses Paradox zu erklären versuchten, lautet, daß bei Gewalt stärker verdrängt wird, daß die Betroffenen während des Erlebnisses »dissoziieren«, das heißt sich innerlich entfernen, um sich zu schützen, und den Schmerz in einem anderen Teil ihrer Psyche begraben, ja, in einen abgespaltenen Persönlichkeitsanteil verlagern. Aber wenn das so ist, warum verdrängen dann Kinder, die andere extreme Formen von Grausamkeit erleben, wie etwa das Leben in einem Konzentrationslager, die Erinnerungen daran nicht, warum werden sie nicht zu multiplen Persönlichkeiten? Einer Studie zufolge, die sich mit dieser Frage befaßt, hatte nicht ein einziges mehrerer Kinder zwischen fünf und zehn Jahren, die einen Elternmord miterlebt hatten, das Erlebnis vergessen. Warum werden gerade spezifisch sexuelle Erlebnisse so häufig vergessen?

Menschen vergessen in der Tat Details traumatischer Ereignisse, besonders wenn sie dabei körperliche Verletzungen erleiden. Staatsanwalt Gary Tabor hatte, als er noch auf dem College war, einen Verkehrsunfall, aber er kann sich einzig an das erinnern, was man ihm darüber erzählt hat. Sheriff Gary Edwards stürzte von einem Baum, den er stutzen wollte, und vergaß das Erlebnis zehn Jahre lang, bis er sich überreden ließ, für irgendeine wohltätige Veranstaltung einen Bungee-Sprung zu wagen. Kurz vor dem Sprung kehrte schlagartig die ganze schreckliche Erinnerung zurück. In beiden Fällen jedoch wußten die Männer, daß ihnen etwas Schlimmes zugestoßen war. Traumatische Amnesie begleitet häufig Kampfeinsätze oder brutale Vergewaltigungen, aber die Menschen, die diese Dinge erlebt haben, wissen, was sie durchgemacht haben. Nur die Details sind ihnen entfallen.

Der Begriff der Verdrängung wird zwar allgemein akzeptiert, aber es gibt einige klinische Forscher wie Loftus, die darauf hinweisen, daß die Verdrängung niemals im Experiment nachgewiesen worden ist. David S. Holmes von der Universität Kansas hat die im Lauf von sechzig Jahren immer wieder unternommenen Versuche, die Existenz der Verdrängung zu beweisen, unter die Lupe genommen. Die frühen Untersuchungen konzentrierten sich auf die Frage, ob die Versuchspersonen sich eher angenehmer oder eher unangenehmer Erlebnisse erinnerten. Erinnerungen an unangenehme Erlebnisse waren weniger prompt verfügbar, und dies wertete man als Beweis für die Existenz der Verdrängung; doch die Ergebnisse demonstrierten auch, daß eine Erinnerung um so leichter verfügbar ist, je intensiver sie ist, ganz gleich, ob sie angenehmer oder unangenehmer Art ist. Holmes selbst leitete eine Studie, in der gezeigt wurde, daß die intensiven Gefühle, die mit unangenehmen Erlebnissen verbunden sind, im Lauf der Zeit stärker nachlassen als bei angenehmen Erlebnissen, daß demzufolge also unangenehme Erlebnisse leichter zu vergessen sind. Man machte Versuche, bei denen man Personen unter Streß und in streßfreien Situationen lernen ließ; die Tatsache, daß die Versuchspersonen sich an das Material, das sie unter Streß gelernt hatten, weniger gut erinnern konnten, wurde ebenfalls als Beweis für die Existenz der Verdrängung gewertet.

Bei anderen Versuchen legte man unterschiedlichen Persönlichkeitstypen unlösbare Aufgaben vor; man glaubte, daß bestimmte Personen ihr Versagen eher verdrängen würden. »Der einzige konsistente Befund bei dieser Art von Untersuchung war, daß Versuchspersonen mit hohem Leistungsanspruch sich besser an das Versagen unter starkem Streß erinnern als an das Versagen bei geringem Streß«, berichtete Holmes. »Sie beharrten darauf, ihr Versagen durchzuarbeiten oder darüber nachzudenken, anstatt es zu verdrängen. Nicht nur liefern diese Befunde keine Erhärtung der Verdrängungstheorie, sie widersprechen sogar eher dem Ergebnis, das man unter Berücksichtigung der Verdrängungstheorie vorhersagen würde.« Holmes schloß mit der Bemerkung, es sei vielleicht an der Zeit, die Verdrängungstheorie überhaupt aufzugeben. Ohne das Konzept der Verdrängung bricht natürlich das Gebäude der Psychoanalyse zusammen.

Selbst wenn die Verdrängung auf die Weise funktioniert wie Therapeuten, die mit wiederaufgefundener Erinnerung arbeiten, annehmen - ist es möglich, wiederholte, langfristige Mißbräuche, von denen einige in der frühen Kindheit begannen und bis ins Erwachsenenalter andauerten, zu verdrängen? Es geht zweifelsohne weit über das hinaus, was Freud vorschwebte. Richard Ofshe bezeichnet diese neue erweiterte Version als »robuste Verdrängung«. Die Schwierigkeit, diesen Mechanismus zu erklären, zeigt sich an den Antworten, die Angehörige der Familie Ingram den Ermittlern und Verteidigern gaben. Nachdem Ingram eine Massenvergewaltigung seiner Familie durch Rabie und Risch geschildert hatte, fragte

Schoening: »Sie gehen; und dann - was tut ihr als Familie dann?«

»Soweit ich mich erinnere, sperre ich das Haus ab und - äh - ich kann mich nicht an ein Gespräch erinnern«, sagte Ingram. »Es ist so wie - als ob wir, wenn die Situation vorbei ist, in einen anderen Erinnerungszustand übergehen ... Wir sind wieder normal, wenn man so sagen kann.«

Und bei dem Versuch zu erklären, wie er noch auf der Heimfahrt habe vergessen können, daß er an einem Teufelsritual teilgenommen hatte, theoretisierte Ingram wiederum: »An irgendeinem Punkt blendet man die Erinnerung aus, und die bewußte Erinnerung übernimmt die Kontrolle. Es ist, als könnte ich hier oben gar nicht von Tag zu Tag funktionieren mit dem Wissen, was ich getan habe.«

Häufig erinnern sich die Opfer, daß ihnen befohlen wurde, sich nicht zu erinnern. Sandy erklärte die Tatsache, daß sie vergessen hatte, wie sie im August 1988 von Rabie auf dem Küchenboden vergewaltigt worden war, auf folgende Weise: »Dann hat er gesagt ... daß ich mich an nichts erinnern würde, und ich sollte jetzt das Geschirr fertigspülen.« Ericka erzählte, daß nach einem Teufelsritual »mein Vater mich in mein Zimmer zurückgetragen und dauernd gesagt hat: ›Du erinnerst dich an nichts. Das ist alles ein Traum.‹«

Diese Theorien wurden von Anfang an von den Polizeibeamten und den Psychologen und Therapeuten gestützt, die zugezogen worden waren, um die Ingrams zu betreuen, und die häufig den Opfern wie den Ermittlern versicherten, daß derartig massive, augenblickliche Verdrängung absolut normal sei.

»Sagen Sie mir, warum Sie nicht einfach gegangen sind«, sagte Sax Rodgers zu Sandy, nachdem sie ihm neu erinnerte Mißbrauchsepisoden geschildert hatte.

»Also, so wie sie es mir erklärt haben, hab ich alles, was mir passiert ist, zum Schutz oder um überhaupt überleben zu können, verdrängt, und darum fällt es mir so schwer, mich zu erinnern. Sie haben gesagt, es sei alles da, und ich würde mich an alles erinnern, aber es ist ...« Sie schwieg verzagt. Ihr Psychiater hatte ihr diese Erklärung gegeben.

Das Werk fünf verschiedener Psychologen und Therapeuten, die in sechs Monaten ständiger Vernehmungen mit Ingram sprachen, hat seine Spuren hinterlassen. »Zwei Männer hätten Sie gegen Ihren Willen anal vergewaltigt, sagen Sie«, stellte Rodgers fest. Er bezog sich auf einen von Ingrams Vorwürfen gegen Rabie und Risch. »Sie sind seit 1972 bei der Polizei - Warum haben Sie die beiden nicht angezeigt?«

»Ich war selbst seit meinem fünften Lebensjahr ein Opfer, und ich habe sehr früh gelernt, daß es am einfachsten ist, mit diesen Dingen fertig zu werden, wenn man sie im unbewußten Gedächtnis versteckt. Dann braucht man sich nicht mit ihnen auseinanderzusetzen«, antwortete Ingram.

»Wie überhaupt in der Psychologie, muß man verstehen, daß die Verdrängung um so tiefer und die Preisgabe um so schwieriger ist, je schwerer der Zwischenfall war«, vermerkt Untersheriff McClanahan. Wie mehrere andere Polizeibeamte bei diesen Ermittlungen sieht McClanahan sich als Autorität auf psychologischem Gebiet. Er hat einige Aufsätze über den Fall Ingram geschrieben und in Olympia Inzest-Gruppen geleitet. Viele Mitglieder dieser Gruppen behaupten, bei Teufelsritualen mißbraucht worden zu sein, und man diagnostizierte bei ihnen eine multiple Persönlichkeitsstörung. McClanahan hat außerdem in Inzest-Workshops über kultischen Mißbrauch Vorträge gehalten. »Allein die Worte ›Ich glaube dir‹ zu hören, kann für ein Opfer kultischen Mißbrauchs alles ändern und leitet häufig den Prozeß von Vertrauen, Hoffnung und Heilung ein«, behauptet McClanahan. Eben diese Worte hat er oft zu Julie und Ericka Ingram gesagt.

Diese beiden Hypothesen bilden das intellektuelle Gerüst der Ermittlungen im Fall Ingram: Erstens, daß die Tiefe der Verdrängung eine Funktion der Schwere des Traumas ist; zweitens, daß man den Opfern glauben muß. Wenn man aber einmal den Berichten eines Opfers glaubt, dann müssen die Beweise zurechtgebogen werden, damit sie passen. Und häufig muß man sie sehr stark zurechtbiegen. McClanahan erklärt das Fehlen von Narben bei den

Ingram-Töchtern mit der Behauptung, es sei bei »Überlebenden nicht ungewöhnlich zu glauben, es seien Narben vorhanden, weil sie konditioniert worden sind, Dinge zu glauben, die nicht wahr sind«. Er erklärt auch, warum man die Schwestern keinem Lügendetektortest unterziehen konnte: »Unsere ›Überlebenden‹ sind sehr stark traumatisiert. Ihre Glaubwürdigkeit in Frage zu stellen käme einer neuerlichen Traumatisierung gleich. Sie sind so zerbrechlich.« In Reaktion auf die Tatsache, daß ein Team von Polizeibeamten und ein Anthropologe eines örtlichen Colleges, die auf der Suche nach einer Grabstätte für ermordete Säuglinge das gesamte Grundstück der Ingrams umgruben, nur einen einzigen Elchknochen aufstöberten, sagt McClanahan, der Boden sei so sauer, daß die Gebeine sich aufgelöst hätten. In Reaktion auf die Tatsache, daß Monate gründlichster Ermittlungen in der Geschichte des Landkreises keinen einzigen direkten Beweis dafür erbrachten, daß jemals irgendwelche Verbrechen oder Rituale stattfanden, erklärt Joe Vukich: »Logisch, daß wir nichts gefunden haben. Diese Männer waren Polizeibeamte. Wir rechneten damit, eine Menge zu finden oder gar nichts. Wir haben tatsächlich ein paar Knochen gefunden. Ganz klar, daß da was gelaufen ist.«

In einem Aufsatz, den Elizabeth Loftus 1992 der American Psychological Association vorlegte, fragt sie: »Ist es berechtigt, den derzeitigen Anstieg von Fällen verdrängter Erinnerung an Kindesmißbrauch mit den Hexenjagden von vor mehreren Jahrhunderten zu vergleichen?« Mit dieser Frage handelte sie sich die Verachtung vieler Fürsprecher von Opfern und einiger anderer Forscher ein, die glauben, daß ihre Arbeit Teil der gesellschaftlichen Gegenreaktion auf die Enthüllungen mißbrauchter Kinder und Frauen ist. Loftus schreibt von der »großen Furcht« vor Hexen, die die Hexenjagden auslösten:

Es gibt einige Parallelen, jedoch die Unterschiede sind ebenso auffallend. Was die Ähnlichkeiten betrifft, so gleichen einige der heutigen Berichte tatsächlich Geschichten früherer Zeiten (zum Beispiel von Hexen, die ins

Schlafzimmer fliegen). Was die Unterschiede betrifft, so sehe man sich Beschuldigte und Kläger an. Bei der berüchtigtsten Hexenjagd in Nordamerika vor dreihundert Jahren in Salem, Massachusetts, waren drei Viertel der Beschuldigten Frauen. Heute sind die Beschuldigten vorwiegend (aber nicht nur) Männer. Die Hexen in Neuengland waren meist arme Frauen über vierzig, Außenseiterinnen ...

Die beschuldigten Männer von heute sind meist einfluß- und erfolgreiche Männer. Die Hexenbeschuldigungen vergangener Tage wurden meist von Männern vorgebracht; heute werden solche Beschuldigungen vorwiegend von Frauen vorgebracht.Das heutige Phänomen ist mehr als alles andere eine Bewegung der Schwachen gegen die Starken. Eine »große Furcht« ergreift unsere Gesellschaft, und das ist die Furcht vor dem Kindesmißbrauch.

13

Im Februar 1989 verzichteten Jim Rabie und Ray Risch im Austausch gegen ein beschränktes Maß an Freiheit auf ihr Recht auf eine unverzüglich anberaumte Hauptverhandlung: Sie wurden mit elektronischen Handschellen ausgestattet und durften ihre Häuser nicht verlassen. Es war gut, daß sie nicht außer Haus gehen durften; in den Vorverhandlungen waren nämlich die Vorwürfe kultischen Mißbrauchs an den Tag gekommen, und die Bevölkerung war schockiert.

Richard Ofshe sandte dem Staatsanwalt einen Bericht, in dem er seiner Sorge darüber Ausdruck gab, ob den Geschichten der angeblichen Opfer Glauben zu schenken sei. Er wies auf die vielen Widersprüchlichkeiten in Erickas Aussagen hin und auf ihre Unfähigkeit, sich irgendeiner Einzelheit des gewöhnlichen Kultlebens zu erinnern, außer daß »sie singen«. Nach seinem ersten Gespräch mit Ericka berief diese sich auf traumatische Amnesie, um die neuen Informationen zu erklären, die sie lieferte. Niemand hatte bisher ihre Geschichten bestätigen können. Als Ofshe Ericka fragte, warum sie nicht viel früher von zu Hause fortgezogen sei, wenn ihr Leben so schrecklich gewesen sei, hatte sie durchblicken lassen, daß sie dann bescheidener hätte leben müssen, das aber nicht gewollt habe.

»Wenn sie imstande ist, über zahllose Morde an Kleinkindern und Erwachsenen sowie die anderen abscheulichen Akte der Gruppe zu lügen, muß man ernsthaft die Möglichkeit in Erwägung ziehen, daß alle ihre Beschuldigungen Erfindungen sind«, schrieb Ofshe.

Auch viele von Julies Beschuldigungen hielt Ofshe für unwahr. »Ihre Enthüllungen folgen seltsamerweise immer den Enthüllungen ihrer Schwester«, bemerkte er. »Obwohl ihre Schwester ihr den Ton angab, hat Julie Ingram nicht viel mehr getan, als die Behauptung ihrer Schwester, daß eine solche Gruppe existiere, zu bestätigen.«

Gegen Pauls Geständnis hatte Ofshe große Vorbehalte, weil der Mann, wie sich in Ofshes »kleinem Experiment« gezeigt hatte, so leicht dazu zu bringen war, Ereignisse zu erfinden und imaginierte Verbrechen zu gestehen.

Sandys Aussagen, schrieb Ofshe weiter, seien Resultate eines Beeinflussungsprozesses, nicht echte Erinnerungen, die auf wahren Begebenheiten beruhten. »Meiner Meinung nach ist sich Mrs. Ingram nicht bewußt, daß sie diese Szenen, die ihr bei den Sitzungen mit Pastor Bratun einfielen, erfindet. Ich bin überzeugt, sie ist sich nicht bewußt, daß die Bilder das Ergebnis ihres Sichfügens in die Forderungen der Situation sind. Wenn man ihr gestattet, diese Geschichten immer wieder zu erzählen, wird ihr Glaube an ihre Echtheit wachsen.«

Ofshe versicherte Tabor, Ingram, Rabie und Risch seien keinerlei bekannte Technologien zugänglich gewesen, durch die Sandys Amnesie hätte herbeigeführt werden können. »Die Folgerungen, die sich aus meiner Meinung ergeben, sollten jedem, der diesen Bericht liest, klar sein«, schloß Ofshe. »Mir jedenfalls sind sie klar. Ich fürchte, mein Gewissen würde mir keine Ruhe lassen, wenn ich Ihnen diese Folgerungen nicht so deutlich und überzeugend wie möglich mitteilte. Wenn meine Beurteilung hinsichtlich der allgemeinen Glaubwürdigkeit von Ericka und Julie Ingram und der ungewöhnlich hohen Beeinflußbarkeit Paul und Sandy Ingrams zutrifft, besteht große Gefahr, daß hier Unschuldige vor Gericht gestellt und verurteilt werden.«

Als Tabor sich weigerte, den Bericht als Entlastungsbeweis an die Verteidigung weiterzugeben - mit der Begründung, es sei kein echter Beweis -, beschwerte sich Ofshe beim vorsitzenden Richter der Kammer. Der Richter verfügte, daß der Bericht der Verteidigung zugänglich gemacht werden müsse. Er versetzte der bereits auf sehr wackligen Füßen stehenden Beweisführung der Anklage beinahe den Todesstoß.

Als man Rabie und Risch das Angebot machte, ihr Strafmaß drastisch zu kürzen, wenn sie gestünden, lehnten beide Männer ab. Andere Personen, die von Ingrams Töchtern als Kultmitglieder benannt worden waren, hielten unerschütterlich daran fest, daß sie unschuldig seien, und es gab keine Beweise, die erlaubt hätten, ihr Wort in Zweifel zu ziehen. Darüber hinaus hatte die monatelange harte Arbeit rund um die Uhr den Ermittlern einen hohen persönlichen Tribut abgefordert. Eine Ehe war in die Brüche gegangen. Tom Lynch und Sax Rodgers, die gute Freunde und Angelgenossen gewesen waren, zerstritten sich über dem Fall für immer. Brian Schoening hatte Alpträume von Erickas Abtreibung. Er sah sie bei einer schwarzen Messe auf einem Tisch liegen, während ihr neugeborenes Kind zerstückelt wurde. Am Ende des Traums wurde der abgetrennte Arm des Kindes in Erickas Scheide gestoßen. Joe Vukich bemerkte, daß die Kollegen im Korridor vor ihm zurückschreckten; er konnte nur vermuten, wie zombiehaft er auf sie wirken mußte. Die Tatsache, daß die Ermittlungen auf der ganzen Linie von einem völligen Mangel an Beweisen durchkreuzt wurden, erhöhte den Druck. Die Anwälte der Verteidigung fürchteten, daß insbesondere Vukich durchdrehen könnte. Bei einer Verhandlung setzten sie einen Privatdetektiv auf den Platz direkt hinter ihm, weil sie befürchteten, er könnte seine Pistole ziehen und die Angeklagten erschießen.

Dieses Pulverfaß explodierte schließlich, als im April 1989 Tausende von Meilen entfernt in dem mexikanischen Grenzort Matamoros eine grausige Entdeckung gemacht wurde. Auf einer Drogenschmuggler-Ranch entdeckte die Polizei eine Kultgrabstätte, ein wahres Schlachthaus. Dreizehn verstümmelte Leichen wurden exhumiert, unter ihnen die eines einundzwanzigjährigen Studenten der Universität Texas namens Mark Kilroy, der einen Monat zuvor beim Überqueren der Brücke nach Brownsville, Texas, entführt worden war. Im Glauben des Kults mischten sich Elemente von Hexenzauber und afro-karibischen Religionen, vor allem jedoch schien er von einem 1987 gedrehten Film John Schlesingers über Teufelsglauben mit dem Titel ›The Believer‹ beeinflußt zu sein. Die Entdeckung des Matamoros-Kults verlieh der Satanshysterie, die in den Medien um sich gegriffen hatte, den Anschein der Berechtigung. Die Mitarbeiter von Geraldo Rivera und Oprah Winfrey waren rasch zur Stelle.

»Die Entdeckung löste in diesem Teil von Mexiko und Texas eine Schockwelle aus, die den Rest der Welt erfaßt hat«, sagte Geraldo Rivera zwei Wochen später in seiner Sendung. »Aber so unglaublich die Geschichte von Brownsville ist, sie bietet nichts, was die Zuschauer dieser Sendung nicht schon gehört hätten.«

Rivera hatte in seiner Sendung einen ehemaligen FBI-Beamten namens Ted Gunderson, der sich als Spezialist für Satanismus vorstellte. »Ich sage Ihnen schon jetzt, daß wir als nächstes von einem Kultfriedhof in Mason County im Staat Washington hören werden«, verkündete Gunderson, einen Landkreis nennend, der an Thurston County grenzte. »Wir haben in Mason County bereits eine Anzahl Grabstätten entdeckt, und sie können unmöglich losgehen und sie alle ausgraben, weil es einfach zu viele sind«, fügte er hinzu.

Gundersons Bekanntmachung erschütterte den Staat Washington. Bald traf er selbst ein und führte eine Suchmannschaft mit Privatflugzeugen und Hubschraubern von Fernsehanstalten durch die Flußtäler im Olympic Nationalforst. Das Terrain wurde mit hitzeempfindlichen Geräten abgesucht, die imstande waren, die Wärme verwesender Leichen zu registrieren. Einer der Hubschrauber landete auf einem Gelände, das den Eltern Untersheriff McClanahans gehörte. Die Angehörigen der Suchmannschaft teilten ihnen mit, ganz in der Nähe befinde sich die Grabstätte eines Teufelskults.

Obwohl die Behörden von Thurston County diese hektischen Suchaktionen offiziell mit Schrecken aufnahmen, waren sie in Wahrheit doch recht erleichtert; man hatte das eigene Budget durch die Kosten des Falles Ingram und nächtliche Flugzeugpatrouillen zum Aufspüren von Kultfeuern (wobei mehrere Besäufnisse von Studentenverbindungen gestört wurden) erschöpft. Gouverneur Booth Gardner bewilligte einen Zuschuß von 50 000 Dollar zur Weiterführung der Ermittlungen, und der Sheriff beantragte beim Parlament des Staates 700 000 Dollar für kugelsichere Westen, Nachtgläser und elektronisches Beobachtungsgerät (dieser Antrag wurde abgelehnt). Ferner beantragte der Sheriff 180 000 Dollar bei der Kreisverwaltung. McClanahan zeigte den Mitgliedern der Kreisverwaltung einen kurzen Videofilm über kultischen Mißbrauch bei Teufelsritualen. Darin forderten mehrere Therapeuten größere öffentliche Unterstützung für die Opfer. »Wir hören diese Berichte jetzt buchstäblich von Hunderten von Therapeuten in allen Teilen der Vereinigten Staaten. Sie weisen alle erstaunliche Parallelen auf«, sagte Dr. D. Corydon Hammond*, ein milde wirkender Professor für Medizin der Universität Utah, auf dem Videoband. »Das, wovon wir hier sprechen, geht über Kindesmißbrauch ebenso hinaus wie etwa über die Gehirnwäsche einer

* Hammond zufolge wurden multiple Persönlichkeiten bei Teufelszeremonien absichtlich geschaffen. »Die Leute fragen, zu welchem Zweck? Ich vermute, sie wollen ein ganzes Heer geistig Abhängiger, die bereit sind, sich für Prostitution und Kinderpornographie, für Drogenschmuggel und internationalen Waffenschmuggel - und alle möglichen anderen höchst lukrativen Geschäfte - herzugeben, und nach ihrer Pfeife tanzen. Das Endziel der Größenwahnsinnigen an der Spitze ist die Schaffung einer satanischen Ordnung, die die ganze Welt regieren wird.« Eine andere Schlußfolgerung gestattete die Logik der Hysterie nicht. Hammond gehörte übrigens zu denen, die den Gouverneur von Utah überredeten, ein Sonderdezernat für kultischen Mißbrauch einzurichten. Er berichtet, daß großenteils infolge dieser Bemühung 90 Prozent der Bürger dieses Staates an die Realität kultischen Mißbrauchs bei Satansritualen glauben und daß dem Justizministerium zwei Spezialisten auf dem Gebiet des kultischen Mißbrauchs angehören.

Was den mysteriösen Dr. Green angeht, so hat Sherrill A. Mulhern, eine Anthropologin an der Universität von Paris, die sich mit dem Phänomen des kultischen Mißbrauchs befaßt hat, ihn zu dem Fall Lisa Steinberg zurückverfolgt, der 1989 in New York verhandelt wurde. Ein Dr. Michael Green war angeblich Mitglied eines Kults, dem Joel Steinberg angehörte. Siehe auch Joyce Johnson, ›What Lisa knew: The Truths and Lies of the Steinberg Case‹ (1990)

Patty Hearst oder koreanischer Kriegsveteranen. Wir sprechen in einigen Fällen von Personen, die ... von dem Moment an, als sie zur Welt kamen, im Glauben eines Teufelskults großgezogen wurden - oft Kulte, die aus Europa herübergekommen waren und in einigen Fällen ihren Ursprung in der SS oder den Kommandos von Todeslagern hatten.«

Hammonds Theorie, die nicht in vollem Umfang auf dem Videoband enthalten ist, postuliert, daß die Techniken zur Gedankensteuerung, die in solchen Kulten angewendet werden, von satansgläubigen Nazi-Wissenschaftlern entwickelt wurden, die nach dem Krieg von der CIA gefangengenommen und in die USA gebracht worden waren. Hauptfigur sei ein chassidischer Jude, Dr. Green (alias Greenbaum), der sich vor der Gaskammer rettete, indem er seinen Nazihäschern half und sie in die Geheimnisse der Kabbala einführte. Damit war der antisemitische Unterton angeschlagen, der in der Dämonologie beinahe immer vorhanden ist.

»Die Beobachtungen erfahrener Therapeuten lassen kaum Zweifel daran, daß Kinder in unserer Gesellschaft in Gefahr sind, von Kultanhängern bei ihren Ritualen mißbraucht zu werden«, schloß der Erzähler in dem Videofilm. »Eine angemessene Reaktion erfordert, daß wir bereit sind, unsere Ungläubigkeit aufzugeben und nach den verräterischen Anzeichen dieser schwersten und zerstörerischsten Form des Kindesmißbrauchs Ausschau zu halten.« Die Kreisverwaltung bewilligte den Antrag zu einer Zeit, als den Lehrern wegen allgemeiner Sparmaßnahmen die fällige Gehaltserhöhung versagt wurde. Die Ermittlungen im Fall Ingram kosteten letztlich drei Viertel Million Dollar.

Wochenlang hatten Schoening und Vukich Ingram gedrängt, Namen von Kultmitgliedern zu nennen, um möglichst Übereinstimmung mit den von Julie zusätzlich genannten Namen herzustellen. Ingram hatte zusammen mit Pastor Bratun gebetet und visualisiert, und wenn er allein war, fastete er und brachte viel Zeit damit zu, in Zungen zu sprechen. Am 13. April begann er eine viertägige Serie von Enthüllungen, die zehn Namen ehemaliger und derzeitiger Beamter des Sheriffsbüros von Thurston County zutage förderte. Er nannte außerdem Mitglieder der Hundeabteilung - die Hunde selbst, nicht ihre Führer - und schilderte eine Szene, in der die Tiere Sandy vergewaltigten.

Das war selbst den Ermittlungsbeamten zuviel, die bisher bereit gewesen waren, alles zu glauben. Eine Truppe empörter Polizeibeamter unterzog sich dem Lügendetektortest. Alle Kandidaten bis auf einen bestanden; auf den einen Mann, der durchfiel, achtete kein Mensch. Auf der Dienststelle waren jetzt alle sicher, daß Paul Ingram die Ermittlungen von Anfang an gesteuert hatte. Diese letzte Serie von Enthüllungen sei sein Meisterstück, meinte man; er habe die ganze Zeit über den Kult geschützt, und indem er sich selbst auf diese Weise unglaubwürdig machte, wollte er nur dafür sorgen, daß sein Zeugnis wertlos war. Dennoch mußten die demoralisierten Beamten ihre Beweisführung gegen Rabie und Risch nochmals überdenken. Die Möglichkeit, daß die beiden unschuldig sein könnten, kam bei der Diskussion offenbar nie zur Sprache. Die Frage lautete schlicht und einfach: Gibt es überhaupt noch eine Möglichkeit, ihnen den Prozeß zu machen - gibt es überhaupt irgendwelche Beweise?

Während die Beweisführung der Anklage zusammenbrach, willigten Ericka und Julie endlich ein, sich von Loreli Thompson nach Narben untersuchen zu lassen, als könnte sie etwas sehen, was der Ärztin in Seattle entgangen war. Thompson fand nichts. Früher hatte Ericka behauptet, sie sei mit einem Messer in den Rumpf geschnitten worden und habe eine sieben Zentimeter lange Narbe davongetragen, doch als sie jetzt ihren Bauch entblößte und auf die Stelle deutete, konnte Thompson nichts erkennen. Paula Davis glaubte, eine feine Linie sehen zu können, Thompson spannte die Haut, um ganz sicher zu sein, und konnte immer noch nichts erkennen. Eine Hausärztin erklärte schließlich, sie habe eine winzige, L-förmige Narbe entdeckt, aber niemand sonst konnte sie ausmachen.

»Ich schreibe Ihnen diesen Brief, um Ihnen vielleicht zu helfen, die Lücken bei Ihren Untersuchungen zu füllen«, begann ein Brief Julies, der am 26. April an Tabor geschrieben war. Sie behauptete weiterhin, von einem Zwischenfall, bei dem ihr Vater sie auf den Boden genagelt habe, eine Narbe am linken Arm zu haben. Sie berichtete von weiteren Narben, Folge von Schnittwunden, die ihr bei rituellen Handlungen beigebracht worden seien. Dann schilderte sie, wie sie von ihrem Vater, Rabie und Risch mit einer Zange gefoltert worden sei. Paul hatte eine solche Szene einen Monat zuvor visualisiert, und Julie hatte mehrmals bestritten, daß sie stattgefunden habe. Sie schrieb weiter: »Einmal, da war ich vielleicht elf, hat meine Mom mit ihnen zusammen meine Scheide aufgemacht und einen Teil von einem toten Baby reingeschoben. Ich habe ihn rausgezogen, als sie wieder weg waren, es war ein Arm.« Offenbar erinnerte sich Julie jetzt an Brian Schoenings Traum.

»Die Prozeßeröffnung gegen Jim Rabie, Ray Risch und Paul Ingram ist für den 1. Mai 1989 anberaumt«, schrieb McClanahan, um seine deprimierte Truppe aufzumuntern. »Unsere Behörde hat mit der Aufdeckung des ersten Falls von kultischem Mißbrauch in der Geschichte der USA, der von einem erwachsenen, direkt beteiligten Täter bestätigt wurde, Bemerkenswertes geleistet ... Eindeutig stehen wir am Rand neuer Erkenntnisse, die aus rituellem Mißbrauch gewonnen werden können.« Am Ende des Blatts fügte er die Namen von vier Therapeuten an, die bereit waren, die Beamten zu betreuen.

McClanahan, der in der Dienststelle eher administrative Aufgaben wahrnahm, hatte einen Übersichtsplan mit dem Titel ›Die formelle Untersuchung von kultischem Mißbrauch‹ zusammengestellt, den er sich als Modell für ähnliche Untersuchungen auf der ganzen Welt vorstellte. Er war in ›Link Analysis‹ ausgebildet, und mit Hilfe des Übersichtsplans versuchte er, alle Elemente des Falles in einen übersichtlichen assoziativen Zusammenhang zu bringen. Das Herzstück war ein Quadrat, über dem ›Kultischer Mißbrauch‹ stand. Innerhalb des Quadrats befanden sich vier Rechtecke, die ›Geschichte‹, ›Kontrolle‹, ›Mißbrauch‹ und ›Organisation‹ betitelt waren, sowie zwei Ovale, ›Kriminell‹ und ›Nicht-kriminell‹ benannt. Sie waren durch Linien verbunden, die eine Art Netz bildeten, und von jeder dieser Linien zweigten neue Linien zu anderen Rechtecken und Ovalen außerhalb des Mittelquadrats ab. Vom dem Rechteck ›Mißbrauch‹ zum Beispiel führten Verbindungslinien zu den Ovalen ›Körperlich‹, ›Emotional‹, ›Sexuell‹, ›Spirituell‹ und ›Psychologisch‹. Jedes dieser so betitelten Ovale war wiederum Mittelpunkt neuer strahlenförmig von ihm ausgehender Linien. Von dem Oval ›Psychologisch‹ beispielsweise verzweigten sich Linien mit den Beschriftungen ›Säuglingsmord‹, ›Opferungen‹, ›Einverleibung von Urin/Fäkalien‹, ›Sex mit Tieren‹, ›Selbstbefriedigung‹, ›Wer wird das glauben‹, ›Vergrabene Menschen/Tiere - später umgelagert‹, ›Opfers Schuld, wenn andere sterben‹, ›Töten/Essen von Haustieren‹ und schließlich eine Verbindungslinie zu wieder einem anderen Oval, ›Verheimlichung‹, wiederum mit seinem eigenen Strahlenkranz von Linien, die sich in Nebenlinien verzweigten. Die Linie mit dem Titel ›Konditionierung der Opfer‹ zum Beispiel bildete eine Nebenlinie, zu der es hieß ›Andere werden sterben, wenn du dich erinnerst‹, ›Du wirst sterben, wenn du dich erinnerst‹ und ›Der Teufel kann deine Gedanken lesen‹. McClanahan war stolz auf seinen Plan, der unübersehbar an seiner Wand hing. Er schien den Fall Ingram in seiner ganzen verwirrenden Komplexität wiederzugeben und zu einer einzigen, verständlichen, wenn auch furchterweckenden graphischen Darstellung zu ordnen. Die Polizeibeamten jedoch waren verärgert. »Das sieht ja aus wie eine Explosion im Hirn eines Schizophrenen«, bemerkte einer von ihnen säuerlich.

In Wirklichkeit ging es im Fall Ingram gar nicht mehr um kultischen Mißbrauch. Alle Vorwürfe kultischen Mißbrauchs im Zusammenhang mit Teufelsritualen waren im Sande verlaufen, und die Anklage bemühte sich verzweifelt, überhaupt noch etwas zu retten. Ingram ersparte ihr weitere Peinlichkeiten, indem er sich entschloß, sich in fünf Fällen der Vergewaltigung für schuldig zu bekennen. Auf Bratuns Rat hin hatte er Ofshes Bericht nicht gelesen;

er würde ihn höchstens verwirren, hatte Bratun gemeint. Sowohl Ericka als auch Julie jedoch hatten ihm geschrieben, sie fänden, daß er ihnen ein Geständnis schulde. Auch Sandy, die mittlerweile die Scheidung eingereicht hatte, drängte ihn, sich schuldig zu bekennen. Der Richter vertagte die Urteilsverkündung, als bekannt wurde, daß Julie einen Drohbrief erhalten hatte. »Wie geht's meinem kleinen Lieblingsmädchen?« hieß es in dem Brief. »Ist Dir eigentlich klar, wieviel Ärger Du Deiner Familie gemacht hast? Das hast Du wirklich gut hingekriegt, und das kannst Du mir glauben, Du hast uns für immer zerrüttet. Du gehörst nicht mehr zu unserer Familie. Du hast Deiner Mom so weh getan, Du hast sie vernichtet, sie will nur noch sterben ... weißt Du, daß es viele Leute gibt, die Dich gern tot sähen, und ein paar, die hinter Dir her sind?« Der Brief war unterzeichnet mit »Dein Ex-Vater Paul«. Sobald Detective Thompson den Brief sah, erkannte sie die Handschrift. Julie selbst hatte ihn geschrieben. Untersheriff McClanahan erklärte, eine solche Verhaltensweise sei typisch für Opfer kultischen Mißbrauchs, die zur Übertreibung konditioniert worden seien. »Sie wollte nur, daß wir ihr glauben«, sagte er.

Am 3. Mai 1989, zwei Tage, nachdem Ingram sich schuldig bekannt hatte, nahm die Staatsanwaltschaft die Klage gegen Rabie und Risch zurück. Sie waren 108 Tage in Haft gewesen.

14

Im Mai 1989 telefonierte Richard Ofshe mit Paul Ingram und drängte ihn, zu versuchen, sein Schuldbekenntnis noch vor der Urteilsverkündung zurückzunehmen. Ingram sagte, er habe zwar selbst Zweifel an der Echtheit einiger seiner Erinnerungen, aber er hoffe immer noch, es werde ihm gelingen, die Lücken mit neuen Erinnerungen zu füllen, die die vielen Widersprüche in seinen eigenen Aussagen und denen seiner Frau und seiner Kinder erklären würden.

»Ich sage Ihnen etwas, Paul - die werden Sie nie bekommen«, erwiderte Ofshe. »Niemals werden Sie sich an irgend etwas erinnern können, was all die Lügen, die Sie in den letzten Monaten erzählt haben, in Übereinstimmung bringt.«

»Mal angenommen Sie haben recht, ich bin trotzdem nicht bereit, die Mädchen zu zwingen, vor Gericht auszusagen, wenn die Gefahr besteht, daß ich ihnen dadurch emotionalen Schaden zufüge, an dem sie ihr Leben lang leiden werden«, antwortete Ingram. Er sagte, sowohl der Staatsanwalt als auch sein eigener Anwalt hätten ihm erklärt, das könnte geschehen. Außerdem glaube er immer noch, daß er Dinge verdränge, die alles erklären könnten. »Wir brauchen uns doch nur die Männer anzuschauen, die in Vietnam waren«, fügte er hinzu. »Die verheimlichen viele von ihren Erinnerungen.«

»Vielleicht kann man wirklich eine einzelne Begebenheit ausblenden, die lebensbedrohend war, unglaublich beängstigend und scheußlich vielleicht«, meinte Ofshe. »Aber niemand kann so viele

Geschehnisse ausblenden wie Sie glauben verdrängt zu haben - diese Dinge sind nie passiert«, fuhr Ofshe fort. »Paul, alles, was Sie mir heute abend gesagt haben, läuft auf eines hinaus: Es gibt einen Prozeß, den Sie anzuwenden gelernt haben und der Ihnen gestattet, Bilder zu erfinden, die mit dem übereinstimmen, was Ihrer Meinung nach geschehen sein müßte.«

Ingram war nicht zu erschüttern.

Zwei Monate später jedoch, in seiner Gefängniszelle, überlegte er es sich. Er hatte ein Tagebuch geführt, in dem er seine Erinnerungen in drei Kategorien aufteilte: ›Eindeutig geschehen‹, ›Nicht so eindeutig geschehen‹ und ›Nicht sicher‹. Zum Zeitpunkt seines Schuldbekenntnisses standen die meisten seiner Erinnerungen in der ersten Kategorie, aber später begannen sie eine heimliche Wanderung in die anderen zwei Spalten. Am Morgen des 19. Juli 1989 erreichte die ängstliche Spannung, die sich in ihm aufgestaut hatte, einen kritischen Höhepunkt. Während er betete, erzählte er später, hörte er eine leise Stimme: »Laß das Seil los.« Ein tiefes Friedensgefühl durchflutete ihn. Seine Gedanken wurden klar. Plötzlich konnte er erkennen, daß all die Bilder von Ritualen und Mißbrauch Phantasien gewesen waren und nicht Erinnerungen. Er glaubte nun nicht mehr, daß er ein Teufelsanbeter oder Kinderschänder oder selbst ein Opfer von Kindesmißbrauch sei. Das Erlebnis kam für ihn einer religiösen Bekehrung gleich. Er schrieb in seine Bibel: »P. R. I. zum Selbst gestorben 19.7.89.«

Ingram nahm einen neuen Anwalt, der Antrag auf Rücknahme des Schuldbekenntnisses mit der Begründung stellte, daß Ingram bei den Ermittlungen unter Druck gesetzt worden sei und belastende Aussagen gemacht habe, während er sich in tranceähnlichen Zuständen befunden habe. Unglücklicherweise war es zu spät, den Zug aufzuhalten, auf den Ingram aufgesprungen war, als er sich schuldig bekannt hatte. Das einzige, was der Anwalt tun konnte, war, bei der Urteilsverkündung, die im April 1990 stattfand, um Milde zu bitten.

»Ich bin Ericka Ingram. Ich war die Tochter von Paul Ingram«, erklärte Ericka in einem Überraschungsauftritt vor Gericht. Sie trug ein schlichtes, helles Kleid und sah blaß und abgehärmt aus. Sie bat den Richter darum, die schwerstmögliche Strafe zu verhängen. Sonst »wird er mich oder Julie töten, davon bin ich überzeugt«, sagte sie. »Er hat mein und Julies Leben und unsere ganze Familie zerstört, und es ist ihm egal. Er ist offensichtlich ein sehr gefährlicher Mensch.« Während sie sprach, weinten Schoening und Vukich, die hinten im Saal saßen, ganz offen.

Als Ericka zum Ende gekommen war, fragte der Richter Paul Ingram, ob er etwas hinzuzufügen habe.

Ingram stand auf und sagte klar und deutlich: »Ich stehe vor Ihnen, und ich stehe vor Gott. Ich habe meine Töchter niemals sexuell mißbraucht, ich bin dieser Verbrechen nicht schuldig.«

Der Richter zeigte kein Interesse an dieser Sinneswandlung. Normalerweise hätte Ingram schlimmstenfalls mit Strafen von 33 bis 43 Monaten Gefängnis für jeden Anklagepunkt rechnen müssen, und die Strafen hätten in Form einer Gesamtstrafe gleichzeitig verbüßt werden können, so daß er nicht länger als dreieinhalb Jahre im Gefängnis gewesen wäre. Im Staat Washington ist es so, daß die meisten nicht vorbestraften Sexualtäter eine Gefängnisstrafe von sechs Monaten bekommen, wenn sie in eine Behandlung einwilligen - ein Strafmaß, das Ingram bereits verbüßt hatte. Richter und Ankläger waren sich jedoch einig, daß hier außergewöhnliche Umstände vorlägen. Zudem glaubte der Richter, da Ingram nun plötzlich behauptete, die Geschehnisse hätten gar nicht stattgefunden, daß eine Behandlung nicht hilfreich sein würde. Er verurteilte Ingram zu zwanzig Jahren Gefängnis mit der Aussicht auf Bewährung nach zwölf Jahren.*

* Ingrams Antrag, sein Schuldbekenntnis zurückzunehmen, wurde im Januar 1992 vom Berufungsgericht und im September desselben Jahres vom Obersten Gerichtshof des Staats Washington abgelehnt. Während dies geschrieben wird, ist der Fall beim Bundesgericht anhängig, jedoch Ingrams Chancen dort scheinen gering zu sein, da die Gerichte bisher wenig Interesse daran gezeigt haben, einem Angeklagten, der sich schuldig bekannt hat, die Möglichkeit zur Berufung einzuräumen.

Als die Staatsanwaltschaft die Klagen gegen Rabie und Risch zurücknahm, beauftragte Ericka einen Rechtsanwalt namens Thomas Olmstead, gegen Thurston County wegen Verletzung der Sorgfaltspflicht bei der Überwachung von Ingram und Rabie Klage zu erheben.*Ericka behauptet, daß um die dreißig Teufelsanhänger im Landkreis die Macht in den Händen hielten und sich verschworen hätten, für die Niederschlagung des Falls Ingram zu sorgen. Untersheriff McClanahan und Detective Schoening gehören zu denen, die Ericka als Satansanhänger benannt hat. »Wie weit reicht das hinauf?« fragt Olmstead, ein fundamentalistischer Christ und ehemaliger FBI-Beamter. »Bis zum Gouverneur? Wer weiß.«

Sandy Ingram, die inzwischen von Paul geschieden ist, hat einen anderen Namen angenommen und lebt mit Mark in einem anderen Ort. Chad und Paul Ross haben geheiratet und sind weggezogen. Ericka lebt in Kalifornien. Julie ist in der Gegend von Olympia geblieben, hat aber einen anderen Namen angenommen. Die Familie Ingram, wie sie einmal bestanden hat, ist zerstört. Das, was sie einst zusammengehalten hat, ihre Erinnerungen nämlich, hat sie letztendlich auseinandergerissen.

Jim Rabie und Ray Risch leben auch heute noch in Olympia, obwohl viele sie für schuldig halten und glauben, sie seien trotz scheußlicher Verbrechen ungeschoren davongekommen. Risch arbeitet in derselben Autowerkstatt wie zuvor, aber er wird nur selten mit verantwortungsvollen Aufgaben betraut. »Es vergeht kein Tag, ohne daß es aufs Tapet gebracht wird«, sagt er. »Die schwarze Wolke ist immer da. Es ist keine angenehme Erinnerung.« Seine Frau berichtet, er sei geistig immer noch labil und es falle ihnen schwer, die Ratenzahlungen für ihren Wohnwagen zu leisten.

Rabie arbeitete, nachdem er seine Beratertätigkeit aufgab, mehrere Monate für einen Freund, der ein Teppichgeschäft hat, bis die Kundenbeschwerden über seine Anwesenheit sich nachteilig auf das Geschäft auswirkten. Jetzt arbeitet er bei einem Transportunter-

* Die Klage war noch anhängig, als dies im September 1993 geschrieben wurde.

nehmen. Die Anwalts- und Gerichtskosten für Rabie und Risch beliefen sich auf über 90 000 Dollar; Rabie übernahm einen Teil von Rischs Kosten. Beide Männer verklagten Thurston County wegen rechtswidriger Festnahme und böswilliger Rechtsverfolgung, aber ihre Klage wurde vom Distriktsgericht abgewiesen.* Auf Bitte des Autors unterzog Rabie sich einem zweiten Lügendetektortest, zu den gleichen Fragen wie beim ersten. Diesmal bestand er.

Was die Ermittlungsbeamten angeht, so haben die meisten ihre Ansichten nicht geändert. Untersheriff McClanahan bleibt, obwohl er selbst von Ericka als Teufelsanhänger denunziert wurde, unerschütterlich. »Der kultische Mißbrauch bei Satansritualen ist eine Realität«, sagt er. »Dieser Fall beweist es.«

In der Tat, mit Ingrams Verurteilung ist der Fall zum Beweisstück erster Klasse in der Kontroverse über den kultischen Mißbrauch bei Teufelsritualen geworden. Am 2. Dezember 1991 trafen viele der Hauptbeteiligten in einem Fernsehstudio in New York zusammen.

»Heute wird diese Frau Auge in Auge dem Mann gegenüberstehen, von dem sie sagt, daß er sie siebzehn Jahre lang bei Teufelsritualen sexuell gequält hat. Eine Sendung, die Sie nicht versäumen sollten«, sagte Sally Jessy Raphaël zu ihrem Fernsehpublikum. Die Kamera zeigte Ericka Ingram in einem kobaltblauen Pullover, demütig neben Raphaël sitzend. Man könnte argumentieren, daß es Sendungen dieser Art waren, die die Ingram-Phantasie überhaupt erst möglich machten.

»Es waren Leute aus der Gemeinde, auch Polizeibeamte«, sagte Ericka, als sie den Kult beschreiben sollte. »Es waren auch Richter und Ärzte und Anwälte darunter. Verschiedene Leute aus der Gemeinde mit hohem politischen Ansehen.«

»Was geschah bei den Ritualen?« fragte Raphaël in einem Ton voll neugierig drängender Teilnahme. »Ich weiß, es muß ziemlich schlimm gewesen sein, aber was ist da genau passiert?«

*Zur Zeit der Niederschrift war die Klage vor dem Bundesberufungsgericht anhängig.

»Zuerst haben sie angefangen zu singen - Sprechgesänge«, berichtete Ericka. »Manchmal haben sie ein Baby getötet.«

»Ein Baby?« wiederholte Raphaël. »Woher haben sie denn Babys bekommen?«

»Manche Leute im Kult haben sie nur dafür zur Welt gebracht.«

»Ist Ihnen das auch passiert?« fragte Raphaël. »Sie erinnern sich, daß Sie auf einem Tisch gelegen und Leute mit Ihnen den Geschlechtsverkehr ausgeübt haben?«

Ericka nickte.

»Wow! Was noch?«

»Manchmal haben sie Blut getrunken«, sagte Ericka. Die Zuschauer starrten sie ernst an und schüttelten ab und zu schockiert die Köpfe. »Einmal, als ich sechzehn war, haben sie eine Abtreibung bei mir gemacht. Ich war im fünften Monat. Und das Kind hat noch gelebt, als sie es herausgeholt haben. Und sie haben es auf mich drauf gelegt, und dann haben sie es zerstückelt. Und dann, als es - als es tot war, haben die Leute aus der Gruppe Teile von ihm gegessen.« Ein unterdrückter Aufschrei erhob sich aus der schaudernden Menge. Später behauptete Ericka: »Ich habe fast mein ganzes Leben im Krankenhaus verbracht. Und das ist die Wahrheit. Und ich meine, die Ärzte, die haben sich meinen Körper nur angeschaut und kein Wort mehr rausgebracht.«

Raphaël stellte Jim Rabie vor, der gekommen war, weil er versuchen wollte, vor dem einzigen Forum, das für ihn erreichbar war, seinen guten Ruf wiederherzustellen.

»Obwohl er unschuldig sei, sagt er, haben sein Leben und das seiner Familie dauernden Schaden erlitten«, verkündete Raphaël.

»Die Sache hat mich geschäftlich ruiniert«, erklärte Rabie mit brüchiger Stimme. »Und sie hat unbeschreibliches Leid über meine Familie gebracht.«Aber die Zuschauer interessierten Rabies Probleme nicht. »Ericka, Sie tun mir so leid«, sagte eine Frau aus dem Publikum und: »Sie hätte doch diesen Menschen nie erwähnt, wenn er nicht schuldig wäre.«

Auch Richard Ofshe war Gast in der Sendung, als Gegenspieler zu Bob Larson, einem Rundfunkprediger, der sein geistliches Amt auf der Verbreitung der Teufelshysterie aufgebaut hat. »Was hat es mit diesen Teufelsgeschichten auf sich, Dr. Ofshe?« fragte Raphaël.

»Gegenwärtig haben wir im ganzen Land eine wahre Epidemie solcher Behauptungen«, antwortete Ofshe. »Sie sind sämtlich unbewiesen.«

»Wir haben eine Epidemie der Teufelsanbetung, nicht der Behauptungen«, warf Larson ein.

»Was würden Sie, als Soziologe sagen, warum es zu dieser Epidemie kommt?« fragte Raphaël.

»Teilweise weil sie eine Möglichkeit ist, in der Gesellschaft den Zusammenhalt und die Autorität fundamentalistischer Sichtweisen wieder zu festigen«, sagte Ofshe.

»Gut, sprechen wir einmal mit Bob«, sagte Raphaël und wandte sich dem Erweckungspriester mit dem schütteren rotblonden Haar und dem Bart zu. »Bob, Sie haben hier einen Mann, der sagt, daß in keinem Fall - und ich glaube, es hat in unserem Land hundert Prozesse gegeben, vielleicht sogar mehr, bei denen es um Teufelsrituale ging -, daß also in keinem Fall Beweise, konkrete Beweise vorgelegt wurden und daß kein Mensch außer Erickas Vater sich je zu solchen Dingen bekannt hat. Mit anderen Worten, es hat niemals ein Geständnis gegeben.«

»Das ist nur formal richtig«, sagte Larson.

»Nur formal richtig«, wiederholte Raphaël. Als Larson sich darüber beschwerte, daß niemand der gewaltigen Zahl therapiebedürftiger Opfer kultischen Mißbrauchs Aufmerksamkeit schenke, fragte Raphaël erneut: »Aber wieso gibt es nicht einmal den Schatten eines Beweises, wenn so viele Menschen wegen solcher Geschichten in Behandlung sind?«

»Die Schwierigkeit ist, daß das Beweisverfahren des Justizsystems dem, was in einem therapeutischen Prozeß abläuft, überhaupt nicht angemessen ist«, erklärte Larson. »Wann werden wir endlich anfangen, den Menschen schlicht und einfach zu glauben, die sich melden, anstatt sie einem gesetzlichen Lackmustest zu unterziehen?« Mit dem Lackmustest meinte er wohl die Tatsache, daß man von Ericka glaubwürdige Beweise verlangte, wenn sie Rabie wegen der Verbrechen verurteilt sehen wollte, deren sie ihn beschuldigte. Larsons Stimme schwoll an vor Entrüstung. »Das sind Menschen, an denen der unglaublichste Mißbrauch begangen wurde!« schrie er. »Mein Gott! Diese Frau ist mit Urin und Fäkalien beschmutzt worden -«

»Von ihm!« rief Ericka und wies auf den unglücklichen Rabie.

»Sie mußte von diesem Mann Bestialität und Gruppensex über sich ergehen lassen«, sagte Larson und legte Ericka eine seelsorgerische Hand aufs Knie. »Wann werden wir endlich anfangen, den Opfern zu glauben?«

»Glaubt uns!« rief Ericka.

EPILOG

Viereinhalb Jahre nach seiner Verhaftung lebt Paul Ingram heute, grauer als bei den Gerichtsverhandlungen, in einem Gefängnis in einem Staat, der weit von Washington entfernt ist. Er ist in Schutzhaft, vermutlich zu seiner eigenen Sicherheit, da er ehemals bei der Polizei war, aber er macht kein Geheimnis aus seiner Identität. Seine Mitgefangenen kennen ihn als den Herausgeber der Gefängniszeitung. Er arbeitet außerdem in der juristischen Bibliothek des Gefängnisses. Immer hat es ihn zum einfachen, streng geregelten Leben hingezogen, und das Gefängnisleben kommt seiner Neigung entgegen. In gewisser Hinsicht ähnelt es dem Klosterleben, das er vielleicht gewählt hätte, hätte er sich nach den Wünschen seiner Mutter gerichtet und den Beruf des Priesters ergriffen. Er sagt, er habe jetzt einen tieferen Frieden gefunden als je zuvor in seinem Leben.

»Um ganz ehrlich zu sein, ich habe zu dieser Geschichte mehr Fragen als Antworten«, sagte er in bezug auf das, was seiner Familie widerfahren ist. Seine Theorie darüber, warum er sich an sexuellen und kultischen Mißbrauch »erinnerte«, ist, daß es ihm geholfen habe, eine Erklärung dafür zu finden, wieso ein Mensch, der allem Anschein nach ein guter Christ und liebevoller Vater war, seine Kinder schlecht behandeln konnte. »Ich war kein guter Vater, das weiß ich«, gibt er zu. »Ich war nicht für meine Kinder da. Ich konnte nicht mit ihnen reden, wie ich es hätte tun sollen. Ich habe niemals einen Menschen sexuell mißbraucht. Aber emotionaler Mißbrauch - man gibt es nicht gern zu, doch jemand muß es einmal zugeben. Ein Kind ist ein ziemlich zartes Geschöpf. Ich habe als

Vater viel herumgebrüllt, und ich denke mir, das hat den Kindern angst gemacht. Einmal hat Julie ein zu heißes Bad einlaufen lassen und Mark verbrannt. Ich habe sie geschlagen. Ein andermal wollte sie davonlaufen. Ich sah sie die Auffahrt hinausrennen, und Sandy hinterher. Sie war ungefähr sechzehn. Ich bin rausgerannt und hab sie eingeholt und an den Haaren gezogen und gesagt, sie käme auf der Stelle wieder nach Hause. Ich kann mich erinnern, daß ich Paul Ross einmal auf den Hinterkopf geschlagen habe. Und getreten habe ich ihn auch. Wenn ich wütend geworden bin, hab ich gebrüllt. Es hat an der Zuneigung gefehlt, die sie eigentlich von einer Vaterfigur hätten bekommen müssen.«

Ist das alles? Zweifellos wäre das die erschreckendste Folgerung, die aus dem Fall Ingram zu ziehen ist, daß die familiären Bindungen so kompliziert gebildet sind, daß derart entsetzliche Perversionen der Erinnerung aus ganz gewöhnlichem lieblosen Verhalten entstehen können.

Gab es in der Familie Ingram echte Akte sexuellen Mißbrauchs? Die Aussagen der Familienmitglieder dazu sind so widersprüchlich wie die über den kultischen Mißbrauch. Trotz Monaten intensiver, unerbittlicher Vernehmungen und Dutzender einander widersprechender Episoden, deren sich Ingram, seine Frau und seine Kinder erinnerten, basierten alle sechs Fälle von Vergewaltigung, deren Ingram angeklagt wurde, auf Geständnissen, die in den zwei Tagen unmittelbar nach seiner Verhaftung aus ihm herausgeholt wurden; Ingram machte sie in Sitzungen mit Schoening und Vukich - und, zum Teil, mit dem Psychologen Richard Peterson und Pastor John Bratun -, in denen ihm, wie er sagt, wiederholt versichert wurde, daß er sich des Mißbrauchs erinnern würde, sobald er ihn eingestanden habe. Hier als Beispiel das Geständnis einer der Vergewaltigungen, deren er schließlich angeklagt wurde:

Frage: *Versuchen wir doch mal, über die jüngste Zeit zu reden, Paul. Ericka hat mir erzählt, es sei gegen Ende September gewesen, kurz bevor sie ausgezogen ist. Kannst du dich daran erinnern?*

Antwort: *Also, ich versuch's, mich dran zu erinnern, und ich seh es immer noch wie ein unbeteiligter Dritter, aber - äh - die Indizien, und ich versuch ja auch, das in die erste Person zu setzen, es klappt nicht sehr gut, aber - äh - ich werd wohl aufgestanden sein, einen Bademantel übergezogen haben, in ihr Zimmer gegangen sein, den Bademantel ausgezogen und sie wenigstens teilweise entkleidet haben und dann ihre - äh - Brust und ihre Vagina gestreichelt haben und - äh - ihr auch gedroht haben, daß ich sie - äh - umbringen würde, wenn sie was verraten sollte ...*

Frage: *Du hast das jetzt in der dritten Person geschildert. Ich frage dich direkt: War es so?*

Antwort: *Hmm, ich krieg immer noch kein klares Bild von dem, was passiert ist. Ich - ich weiß im Innern, daß diese Sachen passiert sein müssen.*

Die Tatsache, daß alle Erinnerungen der Familienmitglieder im Lauf der Zeit immer unglaublicher wurden, veranlaßte die Anklage, auf diese frühen Aussagen als »den wahren Kern« des Falls Ingram zurückzugreifen. Die grundlegende Prämisse der Ermittlungsarbeit war, daß etwas geschehen sein mußte. Zu keiner Zeit zogen die Beamten die Möglichkeit in Erwägung, daß die Quelle der Erinnerungen die Untersuchung selbst sein konnte - daß es eine andere Realität nicht gab. Das einzige, was schließlich noch als Prozeßgrundlage herhielt, war Ingrams »Experiment«, Erinnerungen zu produzieren, indem er sich zu seinen Vorstellungsbildern bekannte.

Noch eine Möglichkeit gab es, der die Beamten nicht nachgingen. Von Anfang an hatten beide Töchter der Ingrams behauptet, sie hätten mit ihren Brüdern sexuell verkehrt. Julie schrieb in einer ihrer Aussagen an Loreli Thompson, Paul Ross hätte sie, als sie dreizehn Jahre alt war, in sein Zimmer mitgenommen, und sie hätten dann auf seinem Bett miteinander verkehrt. Bei Joe Vukichs einzigem Gespräch mit Paula Davis erinnerte sich Davis an Erickas erste Enthüllung im Sommer 1988, noch vor dem Sommercamp. Ericka hatte Davis' Kinder gehütet, und als Davis nach Hause kam, setzte sie sich zu Ericka aufs Sofa, und da »hat sie es mir erzählt«.

Frage: *Was hat sie Ihnen erzählt?*

Antwort: *Zuerst hat sie mir von ihrem Bruder erzählt. Sie sagte, Chad hätte mit ihr - ihre beiden Brüder, aber vor allem sprach sie von Chad -, daß ihre Brüder seit Jahren, seit sie noch klein war, mit ihr geschlafen hätten.*

Frage: *Das sind Chad und Paul junior?*

Antwort: *Ja ...*

Frage: *Hat sie bei dieser Gelegenheit etwas von ihrem Vater gesagt?*

Antwort: *Nein. Ich habe sie sogar danach gefragt, und da hat sie mich ganz seltsam angesehen und den Kopf geschüttelt.*

Die Kriminalbeamten entschieden sich dafür zu glauben, daß solche sexuellen Handlungen, wenn sie tatsächlich zwischen den Geschwistern vorgefallen waren, erlernt werden mußten - vermutlich beim Mißbrauch durch die Eltern.Zusätzlich verwirrt wurden all diese Mißbrauchsgeschichten noch durch die wiederkehrende Behauptung der Ingram-Töchter, sie seien unberührt. Die ärztlichen Befunde in den Beweisunterlagen geben keine Auskunft darüber, ob das stimmt. Wenn es stimmt, daß Ericka unberührt war, dann wäre Karla Frankos Erklärung im Sommercamp der Kirche (Gott habe ihr enthüllt, daß Ericka sexuell mißbraucht worden sei) eine Lösung für ein für sie vielleicht unerträgliches Dilemma gewesen. 1987 war Ericka mit ihrer Freundin Paula Davis nach Kalifornien gefahren. Auf der Fahrt wurde Ericka so krank, daß sie ein Krankenhaus aufsuchen mußte. Der Arzt diagnostizierte eine Beckenentzündung. Als Davis den Arzt fragte, wie Ericka sich eine solche Entzündung zugezogen haben könnte, sagte er, sie verbreite sich durch Geschlechtsverkehr. Später, als Ericka ihren Behauptungen gegenüber den Ermittlungsbeamten Nachdruck verleihen wollte, führte sie die Infektion als Beweis dafür an, daß sie mißbraucht worden sei. Der Arzt hatte jedoch zu erwähnen versäumt, daß eine Beckenentzündung auch durch eine Eierstockzyste verursacht werden kann: Ericka hatte in der Tat eine solche Zyste, die allerdings bei diesem Krankenhausbesuch nicht festgestellt wurde.

Hinter dem sexuellen Gehalt der Erinnerungen, die Paul Ingram und seine Töchter hervorbrachten, stand auf den ersten Blick ein tragisches Liebeswerben, das verborgenen, nunmehr mit Gewalt ans Licht geholten Sehnsüchten entsprang. Keine der beiden Töchter sah in ihren Phantasien je die andere, obwohl sie im wirklichen Leben beinahe ständig zusammen waren. Man kann das als rivalisierendes Werben um die Gunst des Vaters lesen. Jede Erinnerung begann damit, daß er in das Zimmer der Mädchen trat und einmal Julie, einmal Ericka erwählte, immer die eine auf Kosten der anderen. Die nichterwählte Tochter ist entweder auf geheimnisvolle Weise abwesend oder liegt in so tiefem Schlaf, daß sie völlig ohne Bewußtsein ist. In den üppig wuchernden Phantasien kann man die sexuelle Kraft erahnen, die der Familiendynamik zugrunde liegt, und den Zorn, der sich anstaut und allmählich die unerfüllte Liebe eines bedürftigen Kindes zu einem nicht verfügbaren Elternteil verdrängt. So gesehen, wird der Fall Ingram zu einer plastischen Illustration dafür, weshalb Freud die Verführungstheorie zugunsten des Ödipuskomplexes aufgab. Wenn die Erinnerungen der Familie Ingram nicht von wahren Begebenheiten handeln, müssen sie aus verdrängten Wünschen geboren sein.

Klagen über kultischen Mißbrauch haben vieles gemeinsam; genau das wird häufig als Beweis für die Existenz einer einzigen, allmächtigen Teufelsbewegung angeführt. Man kann es aber auch als Beweis für die typischen Phantasien interpretieren, die seit Jahrhunderten ein charakteristischer Bestandteil unserer Kultur sind. Der Mythos vom Ritualmord entstand im zwölften Jahrhundert in Europa, und im fünfzehnten Jahrhundert erreichte die blutige Verfolgung der Juden einen Höhepunkt fanatischer Raserei. Erst als die Reformation heranrückte, begann das nachzulassen. Aber da richtete die Inquisition ihren erbarmungslosen Blick schon auf die Hexen. Es ist eines der faszinierenden Details der europäischen Hexenjagd, die erst im 18. Jahrhundert endete, daß die Bekenntnisse der Hexen - genau wie das Geständnis Paul Ingrams - häufig freiwillig und mit tiefer Überzeugung abgelegt wurden. Die Elemente Sodomie, Inzest, Pädophilie, Kannibalismus und ritueller

Gebrauch menschlichen Bluts scheinen universelle Bestandteile der Dämonologie in allen Kulturen zu sein.* Sie entsprechen tief verwurzelten menschlichen Ängsten und Tabus.

Bezüglich der Frage, warum ausgerechnet in unserem Jahrhundert die Teufelshysterie zurückkehrt, kann man auf die Ausbreitung fundamentalistischer Religionen hinweisen, die Angst der Gesellschaft angesichts des Verlusts traditioneller Werte und die politische Verunsicherung nach dem Zusammenbruch des internationalen Kommunismus. Ferner kann man nicht umhin zu bemerken, daß Abtreibung ein vielbesprochenes Thema ist. Sowohl Ericka als auch Julie erzählten, man habe sie zur Abtreibung gezwungen, die neugeborenen Kinder dann zerstückelt und auf ihren Körpern verrieben. Dies kehrt in fast allen Berichten über kultischen Mißbrauch bei Teufelsritualen wieder. Das Bild von den zerstückelten und geopferten Säuglingen spielt aber auch bei den Protestaktionen der Abtreibungsgegner eine wichtige Rolle. Es ist nur eine Hypothese, aber vielleicht spiegelt sich der psychische Schaden, der durch die Abtreibungsdebatte angerichtet wird, in den peinigenden Phantasien vieler junger Frauen.

Eindeutig spielte die Religion im Fall Ingram eine tragende Rolle. Alle Mitglieder der Familie Ingram waren dafür präpariert, an die Existenz von Teufelskulten zu glauben. Aber dieser Glaube hatte mit der Populärkultur und dem Sensationsfernsehen genausoviel zu tun wie mit ihrer Kirche. Die Doktrin der Kirche des lebenden Wassers lautet, daß der Teufel leiblich sei und auf der Erde wandle - ein Glaube also, der in ähnlicher Form auch in anderen protestantischen Glaubensgemeinschaften gehegt wird. Die Starr-

* Siehe Phillips Stevens jr., ›Universal Cultural Elements in the Satanic Demonology‹, in ›Journal of Psychology and Theology‹ 20, Nr. 3. Es sind noch andere volkskundliche Elemente in den Fall Ingram verwoben — zum Beispiel Chad Ingrams Traum von der Hexe, die zum Fenster hereinkommt und sich auf seine Brust setzt. Dieser häufig vorkommende Alptraum heißt ›Old Hag Attack‹ in Neufundland, wo man sich eingehend mit ihm beschäftigt hat. David J. Hufford hat über dieses faszinierende Phänomen in ›The Terror Comes in the Night: An Experience-Centered Study of Supernatural Assault Traditions‹ (University of Pennsylvania Press, 1982) geschrieben.

heit ihres persönlichen Glaubens mag die Ingrams besonders empfänglich für die Vorstellung gemacht haben, daß die Familie zwei konträre Leben geführt habe - das eine als gläubige Mitglieder ihrer Kirche und ihrer Gemeinde, das andere als heimlich praktizierende Teufelsanhänger - und auch, daß die unbescholtene Familie, wie die Öffentlichkeit sie kannte, von ihrem monströsen Geheimleben keine Ahnung gehabt habe. Auch muß man bedenken, daß möglicherweise die religiösen Überzeugungen einiger der Ermittlungsbeamten eine Rolle dabei gespielt haben, daß sie den Fall allen logischen Widersprüchen zum Trotz weiterverfolgten. Die Verdrehung der Beweise, um eine unhaltbare Behauptung in ihrer ganzen Absurdität zu stützen, ist typisch für eine Hexenverfolgung.

Andererseits waren alle Ermittlungsbeamten tief religiöse Menschen. Ihr Urteil mag von gängigen Vorstellungen über die Natur der menschlichen Erinnerung getrübt gewesen sein. Das Gedächtnis gleicht nicht, wie der Mann behauptete, der Jim Rabie dem Lügendetektortest unterzog, einem Videoband. Wir wissen von dieser wunderbaren und geheimnisvollen Fähigkeit der Erinnerung, daß sie rekonstruiert, sich ständig neu schafft, beständig persönliche Geschichte neu erfindet. Freud nahm der modernen Forschung zu diesem Thema vieles vorweg, als er 1899 schrieb:

Es kann in der Tat gefragt werden, ob wir überhaupt Erinnerungen aus unserer Kindheit haben: Erinnerungen an unsere Kindheit sind vielleicht das einzige, was wir besitzen. Unsere Kindheitserinnerungen zeigen uns unsere frühesten Jahre nicht so, wie sie waren, sondern wie sie in späteren Perioden, als die Erinnerungen geweckt wurden, erschienen. Es war nicht so, daß in diesen Perioden der Erweckung die Erinnerungen, wie man gern sagt, auftauchten; sie wurden zu jener Zeit gebildet. Und eine Anzahl von Motiven, die sich um historische Genauigkeit nicht kümmerten, hatte bei ihrer Bildung ebenso Anteil wie an der Auswahl der Erinnerungen selbst.

Wie auch immer die wahre Natur der menschlichen Erinnerung beschaffen ist, der Fall Ingram macht die Gefahren einer fixen Idee deutlich - wobei die fixe Idee in diesem Fall ist, daß die Wahrheit menschlichen Verhaltens, und selbst der eigenen Erfahrung, durch einen Trick des Unbewußten, das einen Vorhang des Vergessens über eine schmerzhafte Vergangenheit zieht, maskiert werden kann. Unglücklicherweise gestattet die Verdrängungstheorie in ihrer jetzigen »robusten« Form auch die Konstruktion imaginärer alternativer Leben, die eine gewisse symbolische Wahrheit enthalten mögen, in anderer Hinsicht jedoch gefährliche Fälschungen sind, die die Verbindlichkeit des realen Erlebens außer Kraft setzen.

Man könnte sagen, das Wunder am Fall Ingram ist, daß er nur bis hierhin und nicht weiter gegangen ist. Wenn Ingrams Erinnerungen nicht schließlich so absurd geworden wären, daß selbst die Ermittler sie nicht mehr glauben konnten; wenn Rabie oder Risch auf einen Handel mit dem Staatsanwalt eingegangen wären; wenn die vorgeblichen Straftaten anderer, die im Rahmen der Ermittlungen belastet wurden, innerhalb der Verjährungsfrist vorgefallen wären - dann wäre es in Olympia zu einer hemmungslosen Hexenjagd gekommen, und man kann nicht absehen, wie viele weitere Leben dann vielleicht zerstört worden wären. Doch leider geschieht das, was der Familie Ingram, was Ray Risch und Jim Rabie widerfahren ist, Tausenden anderer Menschen im ganzen Land, die aufgrund wiederhergestellter Erinnerungen angeklagt worden sind. Vielleicht sind einige dieser Erinnerungen echt; ganz gewiß sind viele davon falsch. Welchen Wert auch immer die Verdrängung als wissenschaftliches Konzept oder therapeutisches Werkzeug haben mag, der fraglose Glaube an sie ist so gefährlich geworden wie der Hexenglaube. Das eine ist eine moderne Idee, das andere das Produkt einer, wie man gern glauben möchte, gläubigen Epoche, aber die Folgen sind auf deprimierende Weise gleich.

EINIGE NOTIZEN ZU DEN QUELLEN UND EINIGE WORTE ÜBER DEN JOURNALISMUS

Die Ermittlungsakten über den Fall Paul Ingram, über Jim Rabie und Ray Risch sind in vielen Kartons im Gerichtsgebäude von Thurston County gespeichert. Sie bilden das Grundlagenmaterial für einen großen Teil dieses Buchs. Einige der Vernehmungen wurden auf Band aufgezeichnet, jedoch sind nur noch wenige dieser Aufnahmen vorhanden. Sie ermöglichen ein besseres Verständnis der emotionalen Interaktion zwischen den Ermittlungsbeamten, Opfern und Verdächtigen, die in diese außergewöhnliche Affäre verstrickt waren.

Die meisten der Ermittler sprachen freimütig mit mir (mit Tom Lynch und Paul Johnson konnte ich nicht sprechen). Alle Beamten, mit denen ich zu tun hatte, waren hilfsbereit und offen. Ich habe auch verschiedene Mitarbeiter der Staatsanwaltschaft gesprochen, unter ihnen Patrick Sutherland, David Klumpp und insbesondere Gary Tabor, der mir großzügig seine Zeit und viel Material zur Verfügung stellte. Der Psychologe Richard Peterson hat zweimal mit mir gesprochen. Außerdem habe ich Jim Rabie und Ray Risch interviewt, ihre Ehefrauen Ruth und Jodie, die Verteidiger G. Saxon Rodgers, Judith Weigand, Wayne Fricke und Gary Preble, viele Mitglieder der Kirche des lebenden Wassers (wenn auch nicht Pastor John Bratun, der nicht mehr im Dienst ist), Freunde der Familie Ingram und Lehrer der Ingram-Kinder, Kenneth Lanning vom FBI, Karla Franko, Tyra Lindquist und Ann Bridges bei ›Safeplace‹, Bart Potter, ehemals Reporter beim ›Olympian‹, der über den Fall berichtete, Mark Papsworth, einen Anthropologen am Evergreen State College, der die Durchsuchungen und Ausgrabungen auf dem Grundstück der Ingrams leitete, Richard Ofshe, den Psychologen Chris Hatcher, Leiter des ›Center for the Study of Trauma‹ an der Universität von Kalifornien, der im Auftrag der Anklage mit Angehörigen der Familie Ingram sprach, den Psychiater Dr. Alan Traywick, die Therapeutinnen Geri Walter und Margaret Cain Roberts sowie den Therapeuten Sydney Gienty, die alle mit mir über ihre Sicht der Dinge sprachen, ohne die Beziehungen zu ihren Klienten zu gefährden.

Wenn ich den Personen in diesem Buch Gedanken oder Reaktionen zugeschrieben habe, so haben ihre eigenen Äußerungen, entweder im persönlichen Gespräch oder in den Protokollen ihrer Aussagen, mir als Quelle gedient. Häufig hat eine Szene mehrere, in ihrer Sichtweise miteinander im Konflikt stehende Quellen; die Szene zum Beispiel, in der Richard Ofshe sein »kleines Experiment« unternimmt. Nicht nur Ofshe, sondern auch Brian Schoening, Joe Vukich und Paul Ingram nahmen an dieser Diskussion teil und berichteten mir ihre Versionen der Begebenheit. Der Dialog, den ich in dieser Szene angeführt habe, besteht aus den Worten, die jeder der Männer sich selbst zuschrieb.

Paul Ingram konnte ich mehrmals befragen, telefonisch, brieflich und persönlich; mit Julie habe ich einmal im Beisein von Loreli Thompson in einer dreistündigen Sitzung gesprochen; Chad hat mehrmals mit mir telefoniert. Sandy und Ericka zogen es vor, nicht mit mir zu sprechen, und Paul Ross war nicht auffindbar. Paul Ingrams Schwester, Robin Ingram, hat mir sehr geholfen, mir ein Bild von der Familie zu machen. Von mir zitierte Äußerungen oder Reaktionen von Familienmitgliedern, mit denen ich nicht gesprochen habe (zum Beispiel Sandys Überraschung, als die Beamten ihr sagten, ihr Mann sei homosexuell), habe ich Gesprächen mit den Ermittlungsbeamten oder ihren Aussagen vor Gericht oder den wertvollen Gesprächsaufzeichnungen Ofshes entnommen. Sandy und Paul haben beide Tagebuch geführt (Sandys ist eigentlich nur eine Serie von Notizen an sich selbst), die zu den Akten genommen wurden. Außerdem hat Paul mehrere Lebensberichte geschrieben, in Briefen an Freunde und in einem langen Schreiben an den Journalisten Ethan Watters, die mir zugänglich waren.

Über den Fall Ingram wurden mehrere Berichte geschrieben. Richard Ofshe schrieb darüber in einem Aufsatz mit dem Titel ›Inadvertent Hypnosis During Interrogation: False Confession Due to Dissociative State; Mis-Identified Multiple Personality and the Satanic Cult Hypothesis‹,* der als Titelbeitrag in ›The International Journal of Clinical and Experimental Hypnosis‹ 40, Nr. 3 (1992) veröffentlicht wurde. Zusätzlich gab es den zukunftsweisenden Artikel von Ethan Watters in der Juli-August-Ausgabe 1991 von ›Mother Jones‹ mit dem Titel ›The Devil in Mr. Ingram‹. Der einzige kritische Bericht in Olympia war eine ausgezeichnete Serie von Chris Bader, einem Studenten am Evergreen State College, die von Oktober bis Dezember 1991 im ›Cooper Point Journal‹, der Studentenzeitung, erschien. Die Erkenntnisse und Forschungsergebnisse dieser Autoren sind mir zugute gekommen.

In einigen Fällen sind lange Gespräche um der Prägnanz willen gestrafft worden, ohne, wie ich glaube, an Gehalt zu verlieren. Wenn innerhalb einer Aussage exzerpiert wurde, so wurde die Auslassung durch Punkte gekennzeichnet. Es ist eine journalistische Konvention, die ich teile, daß man die Füllsel streicht, die so oft die Gesprächslücken überbrücken. Nehmen wir die Szene, als der Mann am Lügendetektor fragt: »Haben Sie festgestellt, daß Sie rachsüchtig sind?« Da lasse ich Jim Rabie kurz und bündig sagen: »Wenn ich provoziert werde und wirklich wütend bin, kann ich rachsüchtig sein, ja.« Tatsächlich lautete die Antwort:

Ein bißchen, tief drinnen - äh - eines tu ich nie - ich bemühe mich, niemals was zu sagen, was nicht stimmt, und darum bin ich, wenn ich - sogar im Zorn - etwas sage, vielleicht in der Hinsicht rachsüchtig, daß ich

*›Unbeabsichtigte Hypnose bei Vernehmung: falsches Geständnis infolge dissoziativen Zustands; fälschlich identifizierte multiple Persönlichkeit und die Teufelskult-Hypothese‹

zuviel von der Wahrheit verrate. Ich denke mir nichts aus oder sage was, was nicht stimmt. Trotzdem, ich - ich tu Ruth ab und zu ganz schön weh, weil sie ein paar sehr wunde Punkte hat, und ich weiß das, und wenn wir Streit haben, dann kann es schon passieren, daß ich was aufs Tapet bringe oder was über Dinge sage, die ihr peinlich sind. In mancher Hinsicht bin ich also wahrscheinlich ein bißchen rachsüchtig, und es - es ist nicht, es kommt nicht so oft vor. Ich meine, es ist keineswegs dauernd der Fall. Aber wenn ich provoziert werde und wirklich wütend werde, kann ich rachsüchtig sein, ja.

Das ist durchaus kein ausgefallenes oder ungewöhnliches Beispiel. Genauso sehen Gespräche häufig aus, wenn sie wortgetreu protokolliert werden. Das gleiche gilt für die Notizen oder Bandaufzeichnungen eines Reporters von einem Interview. Der Reporter hat die Pflicht, das Material durchzusehen und die relevanten Aussagen herauszuziehen. Es ist die Aufgabe und das Ehrenzeichen eines Reporters, dieses Material in fairer Weise zu präsentieren und den Leser seine eigenen Schlüsse ziehen zu lassen.

Doch die Aufgabe des Schriftstellers ist es, überflüssige, umständliche Wortschwälle einzudämmen und dem Leser die Lektüre so interessant und angenehm wie möglich zu machen.

Der Leser sollte nicht noch einmal die Langeweile, Frustration und Verwirrung erleben müssen, die der Reporter bei seinen Recherchen durchlitt und die der Schriftsteller durchmachte, während er sich bemühte, die Geschichte verständlich zu machen. Ich fühle mich nur deshalb genötigt, diese Erklärungen abzugeben, weil das Vertrauen der Öffentlichkeit in die Journalisten stark gesunken ist.

Ich veranlaßte und bezahlte Jim Rabies zweiten Lügendetektortest bei einem unabhängigen Tester in einem anderen Landkreis. Als Reporter verwende ich den Lügendetektor nicht und bin auch der Meinung, daß er wegen seiner fragwürdigen Ergebnisse bei Gericht nicht verwendet werden sollte. Der Entschluß, in diesem Fall den Lügendetektor zu verwenden, war der Entschluß des Schriftstellers. Ich vermutete, daß manche Leser die Tatsache, daß Rabie den ersten Test nicht bestand, als nahezu schlüssigen Beweis seiner Schuld ansehen würden. Ich sah das nicht so; dennoch hielt ich es für notwendig, ihn im Interesse jener Leser, die an die Effizienz dieser Geräte glauben, noch einmal testen zu lassen.

Zu den Themen Erinnerung, Hypnose und Feinheiten psychologischer Zustände habe ich aus den im Text genannten Büchern und Aufsätzen geschöpft sowie aus persönlichen Gesprächen mit Dr. George K. Ganaway, Dr. Paul McHugh, Ricardo Ainslie, Jev und Syndor Sikes, Elizabeth Loftus, Dr. Harold I. Lief, Dr. Judith Lewis Herman, Margaret Singer, Randy Noblitt, Hollida Wakefield, Michael Nash, Linda Meyer Williams, Fred Frankel, Stuart Grassion und Martha Rogers. Ich stütze mich ferner auf ›Repression and Dissociation: Implications for Personality Theory, Psychopathology and Health‹, Herausgeber Jerome L. Singer, (University of Chicago Press, 1990); ›Hidden Memories‹ von Robert A. Baker (Prometheus Books, 1992); ›Trauma and Recovery‹ von Judith Lewis Herman (Basic Books, 1992) und Freuds Werke in der Standardausgabe (übersetzt und herausgegeben von James Strachey).Weiterhin danke ich Urs Frei und Susan Engel für ihre überlegten Briefe zum Thema Verdrängung. Über die volkskundlichen Aspekte des kultischen Mißbrauchs bei Teufelsritualen konnte ich mit Sherrill Mulhern an der Universität von Paris sprechen, mit Jeffrey S. Victor von der State University of New York und mit der Journalistin Debbie Nathan, die auf diesem Gebiet bahnbrechende Arbeit geleistet hat.

Ich beziehe mich ferner auf Victors ›Satanic Panic: The Creation of a Contemporary Legend‹ (Open Court, 1993); ›The Satanism Scare‹, Herausgeber James T. Richardson, Joel Best und David G. Bromley, (Aldine de Gruyter, 1991); ›The Myth of Ritual Murder: Jews and Magic in Reformation Germany‹, von R. Po-chia Hsia und ›The Witches' Advocate: Basque Wichcraft and the Spanish Inquisition‹, von Gustav Henningsen (University of Nevada Press, 1980).

Es ist evident, daß dieses Buch aus dem Zusammenwirken der Gedanken und des guten Willens vieler Menschen entstanden ist, und ich danke ihnen für ihre Güte.